# 날개 꺾인 별공새

칠보 이수영 자전 에세이

오늘의문학사

국립중앙도서관 출판시도서목록(CIP)

날개 꺾인 별공새 : 칠보 이수영 자전 에세이 / 지은이: 이수영. — 대전 : 오늘의문학사, 2015
p. ; cm

ISBN 978-89-5669-665-2 03810 : ₩20000

자전적 수필[自傳的隨筆]

818-KDC6
895.785-DDC23                    CIP2015006237

아버지 어머니 생전 모습

# 세례증서

제 2012 - 13호

이름 : 이 만 승
1919년 7월 7일생

위 사람은 2012년 8월 22일 성부와 성자와 성령의 이름으로 세례를 받고 본 교회의 세례교인이 되었음을 증명합니다.

주후 2012년 9월 16일

기 독 교
대한감리회 생명나무교회

집례목사 이구영

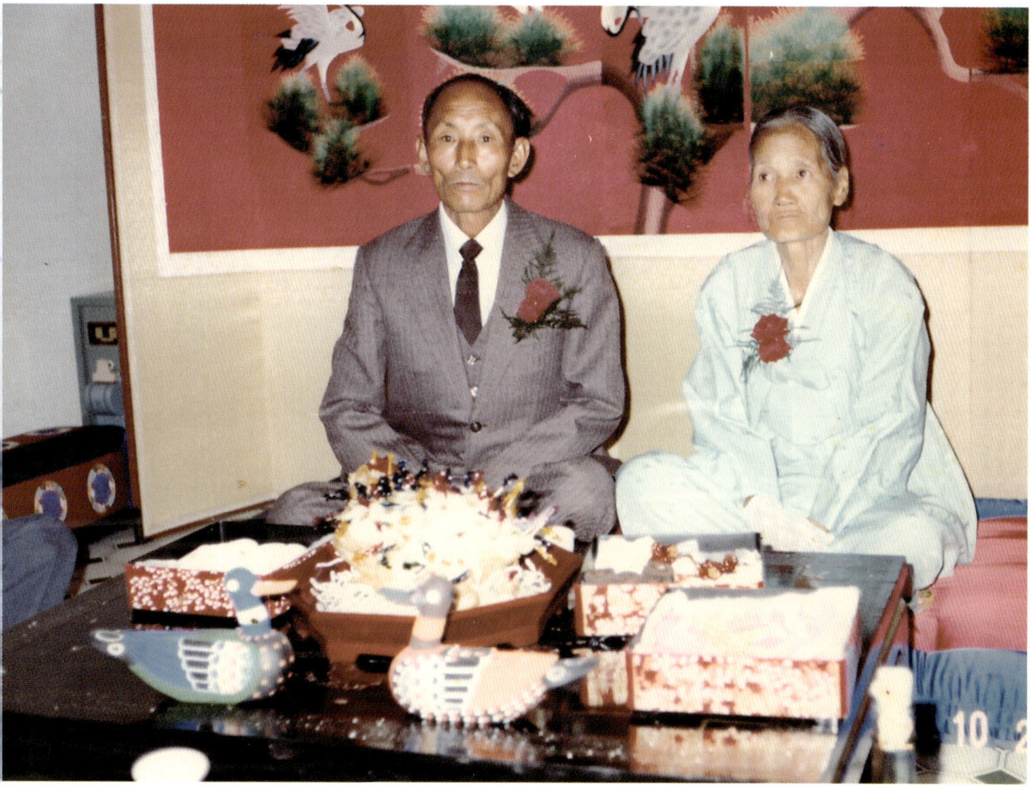

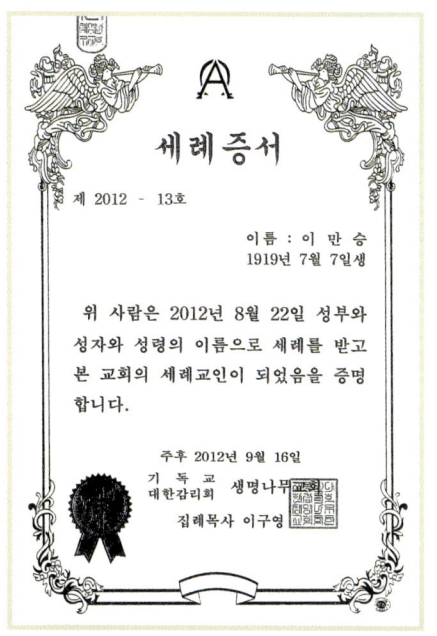

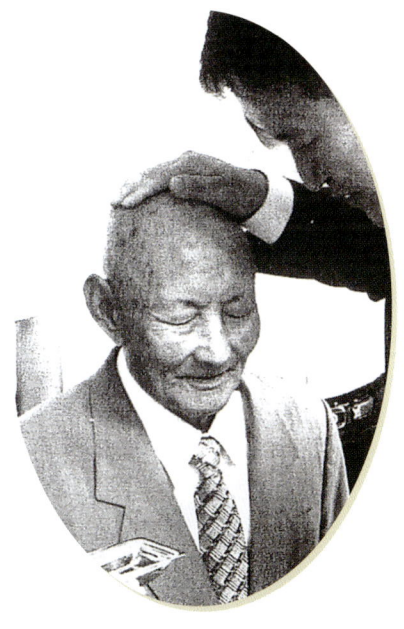

저자 부부 약혼사진

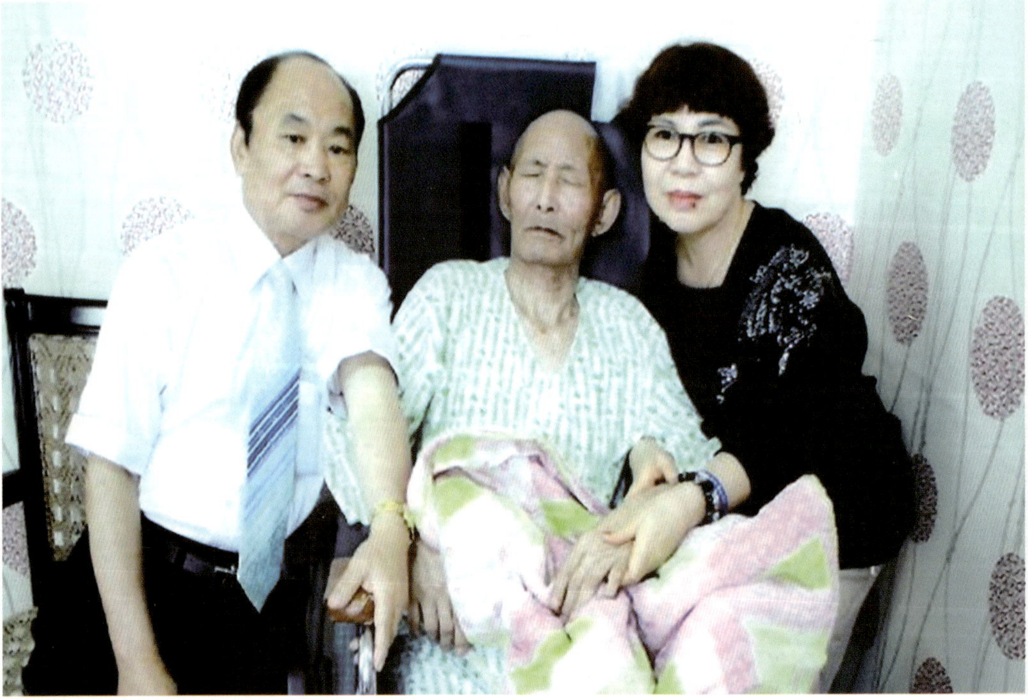

2014년 11월 돌아가시기 직전 아버지 모습

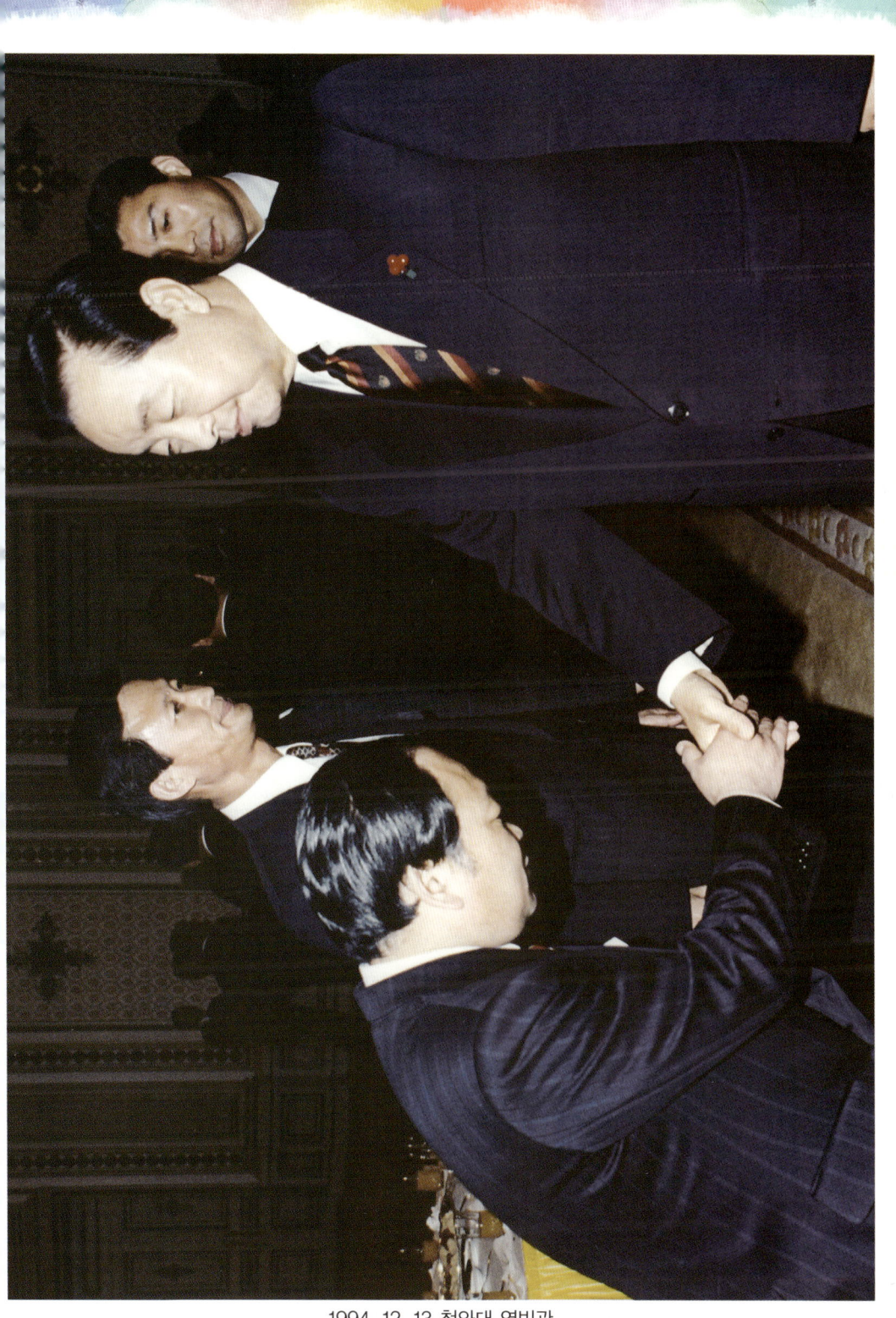

1994. 12. 13 청와대 영빈관
— 김영삼 대통령과의 오찬 —

어린시절 [중학생 나(뒤), 기영, 도영, 큰누나(하), 둘째누나(뒤)]

1969년 가을 수송대에서(좌로부터 본인 이수영 병장, 양재익 수송관, 김○○ 병장, 박기만 병장)

60년대 천원군 청사(천안시 오룡동)

공직중 시장 표창 수상 장면

진해 대전함 방문(대전시와 자매결연부대 위문)

전. 김보성 시장님으로부터 표창

정년퇴임(가족들과 함께)

정년퇴임(직원들과 함께)

정년퇴임 시 감사패

功勞牌

李 貞 淑 女史

李 女史께서는 夫君이 우리市에
在任하는 동안 市政發展 및
市民福祉增進에 헌신하도록
정성껏 內助해 주셨습니다. 오늘 夫君의
영예로운 停年退任에 즈음하여 그 功勞를
높이 기리면서 이 牌를 드립니다

2005年 6月 30日

大田廣域市長 廉 弘 喆

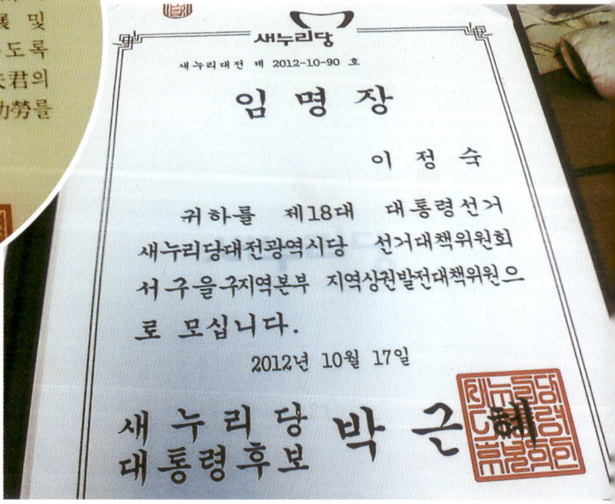

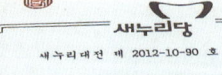

새누리당

새누리대전 제 2012-10-90 호

임명장

이정숙

귀하를 제18대 대통령선거
새누리당대전광역시당 선거대책위원회
서구을구지역본부 지역성전발전대책위원으
로 모십니다.

2012년 10월 17일

새누리당
대통령후보 박근혜

태국에서

제주도에서

행복한 가족의 한때

둘째 아들 유치원 졸업기념

둘째 주훈 경찰 임관하던 날

장남 정훈, 차남 주훈 경찰 임관 날

가족사진

큰아들 가족

가족사진(정훈, 주훈)

저자

형제들과 함께(삼형제-기영, 도영, 저자)

이문승 작은아버지 가족

- 충남 아산 부군수 정년퇴임
- 원광대학교 법학과 졸업
- 남북 청소년 교류 평화연대 충남회장
- 대전지방법원 천안지원 조정위원

〈시인〉 저서
- 『인생수첩』『스스로 가는 봄』『생명나무』등 다수
- 이무승(사진 오른쪽) : 서천 마서부면장 정년퇴임

# 날개 꺾인 별공새

칠보 이수영 자전 에세이

오늘의문학사

## 책머리에

저자 이 수 영

    나는 1946년 7월 17일(음력) 충청남도 서천군 비인면 칠지리 30번지에서 8남매의 장남으로 태어났다.

    그야말로 초가 3칸 옴팡집이었다. 어린 시절부터 오직 하나 그저 돈만 벌어 가난을 면해야겠다는 꿈을 꾸었으나, 나의 운명은 돈보다는 공직자의 길로 들어서게 되었다. 군에 입대하기 전 열아홉 어린나이에 작은아버지(文承)의 도움으로 천원군청 공보실 임시직 공무원으로 첫발을 시작하였다. 35여 년간 60세까지 공직생활을 하면서 면직을 2번 당하고, 2번 복직하여 정년퇴임을 하였다. 법정투쟁 7년, 한때는 金大中정부 시절 반정부적 인격 장애 상태로 살아가기도 했다.

    이 책에 수록된 내용들은 눈물과 감동이 얽힌 나의 人生, 실제 경험에 의한 이야기들이다. 한 시대를 풍자 비판도 하였고, 그때그때 지상에 보도된 내용을 근거로 삼아 재조명한 것도 있으며, 애매모호한 내용은 변호사의 자문을 받아 法에 저촉되지 않는 범위 내에서 집필하여 수록하였다.

사람은 누구나 큰 상처가 있으면 말하지 않고 숨기려 한다. 그러나 나는 이제 내 나이 70 황혼 人生길에서 말하지 못할 것이 무엇이 있겠는가? 젊은 시절 너무나 창피해서 임시직을 면하려고 아무도 모르게 실수한 것은 부끄러운 일이지만 나는 감추지 않을 요량이다. 이는 후세에 반드시 타산지석(他山之石)이 되기를 바라는 마음에서이다.

이 글은 상상과 재미로 쓴 글들이 아니다. 나름대로 한 시대를 살아온 70평생 삶의 진실이다. 사실 그대로 밝히고자 하는 마음에서 쓴 글이기 때문에 때로는 사회고발성도 담겨 있다. 젊은 시절 임시직에서 벗어나고자 동료들과 함께 컨닝을 하여 시험에 합격한 적이 있다. 그렇게 해서는 안 되는 일이지만, 동료 몇 명이 서로가 힘이 되자고 하는 바람에 휩쓸린 것이다. 공직근무 1년 뒤에 발각되어, 내 人生의 중요한 시기에 험한 꼴을 당해야만 했다. 단 한번의 실수로 평생 어깨를 펴지 못한 채 살아왔다.

내 삶의 중요한 시기였던 1960년대부터 2010년대까지 생활변화를 글로 담아내었다. 70년 세월의 삶의 이야기가 고스란히 담겨 있다. 애수에 젖은 문장과 때로는 비애와 절망적인 단어도 포함되어 있다. 1970~80년대의 새마을운동으로(고. 박정희 대통령시절) 성장발전시대를 거쳐 잘사는 현대사회의 요절복통할 이야기 등등도 담겨져 있다. 첨단 기술력은 세계에서 상위권을 달리고 있지만 문화와 정서, 질서는 아직도 그에 따르지 못하는 것이 우리 대한민국의 현실이다.

인터넷의 발달로 인해 생겨나는 슬픈 일들. 채팅으로 만난 남자에게 미쳐 7개월 된 아기를 혼자 집에 놔두고 하룻밤을 외도해 아들을 굶겨 죽인 비정한 엄마의 이야기, 자살사이트에서 만나 동반 자살하는 現代人의 生活…. 가슴이 뭉클하고 감동이 앞서 눈물이 앞을 가리는 글도 옮기어 실었다. 남들은 여러 권의 책을 펴내지만, 나는 이 한권의 책을 펴내기 위해 반세기 즉 50년 간 틈틈이 써왔다. 20살 때부터 모아온 나의 글을 총망라해 한 권의 책으로 엮었다. 이 세상에 한 권의 책만을 남겨놓고 갈 것이다.

나의 부친은 농부도 아니고 상인도 아닌 가난한 서민이었다. 아버지는 시골 5일장을 쫓아다니면서 계란, 마늘, 채소 등을 사서 다시 파는 장사를 하시는 가난뱅이셨다. 가난 속에서도 자식을 사랑하는 부모의 8남매 중 장남으로 태어나 일찍부터 사회에 발을 내딛는 역경과 고난 속에서 살아온 나의 70평생이야기가 고스란히 담겨져 있다.

이 수필집은 자전적 에세이로, 꾸밈과 거짓은 한 치도 없으며 진실만을 기록하였다. 어언 내가 칠순을 맞았으매 무엇을 숨기고, 무엇을 두려워하며, 왜 거짓말을 하겠는가. 내 생애 중 어려웠던 일, 가슴 아픈 사연, 잊혀지지 않는 일, 그러나 행복했던 순간들도 기록하였다. 그 사연 하나 하나가 후인과 공직 후배들에게 반드시 지침서가 될 것이라고 생각하며 이 책을 펴내기로 했다.

수천 매의 글 중 엄선하여 펴내니, 독자들에게는 큰 거울이 되기를 고대한다. 책을 읽기 싫어하는 젊은 현대인들에게도 이 책을 꼭 읽어보도록 권하고 싶다. 짤막짤막하게 서술하여 읽기 편하고, 이해가 가도록 그 당시의 세상을 풍자하였다. 우리나라 60년대부터 지금까지 세월을 소상히 기록하여 읽는 이에게 지난날을 다시 되돌아보게 했으며, 그로 인해 앞날을 그려보는 미래상의 거울이 되기를 나는 확신하고 기대하면서 내가 지나온 일에 대하여 밝히는 것은 크게 두 가지 의미를 두었다. 첫 번째는 21세기를 살아가는 젊은 세대들에게는 헛됨이 없이 진실로 자기 소신과 함께 살아가는데 도움이 되기를 바란다. 둘째로는 내 人生을 거울 삼아 각자의 소질을 키워가며 남의 눈치를 보지 않고 삶에 진정한 가족 간의 행복으로 살아가라는 뜻이 담겨져 있다.

천학비재한 자질임에도 불구하고 책을 펴내는 것은 나를 돌아보면서, 동시에 열심히 살아온 내 평생을 자손들에게 보여주기 위함이다. 그들이 어떻게 수용하든, 내 인생은 내 인생대로 존재하기 때문이다.

🌸 추천의 글

# 간고(艱苦)를 극복하고 이룬 자수성가
― 이수영 선생의 고희(古稀)를 송축하며 ―

문학평론가 리 헌 석
(사단법인 문학사랑협의회 이사장)

### 1. 소중한 인연을 가꾸며

21세기가 시작된 지 얼마 지나지 않았을 때, 칠보 이수영 선생과 인연이 되었습니다. 예술의 향기를 나누는 단체에서였습니다. 내가 대전문인협회 회장을 맡고 있을 때, 대전 예술단체 연합회에서 봉사하던 선생을 만났습니다. 당시 선생은 여러 글을 빚어서 신문에 발표하였기에 익히 존함을 알고 지내던 터여서 만남과 함께 형제의 우애를 나누었습니다. 좋은 글을 써서 지역 문화 예술의 발전에 이바지하자는 다짐도 주고받으며 5살 터울의 의형제는 한층 가까워졌습니다.

그러다가 내가 대전문협 회장 임기를 마치게 되고, 이수영 선생도 대전 예총의 봉사가 끝나면서 몇 년간 격조하였습니다. 신문에 난 글을 대할 수 있어서, 언제인가는 반가운 해후(邂逅)를 하여 정을 나눌 수 있으리라 기대하였습니다. 그러던 중 대전광역시 김보성 전 시장님의 배려로 내선행정동우회에서 펴내는 [대전행우] 편집을 도와드리게 되었습니다. 그때 칠보 선생이 편집위원으로 참여하여 그리워하던 해후를 이루었습니다.

공적인 일로 만났지만, 우리는 금세 격조했던 세월을 뛰어넘을 수 있었습니다. 글에 대한 이야기를 나누며 몇 년이 흘렀을 때 선생이 속내를 밝혔습니다. 을미(乙未)년 자신의 고희(古稀)를 맞아 자전에세이를 발간하고 싶다는 의중이었습니다. 도와주면 좋은 책이 되겠다는 눈빛을 마주하고 기꺼이 응락하였습니다. 원고를 읽으며 모르고 있었던 가족 이야기, 부침(浮沈)하던 공직 생활에 대하여 상세히 알게 되었습니다.

2. 고난 중에서 꿈은 자라고

칠보 이수영 선생의 성장기(成長期)는 그야말로 간난신고(艱難辛苦)의 연속이었습니다. 당시 대부분의 한국 민중들이 겪어야 했던 시련들이었지만, 감수성이 예민한 그에게는 형언할 수 없는 고통이었습니다. 농촌에서 살면서도 부친께서는 농사에 관심이 없으셨고, 칠보 선생의 말을 빌리면 아버지는 장돌뱅이에서부터 보부상처럼 장사를 하는 분이어서 가정 형편은 나날이 어려웠던 것 같습니다.

선생이 수용하기 어려웠던 극명한 고통은 여동생의 죽음이었습니다. 「굶주림에 시달리다 죽어간 내 여동생」에서 〈집이 너무 가난했기에 먹을 것이 없어 배고파 죽어가는 여동생의 죽음을 보고 내가 크면 큰 부자가 되고 싶었다.)고 통렬한 정서를 환기합니다. 아버지는 어디 계신지 모르고, 어머니도 다른 집의 품을 팔러 나가시고, 혼자 집에 남아 동생의 운명을 지켜보았던 선생의 눈물겨운 유년이 눈에 밟힙니다. 선생의 가슴은 얼마나 먹먹하고 얼얼하였겠습니까?

선생은 초등학교 시절에 마을 노력 봉사를 합니다. 60년대와 70년대는 아스팔트 도로가 거의 없었습니다. 새로 난 신작로에 자갈을 깔아 놓았습니다. 차가 지나가면서 바퀴에 밀리거나 튄 자갈이 여기저기로 흩어졌습니다. 그 자갈을 모아 움푹 파인 바퀴자국을 채우는 작업을 주민들이 의무처럼 일하였습니다. 칠보 선생은 초등학교 시절부터 돌을 깨러 다녔고, 부친과 함께 취로사업을 하였습니다. 그렇게 하면 면사무소에서 일당으로 밀가루를 주었고, 어린 소년은 가족의 생계를 위해 힘들어도 참으며 노력봉사를 하였습니다. 그야말로 눈물겨운 성장기를 겪은 분입니다.

이때부터 선생은 어떤 시련이 닥치더라도 극복할 수 있는 굳센 의지와 불굴의 인내심을 스스로 배양한 것 같습니다. 도저히 참을 수 없는 세월 속에서도 멋진 남자로 성장하여 군대 생활도 훌륭하게 보냅니다. 사회에 나왔을 때, 숙부님의 천거로 공무원의 길에 들어서서 멸사봉공(滅私奉公)의 자세로 봉사하는 바탕이기도 합니다.

3. 누구나 실수하게 마련이지만

　칠보 이수영 선생은 공직생활을 시작하면서부터 마음이 편하지 않았습니다. 계약직으로 채용되었기에 같은 일을 하면서도 차별 대우를 받았습니다. 그때 시험을 통하여 계약직을 정규직으로 전환하는 제도가 있었습니다. 근무하던 군(郡)에 여러 명의 해당자가 있었는데, 서로 도와주기로 하였던 것이 커닝으로 오인되어 일생에 회복할 수 없는 상처를 남겼습니다. 사실 살면서 실수 한번 하지 않는 사람이 있을까마는, 선생에게는 돌이킬 수 없는 일이 되고 말았습니다.

　국무총리나 대법관, 장관이나 검찰총장 등의 고위 공직 후보자 청문회에서 보면 수많은 오점을 남긴 사람들이 많습니다. 칠보 선생의 실수는 이렇게 큰 과오가 아니었습니다. 농담처럼 서로 주고받았던 말들이 씨가 되어 자신들의 삶을 흔들었습니다. 이 일에는 '일사부재리의 원칙'도 지켜지지 않았습니다. 한번 징계를 받으면 그것으로 끝나야 하는데, 훗날 다시 상처가 붉어져 더욱 힘든 세월을 보내게 됩니다.

　아주 작은 일이지만, 이런 일이 공직자로서 자랑할 것은 아닙니다. 그러나 고희를 맞아 발간하는 자전에세이에는 진실을 담아내고 싶었습니다. 그래서 선생은 가감하지 않고, 자신을 있는 그대로 투영하고 있습니다. 여러 해 탄원도 하고, 재판도 겪으면서 공직에 다시 서게 되어 영광의 퇴임식을 맞습니다. 상처 난 세월을 충분하게 보답 받지는 못하였지만, 꽃다발을 받으며 공직에서 물러날 수 있어 다행스러운 일이었습니다.

그래서 선생은 더욱 신실(信實)하게 공직 생활을 수행하였습니다. 국리민복(國利民福)을 염원하면서 평생을 공직자로 봉사하였습니다. 본인의 가난하고 힘들었던 어린 시절을 추억하면서 간고(艱苦)한 이웃을 위해 봉사의 손길을 나누었습니다. 누구보다 먼저 나서서 도와주었습니다. 그들이 웃을 때 선생의 마음도 행복할 수 있었습니다. 그래서 선생에게는 공직이 천직이었던 것 같습니다.

### 4. 기본 윤리를 실천하는 분

칠보 이수영 선생은 효자였습니다. 부창부수(夫唱婦隨)라는 말처럼 선생의 아내 역시 효부여서 큰상을 받았습니다. 선생은 가문(家門)과 씨족(氏族)에 대하여 무한한 자부심을 가진 사람이어서 뿌리공원의 성씨 유래비에도 관심이 컸습니다. 이런 바탕에서 부모님을 모시는 데에도 남다른 효성을 보였습니다. 홀로 남으신 아버지를 지극히 모신 아내 덕분에 공직에 전념할 수 있었다고 합니다. 이러한 마음과 정성이 선생 부부의 진면목(眞面目)이라 하겠습니다.

부모님께 효성을 다하는 것은 자녀들에 대한 산교육이 되었습니다. 몸소 실천한 선생 부부의 효성이 자녀들에게 대물림을 한 것 같습니다. 형제는 부모의 뜻을 받들어 반듯하게 자랍니다. 장남은 일반 행정직 공무원이 되었고, 차남은 경찰공무원이 되어 모두 공직을 수행하고 있습니다. 아버지의 공명정대(公明正大)한 삶처럼 자녀들도 그러하리라 믿습니다. 윗물이 맑으면 아랫물도 맑은 이치와 같습니다.

선생은 방계 씨족들에게도 각별한 관심을 갖습니다. 숙부에 대한 무한한 감사와 신뢰, 그리고 조카들에 대한 특별한 관심, 이러한 사랑과 인정은 가족들의 화목을 돈독하게 하였습니다. 그래서 자전에세이의 말미에 가족들의 글이 실려 있습니다. 이 글들을 읽으면서 지인(知人)들은 칠보 선생의 성공적인 삶에 박수를 보내게 될 것입니다. 이처럼 박수 받으며 살아온 인생을 에세이로 정리하였으니, 이제 선생의 아름답고 보람된 3모작이 기대됩니다.

지금처럼 늘 건필건승하시기를 기원합니다. 77세 희수(喜壽)를 지나, 88세 미수(米壽)도 지나, 99세 백수(白壽)에 이르도록 행복하시기를 기원하며, 선생의 자전에세이 『날개 꺾인 별공새』 발간을 진심으로 축하드립니다.

## 차례

- 책머리에 … 18
- 추천의 글 | 간고(艱苦)를 극복하고 이룬 자수성가 / 문학평론가 리헌석 … 22

### [첫 번째 묶음] 1946년생 이수영 人生편지

칠순 아침에 …………………………………………… 35
앞으로 나의 "삶"은 …………………………………… 36
연안이씨(延安李氏) 이수영 ………………………… 37
    먼저 하고 싶은 말 / 연안(延安) 이씨로 태어나다 / 나의 人生 사주풀이 : 46. 7. 17생(병술) / 운명, 재물, 인생행로 / 나의 인생총운 / 유년시절의 나의 희망은… / 굶주림에 시달리다 죽어간 내 여동생 / 6·25 한국전쟁

시골 장날 추억이야기 ……………………………… 57
    잊지 못할 장돌뱅이 약장수 / 엿장수의 가위소리 / 장터 개장국밥의 맛 / 장날이면 으레 술 취한 동네 아저씨 / 검정고무신과 말코 반장화 / 비녀와 참빗 동동구리무 / 난장판의 추억과 국회의원 정견발표 / 겨울 장터 볏짚가마니와 양잿물 덩어리 / 5일장날과 서울(영등포)로 돌아다니며 장사하시던 아버지 / 나의 守護神은 太陽이다 / 나의 아버지 / 어머니의 정한수

어린 시절의 파노라마 ……………………………… 70
    여름날의 '아이스케키얼음과자' / 돌 깨던 어린 시절 / 불우이웃 돕는 선의의 마음 / 피난민 정착지 / 꿩과 산토끼를 잡던 그 시절 / 쌀독에는 쌀이 없다 / 월사금 사친회비를 아시나요? / 수줍어 좋아했던 여학생 / '회충'과 '이'를 아시나요? / 절미운동과 소주밀식(小株密植) / 아랫집 아저씨 / 용골대·마골대 형제 이야기 / 처녀 죽은 영혼 가~오 가~오새의 슬픈 이야기

## [두 번째 묶음] 날개 꺾인 별공새의 상처

### 희망을 걸었던 공직생활 ········· 91
군에 入隊하던 날 / 제대하던 날 / 나의 결혼생활 / 공직인으로 시 삭종이 울리다 / 공직은 처음 시작이 좋아야한다 / 참다운 공직인의 길 / 또박, 터벅 걷는 公職이야기 / 직장에는 진실한 친구가 없다 / 공직생활 중 잊지 못할 사건 / 승진, 승진, 승진에만… / 추억이 깃든 공직생활

### 공직 생활의 희로애락 ········· 111
나도 갈비 먹을 줄 안다 / 공직자가 꼭 고쳐야 할 말 / 공무원 월급날의 옛 추억 / 은성구두의 옛 추억 / 어느 근로청소년의 편지 / 기쁨 그리고 不幸(불행) / 무릎 꿇고 애원해도 살인적 구조조정 / 날개 꺾인 5급 공무원 별공새의 눈물 / 지금 이 위기에 '강'을 건너야만 한다 / 마음속의 상처는 평생을 잊을 수 없다

### 분노마저 참고 견디면 ········· 128
괴로웠던 세월 / 슬픈 원고 / 실직의 고통을 아시나요? / 반듯하게 흐르는 강물은 없다 / 완전범죄는 성립되지 않는다 / 터지는 '분노'를 잘 참고 견디다보면 / 가정과 사회는 성공, 공직은 실패 / 억지로는 못 산다 / 복직, 공직인으로 돌아오다 / 공무원연금교육 3박 4일을 마치고

## [세 번째 묶음] 가슴 속 사연, 이제는 말한다

### 그래도 살아야 한다 ········· 147
재취업을 위해 / 살아온 '삶'을 다시 한 번 생각하니 / 내 마음의 고백 / 어려움, 슬픔 누구에게나 있다 / 이미 정해진 운명 속에서 / 아버지의 울음소리 / 아버지의 가슴 아픈 말씀 / 나의 결혼과 가정생활 / 인생의 4계절 / 축제 중의 축제 '가을운동회' / 제일 싫어하는 글자와 단어 / '없다'라는 말이 싫은 이유

## 인연은 새로운 인연을 낳고 ········· 165

자식을 사랑하는 마음 / 한순간의 인연 / 농사일의 옛 추억 / 돈 없는 사람의 심정과 슬픔을 모른다 / 베레모를 쓴 여인 / 준비성을 갖자 / 음주, 무면허 운전 이제 그만! / 음력 섣달 그믐날 아침에 / 이수영의 人生길 사랑편지 / 舒川의 찬가

## 생각은 생각을 낳고 ········· 184

부잣집 아이가 날씬한 세상 / 생각하면서 살자 / 부부라는 이름의 애정 척도 / 버린 술잔, 다시 찾아야 하나? / 돈이란? / 德이란? / 家訓의 重要性 / 내 사랑 동백정 / 천년고찰 마곡사 제4회 신록축제 성황 / 세뱃돈까지도 복권구입 / 열린 시정 참여자치 / 욕심 없는 세상을 꿈꾸며 / 구속으로 끝나는 지도층인사 '욕심' / 어느 매미의 죽음 / 웃음 넘치는 직장 / 나의 콤플렉스 / 베풀지 않으면 나이 들어 외롭다 / 훌륭한 대통령이란? / 生의 전성기시대 / 여인의 향기 · 여성의 내음 · 여자의 냄새 / 한도 없는 카드 쓰는 여인은 '한'도 없을까?

## 새로운 직업으로 삶의 현장 ········· 209

대전시내버스 공동관리위원회 전무이사 / 시내버스 선진 · 고급화의 조건 / 시내버스 / 시내버스의 선진화 정책 / 대전가정법원 위탁보호위원 / 중도일보 시민기자로 활약 / 공무원은 국가의 미래를 생각해야 / 지방선거 승자와 패자 / 택시 카드결제 이용 불편 / 지붕 없는 버스 승강장 "진땀나요" / 열린 시정 참여자치 2 / 충청권 기반 정당, 시민은 왜 등을 돌렸나! / 대흥 · 향촌APT 관리과장 / 전국문화원연합회 대전시지회 사무처장 / (주)다노 관리이사 / 한국예총 대전시지회 홍보실장 / 선거부정감시단 / 가을이 오면 / 대전도시철2호선 건설방식 시민투표를

## 질경이처럼 살아온 나 ········· 231

'에움길' 인생으로 살아왔다 / 모든 문제를 나와 자문 · 상담을 하면 / 부정상담사 / 불신과 신뢰의 늪 / 노후생활 준비는 30대 젊은 시절부터… / 통행금지 시절 / 비정규직의 서러움 / 목적을 위해서는 서슴없이 달려온 길 / 삶은 참혹한 전쟁터 / 질경이처럼 살아온 내 인생(忍生) / 人生에 '빨간불'이 켜졌을 때 / 人間관계의 토리(거리) / 잊고 싶은 사연과 남기고 싶은 말

## 실버시대의 눈과 귀 ········· 245

새로운 얼굴들과의 만남에서 / 노인들의 마지막 희망 / 지도자는 따스한 봄을 기다리는 민초를 생각하자 / 근대 최고지도자들의 풍자 한마당 / 버리지 않으면 얻지도 못한다 / 역대 지도자들의 부정으로 슬픈 역사 / 우울증 직전까지 / 삶의 시기와 종말 / 새로운 "삶"을 추구하는 실버세대 / 계속되는 대형참사의 비극 / 인생 70이 오니 / 경청만 하자 / 웃고 삽시다 / 그녀 APT의 오전(1) / 그녀 APT의 오전(2) / 지금부터는 걸어서 가자

## [네 번째 묶음] 사회에게 말한다

**깊이 생각하고 멀리 보자** ················································· 269
재주보다는 아름다운 바보로 살자 / 존경받는 어르신이 되어야 한다 / 요양보호시설에 계신 노인들… / 노인과 어르신의 차이 / 자살을 생각하는 사람들 / 사람은 자신을 닮은 자식을 낳는다 / 돈 많은 者와 권력 있는 者 / 미래의 '삶'은 바다자원 / '마지막'이란 말을 쉽게 쓰지 말자 / 민초와 통치자 / 한반도 평화를 위한 민초들의 역할

**생각에도 싹이 튼다** ···················································· 283
악(惡)하면 미래(未來)가 없다 / 당신의 말뜻과 부부애 / 이름(姓名)의 중요성 / 전당포를 아시나요 / '사자 人間들의 직업관 / 우리나라 후손의 미래는 / 부모님께 효도하는 지혜 / 돈 없으면 죽지도 말아야 하나? / 날아다니는 암닭이 되어야 한다 / 채무보증에 대하여 / 우리는 세계를 지배하여야 한다

**기러기의 지혜를 배우자** ·············································· 296
노년의 부부생활 / 젊은이여 올바른 생각으로 살아야 한다 / 고양이의 슬픈 울음소리 / 교육은 백년 후를 생각하여야 한다 / 학교생활 불안 0(제로)으로 만들자 / 기러기의 지혜 같은 젊은이 / 여학생 흡연 해결책 / 학생흡연 "한번 생각해 볼 일" / 학교폭력 그 예방은? / 상대방의 '호칭' / 도장과 싸인의 중요성 / 요즈음 결혼식장 풍경 / 애경사의 부조금 / 정치인의 자세와 얼굴 / 대전시장과 구청장이 해야 할 일

## [다섯 번째 묶음] 인생역 8번 출구

**인생 종착역 8번 출구** ·············································· 323
**옷은 단정히 입어야 한다** ········································· 325
　내가 벌써 칠십 고희가 왔으니 / 아버지께서도 영원히 떠나셨다 /
　죽은 후에 가야할 곳은 / 가정의 행복 / 옷은 언제나 단정히 / 내
　아내와의 인연 / 혼자 사는 즐거움과 홀로 사는 외로움 / 황혼 로
　맨스의 호박과 비애 / 인생 마지막 연인에게

**돌아보는 세월이 새삼스럽다** ··································· 338
　세계인구 70억시대 / 고스톱이란? / 존경 받는 사람이 되자 / 나의
　부모와 나의 세대 / 새벽 달빛으로 출근하던 시절 / 연금복권 당첨
　의 꿈 / 국민학교(지금의 초등학교) 동창생을 만나보니 / 천당과
　지옥은 과연 있을까? / 내리사랑 / 저수지 물은 논으로 가야한다 /
　돈과 재산의 욕구 / 돈 많은 사람도 / 멋진 인생, 멋진 남자 / 제2의
　인생 이제는… 나는… 이렇게…

**나의 두 아들에게** ····················································· 364
**예쁘고 사랑스러운 손자 손녀들아!** ························ 367
**존경하는 부모님께 드리는 글** ································· 369
**사랑하는 할아버지, 할머니!** ··································· 371
**존경하는 아버님, 祝賀드립니다** ······························ 372
**죽음에 이르는 길…** ················································· 374
**늘 즐겁고 복 받으십시오** ········································· 375
**더도 말고 한가위만 같아라!** ··································· 377
**서천의 향기** ····························································· 378
**춘장대의 낭만** ························································· 379
**형님의 눈물** ····························································· 380
**존경하고 사랑하는 형님 칠순에…** ·························· 381
**참된 영혼은 땀과 눈물과 따스한 피를 지녔습니다** ·········· 382
**나는 일생을 무엇을 하면서 살았나!** ······················· 385

# 첫 번째 묶음

# 1946년생 이수영 人生편지

## 칠순 아침에

태어날 때 한 살
어제는 30
오늘은 70에 이르니
인생의 푸른 잎은 어느새 가고
단풍들은 나무에 벌레까지 찾아오니
빠른 세월 인생 칠순
이제서야 느껴지네.
내일은 80이니
땅에 떨어진 가을낙엽처럼 이제는
이곳저곳 뒹굴다가
어느 날 숨이 멈추면
땅속으로 가는 것이
인생인 것을…….

## 앞으로 나의 "삶"은

가을이 되면 나무는 잎을 버린다.
왜? 가벼움을 위해서인가,
아니면 단순하게 살고 싶은 마음에서인가?
나는 이제 찬 겨울을 준비하는 가을나무처럼
탐욕과, 집착과, 욕심도 버리고
어언 내 나이 칠순을 맞아…
인생 황혼의 남은 여생을 고희답게 즐겁고
건강하고 아름다운 멋진 "삶"의 지혜로
살아가련다.

人生 칠순년을 맞아서
2015. 1. 1
새해아침

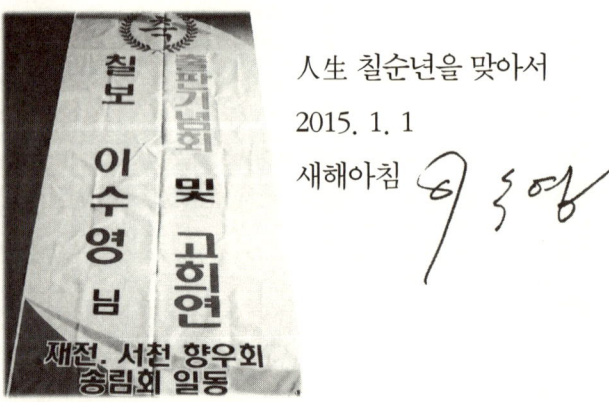

# 연안이씨(延安李氏) 이수영

## ☐ 먼저 하고 싶은 말

나는 너무나도 찢어지게 가난한 유년시절을 살아왔다. 성년이 되면서부터는 근면했고 자린고비처럼 살아왔기에 어느 정도 가난을 극복할 수 있었다. 욕심이 많아서가 아니라, 누구를 돌보아 줄 여유도 없이 오직 나 혼자 근면으로 살아왔다.

지금까지 돈 거래는 누구하고도 하지 않는다. 누구한테도 단돈 50만원 이상 빌려 준 적도 없고, 빌린 적도 없이 살아왔으니, 어찌 보면 꽉 막힌 사람이 아닌가 싶다. 그래도 신용과 약속만은 어김없는 사람이다.

가난으로 배고픔의 슬픔을 느껴본 사람만이 안다. 쌀독에 쌀이 없어 빌리러 가고, 또 갚고, 저녁은 죽을 쑤어 먹고, 기나긴 겨울밤 배고파 씨콩을 몇 알 화로에 구워 먹고 물만 마시고 잠을 자던 유년시절이었다. 문틈으로 들어오는 바람은 참으로 추웠다. 옷을 입고 자니까 몸에는 '이'가 있어 가려웠다. 긁느라고 잠이 깨던 일들을 지금 세대는 모른다.

학교 끝나고 집으로 먼 거리를 걸어올 때면 배가 고팠다. 봄철에는 삘기를 뽑아 먹고, 남의 목화밭에서 어린 목화를 몰래 따먹었다. 늦은 봄에는 보리를 구어 먹고, 가을이면 남의 밭에 고구마를 캐서 논물에 씻어먹던 일이 어제 일인 듯싶다. 생고구마는 소화도 잘 안되었다.

지금 생각하면 이 모두가 6·25한국전쟁 후의 가난한 우리 농촌 현실이었다. 고깃국은 언감생심이었다. 돼지고기국도 1년에 한두 번 정도 먹는데, 잘못하면 배가 아파 설사를 할 때도 있다. 고기도 먹어 본 사람이 잘 먹는다는 말이 있듯이 사랑을 받지 못하고 살아왔기에 남한테 사랑을 베풀지도 못하는 것 같다.

이 세상 살아가는데 비참, 실패, 실망을 안 해본 사람이 어디 있겠는가마는 나처럼 파란만장한 사람도 별로 없을 것이다. 배가 고파 잠을 못 이루는 날, 내가 무슨 생각을 했는지, 오직 나는 내가 세상 밖으로 나가면 고기와 술, 쌀밥을 실컷 먹고 살아가야겠다는 생각뿐이었다. 그래서 일찍이 세상으로 나와 살아온 세월이 내 나이 60이 넘으니, 이제 당뇨병이 나타나 속을 썩인다.

## □ 연안(延安) 이씨로 태어나다

나의 본관은 연안(延安)으로 시조(始祖)는 이무(李茂) 공이다. 신라의 삼국통일(660-668)의 대업을 도와 위공(偉功)을 세우고 신라에 유사(留仕)하여 국빈(國賓)의 우대를 받으며 연  안후(延安侯)에 가봉(加封)되어 고구려를 정벌하여 삼국통일을 이룩(서기 668)하시어 나·려를 거치는 동안 조선 현종 때의 제성보에 따르면 10개좌로 기록되어 있으나 현재는 중시조 태사첨사공파 등 4개 좌만이 계보(系譜)를 유지하며 중흥을 이루고 있다.

나는 판사공파 25세손으로 이 지구상에 나타났다. 돌림字는 榮(영화 영)자이며 나를 중심으로 위로는 承字이며 아래로는 勳字이고 圭字인데 나의 손자 途允(도윤)이는 돌림자로는 안 지었으나 학렬로는 圭字이다. 우리 延安李氏는 원래는 연안 '리'라고 불리며, 또한 시조인 이무 공은 연합군의 중량장으로 소정방과 함께 원정하여(660) 백제를 평정하고 연안이씨의 득관조(得寬祖)가 되었다.

사적(史蹟)으로는 경북 군위군 효령면의 장군동 마을이 있다. 이곳의 지명은 이무, 김유신(金分信), 소정방(蘇定方) 세 장군이 잠시 주둔한데서 연유하였다. 이곳에는 세 장군을 기려 세운 효령사와 제동서원이 있다. 그 경내에 있는 숭무사(崇武祠)에 세 장군의 위패를 모시고 해마다 단오절(음5月 5日)이면 관민이 함께 받드는 향사가 이 고장의 향풍으로 이어지고 있다.

시조 이무 공의 묘소는 대전 갑하산 현충원 안쪽에 모셔져 있다. 구암동 내 위패를 모신 연원사(延遠祠)가 있는데 해마다 10월 3일 개천절에는 전국의 후손들이 운집하여 세천을 올리고 보본(報本)하는 정성을 들여 돈종목족(敦宗睦族)하는 정의(情誼)를 다지고 있다.

특히 李貴(이귀) 호상은 불의에 항거하여 조선시대에 인조반정을 일으켜 국가를 바로 세운 위인 중의 위인으로 영의정을 지냈다. 그 후 우리 연안이씨는 자손이 번창하였고 현영들이 대대로 계승하여 죽백 가득히 공명을 드리고 있으며 상국(9인), 대제학(10인), 판서(60인), 증시(70인), 청백리(8인) 등을 배출하였다. 대과와 문장가로 세론을 모으고 충효절멸, 아문청덕이 속출하여 윤상을 부지하고 세속을 순화하는 표본이 되었으니 한때는 세도가 쟁쟁하여 흔히들 말하기를 '연안이씨'는 가래장치도 못 당한다는 말도 있었다. 근세의 석오 이동영

선생은 독립운동가로서 조국광복의 초석이 되었다.

또한 현재는 동생 오영은 서울고등법원 판사를 거쳐 현. 울산법원 부장판사로 재직중에 있으며 우리 연안이씨의 집성촌은 충북 청주, 강원 일원, 대전, 충남의 부여와 서천, 경남 경북 부산 등 전국 각지에 분포되어 살고 있다. 특히 대전에 많이 살고 있어 대전 서구 산직마을 전체가 연안이씨 조상의 땅이어서 산지기가 관리한다하여 마을 이름을 산직마을이라고 부르다가 지금은 서구 산직동으로 유래되고 있다.

우리 연안이씨 조형물도 대전시 중구 뿌리공원에 건립되어 있는데, 당초에는 건립하지 않았다가 후손들이 우리는 왜 뿌리공원에 조형물이 없느냐고 하여, 내가 연안이씨 전국대종회 대전종친회 총무 일을 볼 때(2007~2008) 대종회에 부의하여 건립하였다.

뿌리공원 조성 당시 조형물을 건립하지 않은 이유는 종중에서 뼈대 있는 우리 연안이씨가 각계각층 수백 성씨와 함께 있는 것이 조금은 그렇지 않으냐? 종중에서 이런 말이 있어서 당초에 건립하지 않았었음을 밝힌다. 그래서 좀 늦게 건립(2008)하게 되었다.

## □ 나의 人生 사주풀이 : 46. 7. 17생(병술)

나는 천성적으로 말을 잘하여 말로는 누구든지 당할 재간이 없고 논리가 강하여 학자 사주로 태어났다. 이론과 추상은 타에 추종을 불허하고, 음량이 풍부하며 의지가 강하여 매사에 적극적이어서 허실이 있고 세심하며 자상하다. 또한 임기응변이 강하여 자기 合理化를 잘 시키는 면이 있다.

성격은 충직하며 의리가 있고 책임감이 강하다. 그러나 다소 큰 소리로 강한 언동을 사용하여 다툼이 있으나 다툰 후 쉽게 화해하여 뒤끝이 없다. 한편으로는 단체성과 사교성이 뛰어나 이기주의적인 일면도 있으나 책임감이 강하기 때문에 한편으로는 지나치게 방심하는 면도 있다. 한사람을 믿으면 충견으로서 목숨을 다해 섬기는 성격이지만 그렇지 않으면 배면성도 있어 어려움에 처할 수도 있다.

생애에 있어서는 풍류적인 환상과 낭만, 멋으로 항상 유우머를 잃지 않고, 술과 여색을 좋아하며 혼자 있기를 싫어하고, 때로는 거만하고 독선적인 면도 있으나 사람은 매우 착하다. 또한 정에 약해 자기의 기분을 잘 내색하지 아니하고 한없이 마음이 여려 감성이 쉽게 오기 때문에 눈시울이 젖어 눈물에 약하다.

건강상태는 양호한 편이며, 혈압·신경통·간질환 등을 조심해야 하며, 직업은 공직계통과 정치·연예 등이 순서이나 돈보다는 명예를 더욱더 중요시  하는 편이다. 또한 남녀노소 누구나 잘 어울리며 특히 곤색과 붉은색을 좋아한다. 꽃은 크고 붉은 장미를 제일 좋아하고 노란색과 작은 꽃을 가장 싫어한다.

밤보다 낮을 좋아하고 동쪽에서 떠오르는 태양을 즐겨보며 음식은 매운 것을 즐겨 먹는다. 특히 마늘, 고추, 과일은 참외와 사과를 좋아하지만 신 것을 싫어한다. 직업은 공직으로 성공할 확률이 70%를 차지하고 있으며 단체생활에 적응율이 90% 이상이라고 한다.

결혼대상자는 음력 2月생만 피하면 平生을 함께 살아갈 것이며 슬하에 아들만 둘을 둔다고 했다. 이러한 나의 사주가 80% 정도는 맞아 결과로 나는 두 아들만 두었다. 나의 운에 인생에 크게 두 번 실패가 있다는

예언과 같이 다 맞았다. 두 아들한테는 경제는 물려주지 못하고 머리를 주어 두 아들 다 육군 장교로 임관할 시 영천 3사관학교에 나는 2번이나 가서 큰아들과 둘째 아들 모두 어깨에 소위 계급장을 달아주며 눈시울을 붉혔다. 수천 명의 대열에서 나에게 경례하는 늠름한 그 모습은 영원히 잊지 못할 것이다.

그 후 두 아들 모두 위관 장교인 대위, 중위로 전역하여 큰아들은 행정공무원으로, 둘째는 경찰관으로, 모두 국가공무원으로 성장 발전시키고 있음은 나로서는 장관이나 국회의원 판검사보다도 더 자랑스럽고 가슴 벅차다.

나는 원래 어린 시절부터 경찰이 희망이었는데 경찰을 하지 못하고 인생을 살아와 한이 되었었는데, 이제 늙은 나이에 아들이 경찰이 되어 나의 한을 다소나마 풀어주고 있다. 나는 대리만족으로 살아가고 있다. 희망과 용기를 불어넣어 주기 위해 큰아들이 첫 발령을 받던 날 너는 공직자의 최소한 부이사관까지는 할 수 있다는 희망을 심어주었다. 둘째 아들에게는 발령 첫날 총경의 계급장을 나는 아들에게 달아주었다.

먼 훗날 두 아들이 이 목적을 이루었을 때, 나는 이 세상에 없겠지만, 두 아들은 승승장구할 것이다.

◻ 운명, 재물, 인생행로

나는 음력으로는 병술(46) 07.17 술시 양력으로는 08.13이다. 항상 용기와 자신감과 강한 의지 또한 신념 속에 살아가기 때문에 간혹 세인들에게 오해도 있다.

또한 운명학과 철학으로는 멋진 사자형으로 항상 자신감에 넘쳐 있으며 타인에게는 무척 친절한 편도 있으나 맘에 들지 않으면 상대를 죽이려는 감정도 있고 심기도 있다.

조직에서는 항상 리더만을 좋아하고 그러기에 교만하고 독선적인 성격도 있으며 남에게는 지기를 싫어하고 나쁘게 말하면 남쪽하늘에 꼬리를 감추고 있는 형으로써 영웅으로는 나폴레옹과 비슷하다.

항상 두 번째 자리를 싫어하며 권위에 충만하고 성격은 솔직하며 잡으면 놓지 않으려 하고 생각하는 범위가 넓은 형을 지니고 있다. 심장이 강하고 활력이 있으나 항상 협심증이 염려되므로 마음에 안정을 가져야 하며 술과 담배를 주의해야 한다. 특히 매혹을 절제해야 하며 화려한 것을 좋아하고 그러나 탄력성 있는 성격이므로 조절과 절제가 요구된다. 급한 성미에 다혈질로 식도락과 이성에 대해서도 적극적인 행동반경에 이르려고 하기에 간혹 실수할 수도 있다. 대중 앞에 서기를 좋아하며 열광적인 인기를 얻으려하고 항상 새로운 것에 도전하고 싶은 욕망이 가득한 인물이다. 모든 일은 일요일에 성취되며 지하경제는 운명을 파멸하게 하므로 분명하게 밝히고 도전해야 하는 재물형이다. 애정운은 사자형으로 고결한 성품인 반면 독점력이 강하므로 사랑을 위해서는 대담한 용기로 결코 꾸미거나 허세보다는 소박하게 사랑을 이끌어가는 멋진 남성형으로 태어났다. 특히 남성적으로 어디서든지 배짱으로 이성을 대하지만, 사랑이 나의 마음대로 되지 않을 때는 불안해하기도 하며 금방 포기하는 단순형 애정운을 갖고 있다.

## □ 나의 인생총운

### 전생운
원숭이가 변하여 붉은 비둘기가 된 것이니 용모가 특이하여 남의 눈에 잘 띄지만 머리를 잘 굴리니 재주가 많아 임기응변에 능하여 자립정신이 정립되어 말없이 성공을 도모하며 한평생 순탄할 수는 없으나 눈을 감고 있어도 복이 들어오는 것만은 아님을 알아야 한다.

### 초년운
가정에서 사랑을 독점하지 못하니 욕구불만 관계로 노력과 애교가 많다. 남과 빨리 동요되고 고집스럽고 고독함을 찾으며 매사에 자신감은 있으나 주변 친구들에게 배신당하는 경우가 있는 편임.

### 중년운
항상 고단함이 많으니 불편이 많다. 이성을 사귀면 이별을 생각하고 그러나 승부욕이 너무 추해 보여 물러서 있으려고 하니 성인 같으나 그만큼 외로움으로 지내며 이루려고 노력한다. 외로운 사람을 잘 챙겨주니 말년에 이르러서야 복이 생긴다고 할 수 있다.

### 말년운

앉아서 천리를 내다보는 재치가 있으니 매사에 걸림이 없다. 반드시 높은 벼슬에 올라 천하를 경영하되 임금의 은혜를 받는 명성이 전국에 펼치니 재주가 많아 변화가 많고 하는 일이 탄탄대로이나 남을 돕지 않으면 오히려 나빠질 수도 있으니 어렵고 힘든 사람을 도우면서 살아가야 할 것이다. 혹시 남을 도울 형편이 안 되더라도 나에게 도움을 요청하는 사람에게 따뜻한 말 한마디라도 전한다면 인생을 훌륭하게 마무리 지을 수 있을 것이다.

### 총운

지혜와 용기가 넘치니 천하를 두루 다스릴 수 있으며, 커다란 바퀴처럼 여기저기 잘 굴러다니며 성미가 급하고 생각이 짧아 갑작스럽게 일을 벌려 주변사람들을 당황하게 하며, 한번 침착해지면 산처럼 고요하여 그 깊이를 타인이 알 수 없으며, 매사에 자신감이 넘치지만 승산이 없는 일에는 참견하지 않는 인내를 기른다면 무슨 일을 하던지 성공할 수 있으며, 매사에 불같은 성미로 인하여 승패가 많이 갈리니 항상 자신을 낮추고 다스릴 수 있는 수양이 필요하다.

## ☐ 유년시절의 나의 희망은…

나의 어린시절
중학생 나, 기영, 도영, 큰누나(하), 둘째누나(상)
* 8남매인데 여동생 3명은 당시 촬영 못하였음.

내가 어린 시절 아버지께서는 이런 말씀을 자주 하셨다. 너는 사범학교를 가서 학교선생님이 되고, 둘째는 장사를 하면 큰 돈을 벌어 잘 살 수 있을 것이라고 가끔 말씀하신 일이 생각난다.

그런데 그것이 어느 정도 맞은 것 같다. 나는 공직으로 일생을 다했고 둘째는 농협 월급쟁이 하다가 중도에 그만두고 장사로 출발해 크게 성공하였으니, 아버지께서는 우리가 어렸을 때부터 선견지명이 있으신 듯하다.

나의 아버지는 젊은 시절 왜 그리도 집안을 돌보지 않고 밖으로만 나다니셨는지 초가삼간 집에 흙 한 삽을 붙이지 않으셨다.

내가 결혼할 때까지 초가삼간을 벗어나지 못하고 변소도 없어 어느 한 모퉁이 잿간과 쓰레기장 옆에 항아리를 하나 묻어놓고 옆만 가리고 위 지붕도 없어 비오는 날이면 우산을 받고 용변을 보아야 했으니 말하여 무엇하랴. 그래서 나는 신혼시절에 시골집을 아내에게 창피해서 잘 가지도 못했다. 지금도 나의 아내는 얘기한다. 시골에 가면 새색시가 용변을 볼 수가 없었다고.

결혼 2~3년 후 나는 적금을 해약하고 아버지의 농협 가계 대출로 성북리 새터에 대궐 같은 새 집을 지어 부모님을 이사하시게 하니 아버지께서는 한이 풀리셨는지 집 주위에 5그루의 감나무와 2그루의 대추나무를 심어 나의 어린 시절 감나무의 얽힌 사연의 한을 풀게 했다. 가을이 되면 감과 대추가 풍성하니….

이제는 너무 오래되어 감나무도 대추나무도 열매를 맺지 않는다. 특히 이 집은 나와 공주에 살다가 지금은 돌아가신 큰 매형(김일곤)과 같이 상의하여 터를 잡았는데 지금 와서 생각하니 아주 좋은 명당이다. 앞에는 넓은 평야와 함께 바라보이는 쌍도 앞바다 전경, 뒷산과 옆산은 전설의 명산 월명산을 끼고 동남향으로 집을 지으니 하루 종일 해가 지지 않는 정남향이며 대문은 동쪽으로 향하여 명당 중에 명당이라 생각한다.

## ❏ 굶주림에 시달리다 죽어간 내 여동생

나는 어린 시절에 집이 너무나 가난했기에 먹을 것이 없어 배고파 죽어가는 여동생의 죽음을 보고 내가 크면 큰 부자가 되고 싶었다.

나는 가난이 너무도 싫었다. 그 어린 동생이 죽을 때, 그때 일만 생각하면 잊지 못하여 눈에 선하다. 몸이 말로 표현할 수 없을 정도로 마르고 숨만 쌕쌕 쉬더니 조금 이상하였다.

집에는 아무도 없었다. 나는 어머니를 찾으니 어머니는 다른 집의 일을 가셨고, 내가 혼자 부둥켜안고 달래보니 잘 되지 않고 그러다가 숨을 쉬지 않고 있어 보니 이미 죽었다.

나는 TV에서 소말리아의 난민촌 아이들이 불쌍해지는 것은 내 동생을 생각하는 것이다. 몇 년도이던가. 전두환 전 대통령이 백담사로 갈 때 골목성명에서 성명서를 읽는 문구 원고가 나의 어린 시절과 똑같은 말을 하여 나는 사실상 가슴이 뭉클했다. 눈시울이 뜨거워서 그 성명서 원고를 마치 내가 써준 것 같은 착각도 했다.

어린 시절 필자가 살았던 집

가난은 不幸한 것은 사실이다. 가난하다고 이혼도 한다. 사랑, 그것은 돈 있는 자들의 이야기이지 지금은 돈 없으면 이혼도 된다. 돈이 있어야 한다. 그런데, 돈, 참으로 벌기 어렵다.

젊은이들이여 가급적 돈을 모아야 한다.

돈 벌기 위해서는 운도 따라야 한다.

그러나 본인의 노력도 중요하다.

가급적 돈을 벌자.

늙은 후에도 돈 없으면 안 된다.

꼭 돈이 있어야 한다.

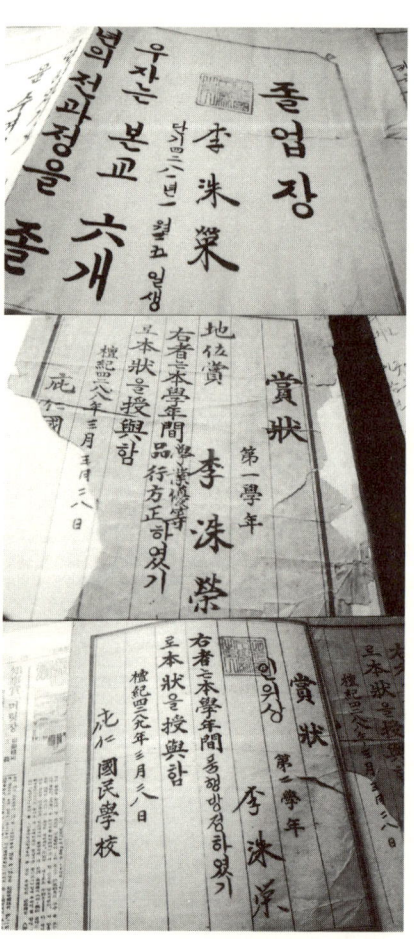

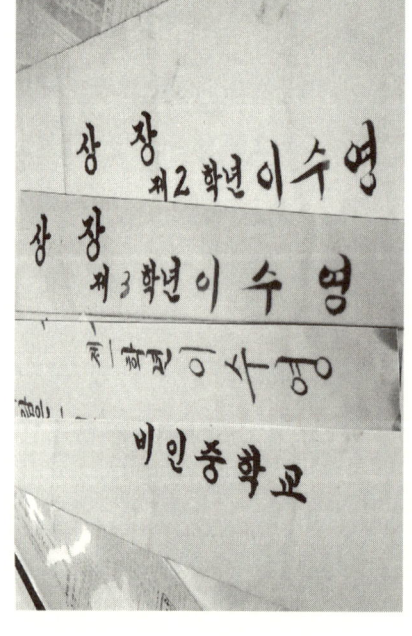

## ☐ 6 · 25 한국전쟁

우리나라가 1945년 일제강점기에서 해방이 되었다. 나의 아버지께서도 일제 강점기에 일본의 강제징용으로 일본 북해도로 끌려가시어 3년간 고난 끝에 귀국하여 나를 낳으시니 내가 1946. 7월생이 된 것이다.

위로 누나 둘 뿐인데 나를 낳으시어 사내아이라고 무척 반겼다. 귀엽게 태어났으나, 워낙 가난한 집이라 귀염도 잠시뿐이었다. 아버지께서는 농사지을 땅이 없어 이리저리 5일장의 장돌뱅이로 돌아다니시면서 돈벌이를 하신다고 하셨으나 잘 되지도 않았다. 집안은 돌보지도 않아 살림은 말이 아니었다.

남들은 논밭 농사를 지어 가을철에 풍성한 수확을 올릴 때면 나는 한없이 부러웠고 콩과 고구마를 많이 캐보았으면 하는 마음으로 유년기를 보냈다.

그러던 1950년 6월 25일 새벽 4시 북한인민군이 38선 전역에서 일제히 기습남침을 개시하여 서울은 3일 만에 함락되었다. 북괴군이 남으로 전진하는 6 · 25한국전쟁의 발발 때는 내가 5살이었지만 어느 정도 기억이 난다.

인민군이 우리 지역에 나타나면 나는 무서워서 양재기 밥그릇에 검은 고무신을 담고 방으로 들어오던 일, 초가삼간 옴팡집에서 5식구가 살다가 도저히 못살 것 같으니 나의 큰누나와 둘째 누나가 학교도 제대로 나오지도 못한 채 서울 공장으로 떠나니, 이제 집에는 항상 나와 어머니였으나 그 후 동생들이 하나, 둘씩 태어나 열 남매를 낳아 둘은 어려서 죽고 8남매가 지금은 건강하게 모두 다 잘 살고 있다.

나는 6·25 당시 피난이라야 겨우 서면 월호리 외할머니댁으로 하루 갔다가 다시 돌아온 것만 기억이 난다. 그래서인지 나는 호적 등재도 늦게 되어 국민학교(지금 초등학교)도 9살이 되어서야 입학을 해서 다른 친구들보다 두세 해가 늦으며 실제 나이보다 호적이 3살이나 아래로 되어 있다.

그런 와중에도 나는 태어난 지 3살 때부터 6살 때까지 3년 동안 무슨 병인지 모르는 심한 병으로 앓아 누어있어 모두 다 포기하고, 이제는 죽은 아이라고 제쳐 놓았다 하니 더 이상 말해서 무엇하겠는가. 큰 누나가 나를 업고 다니면, 이웃 사람들과 지나가는 사람들이 보고 죽은 아이를 왜 업고 다니느냐고 했다 한다. 그래서 나의 증조할머니께서 나의 변을 찍어 잡수어 보시면서 애는 살아난다고 하셨다 한다. 변이 달면 죽고 쓰면 반드시 살아난다고 하셨다 하는데 그 변이 쓰다 하셨다.

그러던 중 6, 7살 때부터 차츰 몸이 나아져 8살이 되니까 완전히 회복되었으나 머리카락이 반수가 흰머리로 변하였다고 한다. 그리하여 나는 9살 난 봄에 초등학교(옛 국민학교)에 입학하여 학교에 다니니 아이들이 나의 흰머리를 보고 놀려대기를 골독재 할아버지라고 놀려대었다. 지금의 학교폭력 중 하나인 언어폭력인 셈이다.

그때는 머리를 기르지 않고 박박 깎고 다녔으니 별로 관심을 쓰지 않았다. 그때에도 이발소는 있었으나 머리 깎을 돈이 없어 집에서 아버지나 어머니께서 직접 면도칼 같은 예리한 칼로 머리에 물을 적셔가며 깎아내려 가는데 머리가 보통 아픈 것이 아니다. 왜 그리 아팠었는지는 지금도 잘 모르겠다.

그래도 나는 공부에만 오직 열심히 하여 공부는 잘하는 편이었다.

매년 먹을 양식이 부족한 겨울이면 고구마로 연명하고 봄이 되면 쑥과 나물, 자운영 등을 먹고 살았다. 여름이면 꽁보리밥으로 연명, 저녁이면 으레 죽으로 끼니를 때우며 유년시절을 보냈다. 학창시절 학급비, 사친회비, 월사금도 제대로 못 내어 담임선생님이 집에 가서 가져오라고 쫓겨나와 산에서 놀다가 다음날 또 월사금도 가져가지 못하고 그대로 학교에 가서 선생님께 거짓말을 하던 시절이었다.

춥고 긴 겨울밤이면 배가 고파 잠이 안 와 봄에 심을 씨앗 콩이라도 몇 개를 화로 불에 구어 달라고 어머니께 졸라서 구어 먹고 물마시고 잠자던 일도 있었다.

학교에 다녀온 후 바다에 가서(띠섬, 월호리 앞바다) 바지락을 잡아 저녁에는 수제비를 해먹고 살아온 가난했던 날의 유년시절이었다. 지금 세대들은 가난과 배고픔을 모른다. 아니 몰라야 한다. 이 설움을 2세들에게 물려주어서는 절대로 안 된다.

그런데 그때에는 이웃동네에 얻어먹으러 다니는 거지(동냥아치)가 있었다. 어머니께서는 그 사람들에게 주어야 한다면서 우리도 충분히 못 먹었는데 한 그릇을 남겨서 작은 솥에 놓아두셨다. 그때 우리 집 부엌문은 아예 열어놓고 사립문도 없었다. 이렇듯 옛날이야기가 그리운 것을 보면 나도 이제 영낙없는 70대 할아버지다.

그래도 그때는 남의 산에 가서 나무도 해 오고 겨울이면 생솔나무들 베어다가 때면 그렇게도 잘 타서 화력도 좋았다. 내가 살던 아랫집은 그때 당시 잘 살고 있었는데, 얼마나 지독한지 나무 한 짐이라도 하라는 말이 없고 그 산에 가서 나무를 베어오면 안 되었다.

우리 집에 너무 서운하게 하여 지금도 나는 고향에 가도 그 집을 가지 않는다. 그 집 아저씨는 돌아가시고 아주머니 혼자 살고 있는데 자식이 하나도 없다. 너무 지독하게 굴어서 그렇게 되었는지 모르지만 지금(2013) 아마 84세 정도 되었을 것이다.

봄, 여름이면 나무하러 지개를 지고 이 산 저 산 헤매면서 오전에 한 짐 오후에 한 짐을 해야 한다. 따뜻한 봄날 나무지개에 벌렁 누워 산에서 잠을 자면 그렇게 잠이 잘 오던 때가 있었다.

## 시골 장날 추억이야기

이 글을 읽는 독자는 우리나라가 60년대에 그렇게도 가난했던 그 시절을 생각하면서 읽으시면 옛 추억이 주마등처럼 아련히 떠올라 눈시울이 젖고 코끝이 시큰해질 것입니다.

### ☐ 잊지 못할 장돌뱅이 약장수

옛날 시골장날이면 꼭 등장하는 것이 약장수였다. 만병통치 약장수의 구성진 목소리, 익살스러운 재담과 아름다운 여인의 목소리로 노래하면서 춤추고 장구치고 북치고, 때로는 나팔도 불며 큰북을 등에 메고 발로 잡아당기면 북이 울리고 손으로 나팔 불고 약을 팔았다. 일본말로는 고다이꼬라고 했는데 우리말로는 무어라고 했는지 잘 기억이 나지 않는다.

그 약장수는 대개 3~4가지 종류의 약을 팔았는데 정말로 만병통치약이다. 바르는 약과 먹는 약, 바르면 안 낫는 상처가 없고, 먹으면 무슨 병이든지 다 낫는다. 체하고 속이 쓰린 것도 괜찮고 아무데나 바르고 먹고 하면 정말로 신기하게 잘 나았다.

지금은 찾아볼래야 볼 수 없는 옛 시골장터 풍경이야기로만 남아있다.

## ❒ 엿장수의 가위소리

또한 장날이면 빠지지 않는 것이 엿장수의 가위소리이다. 특히 겨울철이면 엿치기도 하고 목판의 엿을 떼어주던 시절, 지금은 그 큰 가위 소리는 들어볼 수도 없고 이따금씩 관광지에 가면 엿장수 품바를 보게 된다. 엿장수, 그것이 옛날의 그 풍경을 답습한 것이라고 볼 수 있다.

또한 판대기에 연필을 탁탁 치며 강한 연필심이라고 하였다. 그 연필을 사와서 집에서 깎으면 그렇게도 잘 부러졌다. 연필이 왜 그리 잘 부러졌는지, 돈이 없어 연필을 자주 살 수도 없고, 그리고 연필심이 연해서 입에다 대고 침을 묻혀 글씨를 써야만 했다. 연필 한 자루는 필통도 없어, 책 가운데 속에 넣어가지고 다니던 시절이었다.

## ❒ 장터 개장국밥의 맛

장날 오후쯤이면 회를 동하게 하는 것이 있으니 그것은 바로 구수한 개장국밥(지금의 보신탕)의 냄새이다. 옛 우리 몸속에서는 회(기생충)라는 벌레가 살아있어 학교에서는 1년에 두 번씩(봄, 가을) 회충

약을 먹여 주었다.

 회충약을 먹는 날에는 아침을 안 먹고 약을 먹었다. 그러면 뱃속에 있는 회(기생충, 벌레)가 죽어 대변으로 나오게 되는데 꼭 지금의 흰 우동 가락 같았다.

 그래서 그 구수한 개장국의 냄새를 맡으면 뱃속에 있는 회가 움직여서 배고픔을 느끼게 했고 심지어는 배가 고파서 못 먹으면 배가 아플 지경까지 이른다.

 그때 어머니가 사주신 개장국 한 그릇만 먹으면 며칠을 밥 안 먹어도 부자가 부럽지 않던 추억 어린 개장국의 맛은 지금도 잊을 수가 없다.


## ☐ 장날이면 으레 술 취한 동네 아저씨

 장터에는 술집들이 많이 있었다. 이름도 선미옥, 비인옥, 춘향옥, 개성집 등 제법 많이 있었다. 비인장터에는 지금 내가 기억하는 곳만 해도 그때 10여 곳이 있었다.

 나무로 만든 긴 의자에 걸터앉아 마시는 막걸리에 취한다. 사실상 안주도 없다. 안주라고 해야 새우젓과 돼지고기 삶은 것, 생선, 두부 등이 고작이다. 그런데 으레 장날 저녁 때면 소리를 고래고래 지르며 술이 취해 오시는 우리 집안 두 분이 아주 단골이었다.

 장날 저녁 때면 거의 그랬다. 그러더니 두 분 다 40도 못 살고 술과 노름으로 있는 재산 다 팔아먹고 젊은 시절에 요절하였다. 그러나 그 후손들은 지금 다 잘 살고 있다.

## ☐ 검정고무신과 말코반장화

장날이면 신발 장사가 꼭 온다. 검정고무신(滿月표) 말코반장화도 그 당시 새로운 상품이었다.

그런데 검정고무신을 신고 산에 가면 나무에 걸려 왜 그리 잘 찢어지는지 참으로 약하기 한이 없고 그래서 짝 찢어지면 고무신도 바늘로 꿰매어 신고는 하였다.

고무신에 얽힌 이야기 하나, 예쁜 여자 고무신을 한 켤레 사왔는데 진짜 고모가 '아니 이게 뭐야?' 하고 물으니 '고무신이예요.' 하니까, '아니 돈도 없을 텐데 나에게 이렇게 좋은 신발을 다 사다주다니 참으로 고맙다.'고 늙으신 고모님이 말씀하셔서 그대로 드렸다는 일화가 있다.

## ☐ 비녀와 참빗 동동구리무

내가 어렸을 적에는 몸에(몸속이 아니고 겉에) '이'라는 벌레가 있었다. 옷을 입으면 속옷 속에서 기생하는 벌레인데 물리면 무척이나 가렵다. 그 벌레는 피를 빨아먹고 산다. 그런데 그 '이'는 머리에서도 살았다. 그때는 밤이면 화롯불에 속옷 즉 내의를 벗어 이를 잡는다. 화롯불에 내의를 대고 있으면 뜨거우니까 '이'란 놈이 설설 기어다닌다. 그때 잡아서 화롯불 속에 넣으면 톡톡 터져서 죽는다. 또한 머리에 있는 '이'는 반드시 참빗으로 빗어내려야 이가 따라 나온다. 그래서 참빗이 필요했다. 또한 여자들의 긴 머리는 참빗으로 빗었다.

그래서 장날 가끔 사는 것이 또한 참빗과 어래빗, 겨울철이면 손등에 바르는 동동구리무이다. 우리가 군대생활 당시에는 '이' 잡는 시간도 있었고, '이' 죽이는 야 DDT를 겨드랑이에 넣고 다니던 기억도 새롭다.

## ☐ 난장판의 추억과 국회의원 정견발표

지금의 씨름 대회, 옛날 내가 어렸을 때 시골에서는 난장판이라 하였다. 표현 그대로 난장판이다. 장터에서 하는 축제인데 꼭 밤에 횃불을 켜고 난장판이 열린다. 이때에는 도박도 하고 엿장수도 있는 씨름판인데 반드시 '황소'를 걸어놓고 한다.

나는 그 어린 시절에도 부모님 몰래 난장판에 몇 번 가 보았다. 이곳저곳을 다 본 것이다. 또한 선거 유세 때에는 맨 앞자리에 앉아서 강연하는 국회의원 후보자들이 정견 발표를 꼭 들었다.

지금도 남는 것은 그때 국회의원 서천 출신 우희창 씨, 여성 국회의원 김옥선 씨의 강연이 기억에 새롭다.

## ☐ 겨울 장터 볏짚가마니와 양잿물 덩어리

유년시절 겨울철이면 학교 가기 전 일찍 일어나서, 또는 학교에 다녀와서 새끼를 꼬아 가마니를 어머니와 함께 짰다. 4일 동안 10개 정도 짜서 장날이면 어머니가 머리에 이고 가서서 팔기도 했다. 학교가 끝나고 장터로 가보면 그때까지 가마니를 못 팔고 계실 때가 있고, 어느 때는 오전 중에 다 팔곤 하는데 대부분 늦게까지 못 판 때도 있다. 눈보라치는 매서운 바람과 함께 의지할 곳 없는 장터에서 떨고 서 있는 것을 한번 생각해보자. 그때는 옷도 없이 아무것이나 그저 입고 다닐 때이다.

나는 지금도 짚으로 만드는 공예를 다 만들 줄 안다. 그때 가마니도 잘 짰다. 짚새기, 와라지(스리러), 삼태미, 구럭, 멍석, 이엉 등등 50여 년이 지난 지금에도 다 할 것 같다. 가마니를 짜려면 새끼가 고와야 하고 바디질, 바늘대질을 잘 하여야 한다. 지금은 가마니를 박물관에 가봐야 있는지 못 본 지 오래다.

나의 고향 비인은 5일만에 서는 장(4일과 9일) 제법 크게 이루어진다. 서면은 장날이 없어 서면 주민들이 모두 비인장으로 온다. 그때는 서면에서 비인까지 모두 걸어서 다니고 중학교도 비인으로 걸어서 다녔다.

그때 우리들은 이런 장난을 많이 했다. 그때는 양잿물이라는(지금의 세제) 것이 있었는데 많이 독하여 손에 닿으면 안 된다. 손껍질이 벗겨질 정도로 독하다. 우리들은 장날 이후에 논에 있는 얼음을 깨서 비료포대를 종이에 지푸라기로 싸서 양잿물처럼 길가에 놓으면 아주머니들이 양잿물인 줄 알고 주워서 들고 가는 것이었다. 그러면 우리는 그것을 보고 깔깔대고 통쾌해서 웃었다. 그러나 지금은 비인면보다 서면 면민이 더 잘 살고 인구도 서면이 더 많고 부자마을로 탈바꿈되었다.

그때만 해도 6·25피난민이 많은 서면 도둔리의 피난민 정착지에서 천막 치고 바다에 의해 살아가던 6·25피난민들의 생활상…. 지금은 피난민의 흔적도 없이 부호의 마을로 변했다. 특히 관광지로써 명성을 떨치고 있으며 600여 년 된 100여 그루의 아름드리 동백나무 숲은 서천군의 자랑이며 명승지이고 바로 옆에 있는 해양박물관과 춘장대해수욕장은 국내 유명한 관광지이다.

## ❏ 5일장날과 서울(영등포)로 돌아다니며 장사하시던 아버지

나의 아버지는 젊은 시절부터 농사일은 전연 모르시고 시골 5일장과 서울로 다니면서 장사를 하시는 직업이었는데도, 돈을 벌지 못해 가난하여 쌀 한 바가지를 사오신 적이 없다. 왜 그랬는지 지금도 나는 모르겠다. 우리집은 논 한 평 없고 밭만 300평을 어머니가 지으신 기억이 난다.

장날에는 (판교, 간치, 서천, 비인, 장항) 아침 일찍부터 신작로 거리에서 장터로 가지고 가는 계란, 마늘 등을 사서 다시 중간상인에게 되파는 일을 하셨다. 봄과 가을에는 골파를 밭째 사고, 시장에서도 사서 트럭에 싣고 서울영등포 한국마늘상회 등등에 판매하시었다.

여름과 가을이면 참게(논게), 무, 배추 등을 사서 서울로 판매하러 가셨고, 겨울이 되면 통 돼지를 3~4마리 잡아 서울로 가지고 가셨다.

특히 추운 음력 정월과 2월에는 달래를 이곳저곳에서 사서 그 추운 날씨에도 샘터에서 깨끗이 씻어서 포대에 넣어 서울로 가기 위해 열차로 가야했다. 나는 어린나이(17~18세)였음에도 불구하고, 그 추운 겨울에 달래 포대를 지게에 지고 간치역까지 걸어가서 인근 주점에서 하룻밤을 잤다. 그 다음날 아침 아버지께서 첫 열차로 서울로 가시면 나는 혼자 걸어서 집에 왔다. 간치에서 우리집까지는 약 4십리길(16km)정도가 되었다.

이제 70이 된 내가 지금도 잊지 못하는 것은 두 가지가 있다.

하나는 달래 짐을 서울로 가기 위해 장항에서 올라오는 열차 시간에 맞추어야 했는데, 화물차가 대개 뒤편에 있으니까 화물차 정차할 지점에 달래 짐을 잘 놓아두면 올라오는 기관사가 그것을 보고 조금 앞으로 차를 정차시킨다. 그러면 아버지께서는 빨리 기관사한테 가서 돈 몇 푼을 주고 열차를 뒤로 후진시켜야 짐을 실을 수 있었다. 그 기관사는 지금쯤 이 세상 사람이 아니겠지?

또 하나는 팔월 보름 추석날, 남들은 모두 칠지리 봉화산에 올라가서 추석날 잘 놀고 있는데, 18살 된 나는 아버지와 함께 골파 밭으로 나가서 작업을 했던 기억이다.

초등학교 시절 학교 갔다 와서 바다 월하섬과 대섬에 가서 바지락 잡아 오던 일, 논두렁 헤저으며 참게(논게) 잡아 아버지한테 팔던 일…. 개구리, 메뚜기 잡아 인근 닭 먹이는 집에 갖다 주고 돈 1원 2원 받아오던 일, 지금부터 50년 전의 소년시절의 옛 추억들이 머리에 주마등처럼 스쳐간다.

　지금 내가 생각하면 나의 부친께서는 그 나름대로 열심히 살아오신 것 같은데도 무슨 죄가 많아서인지 노년의 올해(2011) 93세이신 나의 아버지께서 앞을 못 보시게 되었으니 참으로 그지없이 슬프다.

　더욱이 내가 모실 수가 없어 우리 집에서 몇 달 이곳 저곳에서 몇 달씩 계시다가, 요양원에도 계시다가, 그것도 못 계신다 하면 방 한 칸 얻어 둘째가 매일 살다시피 보살피며 거처하시니, 이 어찌 말년의 인생이 서글프지 않으랴.

　나는 가슴이 아프다. 죽을래야 죽을 수도 없고 이러한 삶을 살고 계신 나의 아버지만 생각하면 마음이 많이 아프다. 인간은 모두 다 죽는 것. 나이 많아 가는 것을 어찌하겠는가 말이다.

## ☐ 나의 守護神은 太陽이다

0시의 대지, 그리고 정오의 태양을 생각해 보자. 0시의 大地는 너무나도 캄캄하지만 정오의 太陽이 비추는 大地는 생동감과 정열이 이글이글 타오른다.

나는 음력으로 7월 17일 술시에 태어났기에 그 무더운 삼복더위 때이다. 어머니께서는 나를 낳으시고도 흰 쌀밥 한 그릇 잡수시지도 못하고, 그 복더위에 일을 하기 위해 일터로 나가서 일을 하셨다 한다. 이렇게 어려운 시기에 가난한 살림으로 살아서 그런지, 나는 태어나자마자 건강이 악화되어 죽을 지경이었다고 한다.

무슨 병인지 알 수 없는 병마로 3년여 간 앓아누워 모두가 다 죽은 자식이라고 포기하였다고 한다. 그런데 안동에 살고 계신 증조할머니께서는 나를 그래도 살려보겠다고 하루에도 몇 번씩 우리집에 오셔서 지극히 돌보셨다 한다. 큰누나가 나를 업고 다니면 동네 사람들은 그 죽은 아이를 뭐하러 업고 다니느냐고, 차라리 편안하게 뉘여 놓으라고 했다 한다.

이렇게 나는 3년간의 병마에 시달리는 동안 증조할머니께서는 가끔 나의 변(똥)을 맛보시면서 변이 달면 이 아이는 죽고, 쓰면 살아난다고 하시면서 맛보는 일을 자주 하셨다고 한다.

그렇듯 증조할머니의 지극정성으로 지금까지 살아남아 있는지 모른다. 나의 증조할머니는 내가 초등학교 들어가기 전 8살 때 세상을 떠나셨다. 그후 자주 나의 꿈에 나타나 산소를 이장도 했고, 지금은 칠지리 선영 아래 편안히 모시고, 산소에 가서 성묘를 한다.

□ 나의 아버지

아버지는 우리 조국이 일제에 짓밟혀 대한독립 만세 소리가 온 겨레에 울려 퍼지는 기미년(1919년) 7월 7일에 충남 서천, 비인, 칠지 매봉산 줄기의 봉화산 밑에서 태어나셨다.

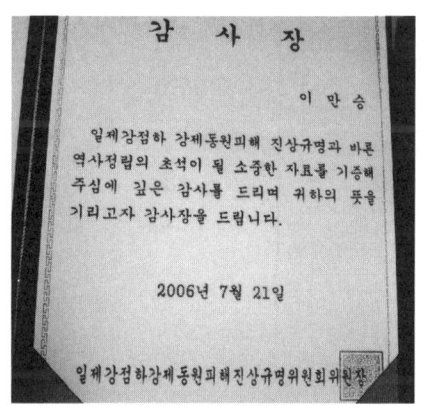

태어나신 지 2년만에 먼저 할머니가 돌아가시고 같은 해 4개월 후인 9월에 할아버지가 돌아가셨다. 2살 때 부모를 다 여의고 고아가 되어 아버지는 친척 큰어머니의 품에서 젖동냥으로 연명하면서 살아온 목숨이니 배움이 제대로 되었겠는가? 소학교도 못 다니고 그저 한글만 터득하고 이리저리 떠돌며 사시다가, 청년시절 일본의 강제 징용으로 일본 북해도에서 탄광일을 하시다가, 1945년 우리나라가 해방이 되자 귀국하시어 나를 낳으셨다. 나는 1946년 7월 17일생으로 세상에 태어났다.

그 후 아버지께서는 논과 밭이 없어 농사일은 하시지도 못하고 밭 300평을 장만하여 어머니가 지으시며 아버지는 5일장을 장돌뱅이로 돌아다니시며 집에는 열흘 또는 한달만에 오시곤 하셨다.

초가삼간의 집에서 그래도 8남매를 낳아 성장시켜 모두 그럭저럭 살고 있으니 그래도 대단하신 것만은 사실이다. 어머니는 72세에 돌아가셨으나 아버지께서는 장수하시어 지금까지 살아계시기에 94세(2012)에 이르셨다. 이러한 부모님 밑에서도 나는 모자와 뱃지를 달고 학교를 다녔다. 동창들은 지금도 그 이야기를 할 때가 있다. "네가 교복을 입고 학교 다니는 그 모습이 그렇게도 부러웠다."고 말하는 그 동창생은 나보다 100배도 더 잘 사는 모 건설회사의 회장이 되었고, 나와 같이 금년에 칠순을 맞는다.

□ 어머니의 정한수

뒷산의 부엉이 우는 소리에
잠을 깨어보니
아직도 어두운 새벽이어라.
창호지 문에 비추인 달빛도 희미한데
문틈으로 들어오는 바람이 차갑다.
찢어진 문구멍으로 살며시 내다보니
몇 개 놓인 장독대에
정안수 한 그릇 떠놓으시고
8남매 자식 위해 초하룻날 공을 비는
어머니의 성스러운 눈빛이
정안수 물속에서 아름다워라.

　내가 태어나고 자란 고향땅 비인의 봉화산 끝자락에 자리잡은 초라한 초가삼간 집에서도 8남매를 무사히 키워주신, 장하고도 장하신 생전의 어머니 모습이 그립습니다.
　남의 집일과 길쌈(모시)으로 가난을 극복하며 잘살아 보겠다고 온갖 고생을 다하신 어머니께서 떠나신 지 18년이 지난 오늘에야 알 것만 같습니다.
　이제 나도 70이 다 되어, 손주의 재롱으로 하루하루를 무의미 속에서 살아가지만, 매년 기제 때가 되면 더욱더 생각나는 그 깊고 깊었던 큰사랑을 느끼곤 합니다.
　지구촌 이곳은 오늘도 무덥고 답답한 날씨인데 천국은 언제나 평온하고 자유로울까, 그 천국에서 행복하게 영생하소서. 어머님!

2005년 8월 제삿날

# 어린 시절의 파노라마

## ☐ 여름날의 '아이스케키얼음과자'

우리 집에는 농사체가 없어 아버지와 어머니께서는 가끔 남의 집일을 하셨다. 새참은 감자를 꼭 내왔다. 감자는 반드시 소금물로 쪄야 맛이 제맛이다. 모를 심고 보리 베는 일, 타작하는 일이 거의 한꺼번에 이루어진다.

뜨거운 여름날 신작로를 "아이스케키 얼음과자!" 소리치며 장사가 지나가면, 그거 하나 먹었으면 하는 생각이 간절하다. 그러나 사먹지 못한다. 여유도 없다. 생각해 보면, 지금이 참으로 좋은 시대이다.

부잣집의 일을 하는 날이면 나는 밥을 얻어먹으러 간다. 많이 담긴 그릇 앞에 앉아서 먹고 나면 얼마 안 가서 배탈이 난다. 오랫동안 잘 먹지 못했다가 흰쌀밥을 많이 먹었기 때문이다.

밥만 먹여주면 그냥 일해 주던 그 시절. 밥 담을 그릇이 없어 소쿠리에 밥을 담아 부엌 천정에 매달아 놓고, 먹을 때에 내려서 퍼 먹었다.

참으로 지금 생각하니 과학적이었다. 그 시절에는(1940년대) 식구도 많았다. 한 끼에 보리 1말 2말은 밥을 해야 식구들을 먹을 수 있는 대가족이었다. 보통 10명에서 15명씩 한집안에서 생활하였다. 그래도 화장실은 하나밖에 없어서 곤란할 때가 많았다. 지금의 화장실을 그때는 변소간, 똥쉬간, 소망간 등으로 불렀었나.

## 🗆 돌 깨던 어린 시절

옛날에는(60~70년대) 도로에 자갈을 폈다 거두었다 했다. 도로 옆에 쌓아 놓았다가 군청에서 도로 심사 때는 깔았다. 심사가 끝나면 다시 모았다. 집집마다 책임구역이 있어 나는 국민학교(지금 초등학교) 시절 돌을 깨러 다녔고 또 학교 안 가는 때는 아버지와 같이 취로사업으로 돌 깨는 일을 하였다.

그렇게 하면 일당으로 밀가루를 면사무소에서 주었다. 그 밀가루로 우리는 수제비를 해 먹었다. 살림에 보탬이 되어, 봄이면 매년 돌 깨는 취로사업을 하였다.

## □ 불우이웃 돕는 선의의 마음

불우이웃돕기란 사실상 요즈음에만 있는 것이 아니다. 옛날에도 많이 있었다. 내가 9살이나 열 살쯤의 생각이 나는데, 우리집은 초가삼간 움막집이라 사립문도 부엌문도 없는 집이었다. 부엌에는 크고 작은 2개의 검은 가마솥이 걸려 있었다. 그중 큰솥에는 항상 물이 가득 차 있었고, 작은 가마솥에는 저녁에 우리 식구들이 먹은 죽(대개 호박죽 또는 밀가루죽) 한 그릇을 가끔 놓아둔다. 그리하면 밤에 와서 어느 사람이 가져가곤 하였다.

그 죽을 가져가는 사람이 누구일까 생각했다. 그 사람은 바로 아랫마을에 사는 거지였다. 어머니는 우리도 실컷 못 먹는 죽을 그 거지를 주기 위해 한 그릇을 솥에 남겨 놓은 것이다. 그리하면 그릇은 남겨놓은 채 죽만 가져갔다. 지금 같으면 상상도 못할 이야기가 아닌가? 이것이 진정 선의의 불우이웃돕기라고 생각한다.

그런데 2011년 8월 서울시 교육감이 모 대학교수에게 2억을 주었다고 본인 입으로 직접 밝혔는데, 그때 선의라는 표현을 썼다. 참으로 말도 안 되는 표현, 선거의 대가성이라고 할 수 없으니 그렇게라도 구차하게 표현하여, 한때 사회의 웃음거리가 되기도 하였다.

## ☐ 피난민 정착지

서천군 서면 도둔리 일대에는 6·25 한국전쟁으로 인한 이북 피난민들이 살고 있었다. 그때 피난민들은 집이 없어 천막을 치고 거처하면서 살아가는 것을 나는 보았다.

그들은 생계 수단으로 부녀자들은 바닷가에서 갯것을 잡아(굴, 조개, 생선, 갈치, 꽃게, 새우젓 등등) 비인시장에서 나와 또는 서천, 판교시장까지 버스도 타지 않고 이고 걸어다니면서 팔러 다니는 것을 나는 똑똑히 보았다. 남자들은 산에 가서 나무해다가 시장에 와서 팔기도 했다. 이렇게 하여 생계를 유지하면서 살아간 듯싶다.

그때 그 이북의 피난민들은 참으로 억척스럽고 근면하고 열심히 사는 것 같았다. 놀며 남의 것을 도둑질도 하지 않고 거지처럼 지내는 사람은 한 사람도 없는 듯했다. 그때 천막촌에서 사는 가정이 약 30여 가구로 추정된다.

오히려 우리 원주민들은 겨울철이면 놀고 술타령에 놀음으로(도박) 가정이 파탄되는 사람이 허다했다. 나의 집안도 도박으로 가산을 탕진한 사람이 두 집이나 되었다.

## ☐ 꿩과 산토끼를 잡던 그 시절

지금 어린아이들은 상상도 못할 일이 내가 국민학교 시절에는 있었다. 그러니까 1950년대 60년대의 이야기이다. 그 시절 농촌에는 겨울이 되면 동네 사람들은 할 일이 없어서 그저 새끼 꼬고 가마니도 짰다. 하지만 재미삼아 하는 것이 꿩을 잡고 토끼몰이를 하는 것이었다.

꿩 잡기란 꿩들이 밤에는 산에서 있다가 아침에는 산 밑 밭으로 먹이를 찾기 위해 내려온다. 이 습성을 이용하여 콩 속에다가 싸이나(즉, 독약)를 넣어 양초로 구멍을 메우고 새벽 일찍이 밭에다 놓아두면, 꿩들이 밭으로 내려와 그 콩을 먹는다. 그러면 그 꿩은 죽는다. 그러나 현명한 꿩은 콩을 이리저리 뒹굴려보고 그 콩을 먹지 않는다. 나도 약을 놓아 몇 마리의 꿩을 잡아 보았다.

또한 산토끼는 마른 무잎에 극약을 조금 발라서 산에 놓아두면 그 무잎을 먹고 산토끼가 죽는다. 또한 그 시절에는 산이 지금처럼 울창하지 않고 거의 민둥산이어서 산기슭에 그물을 쳐놓고 동네 청년들 여러 명이 모여 산토끼 몰이를 하여 잡는다.

지금 생각하면 반세기 전의 그 아득한 추억으로 남아 있을 뿐이지만, 우리나라 농촌의 1950년대 60년대의 풍경으로 역사에 기록되어 추억으로 남아 있다.

☐ 쌀독에는 쌀이 없다

국민학교에 다닐 때의 일이다. 아마도 3,4학년 때로 기억이 된다. 그때 우리집은 아버지께서 빚(남한테 갚아야 할 돈)이 있어 빚 받으러 오는 성북리(탑생이) 거주 아주머니가 있었다. 그 분은 꼭 아침 식전에 우리집에 온다. 와서는 우리집 안방에 누워 갈 생각을 하지 않고 계속 있다가 오후가 돼서야 가곤했다.

그분 드릴 아침밥이 부족하여 같이 먹을 수도 없고 해서 나만 우선 먼저 부엌에 나가 보리밥에 찬물을 부어서 그대로 후루룩 마시다시피 하고 책보를 메고 3㎞나 되는 학교로 달려간다. 그러면 오후쯤이 되면 먹은 보리밥이 소화가 안 되어 대변을 보면 보리알 그대로 변으로 나오는 것이 한두 번이 아니었다. 물론 점심은 먹지 않았다.

우리집은 논 농사라고는 없고 밭 300평을 어머니께서 짓기 때문에 약간의 잡곡과 고구마는 있으나 쌀은 귀했다. 그래서 쌀은 비인 장날

마다(5일장) 사서 먹어야하는데 돈이 없으니 어머니께서 일품삯과 모시짜기, 겨울이면 가마니짜기 등의 수입, 집에서 7~10마리 기르는 암탉의 계란을 모아장날 내다팔아 돈을 만들었다. 5일장마다 가서서 어떠한 일이 있어도 쌀 1말을(斗) 구입해야 5일간을 먹고 살아가곤 했다. 어느 때는 두 말을 구입하여 머리에 이고 오셨는데, 두 말이 한 말보다 더 가볍다고 하시던 말씀이 생생하다.

지금 생각해보니 그 시절이 얼마나 어려웠는가를 알 수가 있다. 그때 아버지께서는 술과 놀음(투전)으로 집에는 잘 오시지도 않고, 장돌뱅이로 돌아다니시다가 가끔 오시곤 하시었는데, 그때 가지고 오신 투전장(외 껍데기라고도 한다)을 나는 보았다. 지금의 화투가 아니다.

그 후 어려웠던 생활 속에서도 나는 지금 공주에 사시는 큰누나의 도움으로 중학교에 입학하였고, 그것이 60년대 초반부터 이제는 누나들이 돈도 벌고 아버지께서 정신을 차리시어 장사를 하러 다니셔서 가정 형편이 조금 나아지고 있었다.

☐ 월사금 사친회비를 아시나요?

유년시절 국민학교를 다닐 때 월사금과 사친회비(지금의 수업료와 학급비)를 제대로 내지 못하였다. 학교 선생님은 가져오라고 집으로 돌려보내셨다. 나는 뒷동산에 올라가 시간을 채우고 놀다가 집으로 가고 다시 내일 또 못 가져가고 그랬다.

나는 학교에서 선생님이 가져오라는 학급비 월사금 독촉을 어머니께 한 번도 말씀드리지 않았다. 어머니가 알아서 주시곤 하셨다.

그때 시절 제일 먹고 싶은 것이 학교 끝나고 집에 올 때면 배가 고파 김이 무럭무럭 나는 찐방이다. 그 다음 사탕인데 눈깔사탕과 유과 비과이면 여름철이면 아이스케키이다. 한해 여름에 아이스케키 1개 먹으면 많이 먹고 지내는 형편이었다.

그래서 찬물에 설탕도 없어 사카린 또는 당원을 타서 마시면 그 시원함은 마셔보지 않은 사람은 아무도 모른다.

그 시절 그래도 나는 조금 나은 편이었다. 지금은 서울에 모 회사에 대표로 있지만 우리반에 한 친구는 아예 사친회비를 1년 동안 내지 못하여 놀림을 받고 때로는 구박을 받았으며 지금도 그때의 모습이 연상된다.

사친회비를 못 내어 선생님께 꾸중받은 그 옛날 50년대의 추억, 그 선생님은 90세가 넘어 서천 어느 아파트에서 서예를 하고 살고 계신다. 나는 그 선생님을 잊지 못하여 가끔 안부전화도 드리고 찾아뵙기도 한다.

## □ 수줍어 좋아했던 여학생

내가 중3때, 아마도 16살 때인 듯하다. 우리 학교는 남녀공학이라 나는 3년 내내 반이 바뀌지 않고 여학생과 같이 공부를 하게 되었다. 그때는 1반과 2반뿐이었는데 1반은 남학생이고 2반은 남녀학생 42명 정도가 한반이었다.

나는 반에서 그래도 공부를 잘하는 편에 속했고 글씨를 잘 썼다. 지금은 중2 중3 되면 이성문제도 어느 정도 알고 있지만 우리 어렸을 때는 전혀 몰랐다. 그리고 사실상 관심도 없었고 잘 싸우기만 했다.

그러던 중 졸업을 앞둔 겨울, 얼마 안 있으면 다들 헤어진다. 언제 만날지도 모르는 때 우리들은 추억의 싸인장이라는 것을 주고받았다. 그때 그 싸인장에 내가 그 학생의 싸인장에 좋아한다고 썼다. 사실상 당시는 말 한 마디도 못하고 헤어진 지 벌써 55년이나 되었다. 그동안 동창회도 참석치 않았고 엇갈리고 하여 소식조차 모르고 죽었는지 살았는지조차 사실상 모른다. 살았다면 어디에서 사는지 수소문 해보아도 아는 우리 동창생이 없었다. 더욱이 여학생인 관계로 알 수가 없다.

지금 그 두 여학생은 잘 살고 있겠지. 얼굴은 잔주름에, 머리는 백발이 되어 어디서 보아야 알아볼 수도 없겠지? 그때의 그 아름다운 소녀시절의 얼굴이 내 앞에서 아른거린다. 언제 한번 만나보고싶은 생각뿐, 영원히 만나지 못하겠지만, 한 여학생은 통통미인이었던 신ㅇㅇ와 한 여학생은 날씬하고 눈에는 쌍꺼풀이 있는 한ㅇㅇ였다.

사춘기시절 3년 동안 쳐다만 보고 지낸 얼굴, 55년 후인 지금도 눈 앞에 살짝 웃는 미소 띤 얼굴이 선하게 보이곤 하여, 학교 졸업할 때의 앨범사진을 가끔 꺼내본다.

☐ '회충'과 '이'를 아시나요?

우리나라 일제강점기로부터 해방된 직후인 1950년대 아니 60년대까지 가난하고 헐벗고 할 때 우리 몸에 제일 극성을 부리던 것은 '회충'이라는 기생충이 몸속에서 자라고 있어 학교에서까지 약을 가정으로 보급하였다.

아침을 먹지 않고 식전 공복에 먹으면 저녁 때 대변을 보면 흰색에 꼭 지금의 지렁이 같은 회충이 죽어서 또는 간혹 살아서도 대변으로 나온다. 몸속에는 이러한 회충이 꿈틀거리면 배가 아프면 약은 없고 휘발유를 조금 마시기도 했다.

그리고 또 한 가지는 60년대 후반까지 몸에는 '이'라는 벌레가 있었는데 우리몸의 피를 빨아 먹고 기생하기 때문에 특히 '이'가 많은 겨울철에는 가려워서 못 견딘다. 나도 군대시절 이를 잡기 위해 D.D.T를 겨드랑이에 달고 다녔다. 그때는 내무반에서 '이'를 잡는 시간도 있었다.

또한 집 문지방 틈에서 서식하는 '빈대'와 메뚜기처럼 뛰어다니는 '벼룩' 등의 벌레가 성행하던 시절이었다. 1950~60년대에는 人間 수명이 짧아 환갑을 지나면 무척 오래 살았다고 했으며 환갑노인이라고 했고 환갑을 맞으면 동네 사람을 모아놓고 잔치도 하곤 했다.

그때 서민층에게 가장 흔한 병은 일명 폐병이 유행하였는데 폐병으로 죽는 사람이 많았었다. 그 병은 지금의 결핵이다. 서민에게 가장 무서운 병, 폐병. 이것은 못 먹어서 생긴다고 했다. 그래서 국가에서는 결핵퇴치를 위해 온갖 힘을 기울였고 결핵협회와 결핵퇴치 운동본부 등도 발족되었다.

그 어려웠던 50~60년대를 지나 70년대부터는 조금 나아져 옷도 많이 나와 수돗물이 대중화되고 새마을운동이 전국적으로 요원의 불길처럼 타올라 마을안길 조성 초가지붕 없애고 슬레이트를 함석으로 지붕 개량을 하고 우물물을 자동펌프로 집집마다 설치하고 가난을 벗어보셨나고 열심히 일해 새로운 삶으로 탈바꿈을 하는 세기로 인해 시금 이렇게 잘 살게 된 동기가 마련된 것이다.

□ 절미운동과 소주밀식(小株密植)

1960년대에서 70년대에는 농촌운동으로 청년들은 4H가 활기를 띠었고 마을부녀회에서는 절미운동 즉 쌀을 절약하자는 운동을 하였다. 50~60년대에는 대가족제도이므로 시어머니가 며느리에게 아침과 저녁에 밥할 쌀과 보리를 쌀독에서 퍼서 며느리에게 주면 그 며느리는 부엌에 있는 절미통에 쌀을 한 줌 또는 두 줌을 절약하기 위해 넣는다.

그리고 밥이 모자랄 것 같으면 며느리는 안 먹고 또한 고구마 무우, 씨래기 등을 넣어 밥을 짓는다. 그때 절미운동을 하던 며느리들이 지금 80~90이 된 할머니들이다.

또한 70년대에는 정부시책의 하나로 쌀 생산을 늘리기 위하여 벼를 통일벼로 개량하였고 논에 모내기를 할 때는 소주밀식을 시행하였다. 이는 작을 소(小) 뿌리 주(株) 빽빽할 밀(密) 심을 식(植) 즉모를 3개~4개를 심으면서 가급적 빽빽하게 심어 새끼를 많이 치게 하는 방법이었는데, 그것이 잘 성공되어 쌀 생산이 증산되었다.

(2000년 초여름)

## 🗆 아랫집 아저씨

우리집은 동네에서 조금 떨어져 3가구가 살았는데 우리 집이 제일 작고 3집 중 가운데이다. 사립문도 없이 그저 허술하기 그지없다.

나는 이 집에서 살면서 뼈저리게 느낀 게 있다. 우리 집의 집터가 남의 땅이었기 때문에 집터 임대료로 아버지나 어머니께서 봄, 여름, 가을 일이 바쁠 때 6일간을 일해 주기로 되어 있다. 그런데 이것이 문제가 아니라 집터 내에 감나무 하나가 있었는데 그 감나무가 토지소유자의 것이고 가을철에 감이 익어도 그 감 하나 못 따게 하였다. 나는 그저 바라만 볼 뿐 따먹지 못하는 어린 마음이 어떠했겠는가.

그래서인지 그 후 타동네로 내 집을 지어 갔을 때 아버지께서는 집 주변에 제일 먼저 감나무 5그루와 대추나무 2그루를 심어 지금도 시골에 가면 감나무가 반긴다. 우리 집 앞집 제법 잘 사는 집이 있는데, 우리집 입구에 텃밭에 우리 집 동생들이 뛰어내린다고 철조망을 처 놓아 그 철조망에 걸려 옷이 찢기고 무릎도 다치곤 하였다. 철조망을 처 놓은 이웃집 유씨 아저씨가 정말 원망스러웠다.

그 아저씨는 돈은 조금 있으나 자식이 하나도 없다. 첩도 얻었으나 그 몸에서도 자식을 못 낳았다. 그 이웃 아저씨는 지금도 살고 있다. 아마도 85~86세 될 것이다.(2011년 현재) 25년 전 그 아저씨 회갑 때 나에게 초청장이 왔었는데, 나는 그 생각이 문득 떠올라 가질 않았다.

사람은 자기보다 조금 못 살아가는 사람들을 업신여기지 말고 도와 주면 그 은혜를 받은 사람은 오래도록 기억할 것이다. 남에게 베푸는 자만이 가장 행복한 것이다.

□ 용골대·마골대 형제 이야기
1) 서천 비인의 명산, 해 뜨는 월명산

내가 태어난 서천 비인 칠지의 뒷산에는 봉화산이 있고 동쪽에는 해가 뜨는 월명산이 있다. 월명산은 우리가 초, 중 시절에 봄 가을 소풍가는 곳으로 으레 월명산 아니면 종천의 수원지 또는 서면의 동백정이었다.

비인에는 향교가 있고 역말이 있는데 말에서 내려서 걸어가는 표식이다. 비인에는 성내리와 성북리, 성문거리 등이 있는데 성문거리는 개천이 흐르는 곳으로 유년시절에는 학교 끝나고 집에 갈 때 가재도 잡고 참게 잡은 추억이 깃든 곳이다.

지금은 흔적조차 없고 그저 아스팔트로 포장되어 서면·서천·주산으로 가는 3거리로 남아있다. 지금의 이곳 3거리는 성문거리 즉 성의문이 있던 곳이라 한다.

　월명산 뒤편에는 성산리, 율리 등이 있고 앞마을에는 교촌과 향교가 있는데 그 옛날 삼국시대인가 어느 때인가 월명산 밑에 부부가 살고 있었다. 그 부부는 늦도록 자식이 없어 월명산 중턱바위에서 100일 기도를 하고 아들 쌍둥이를 낳았는데 그 아들이 훗날 장수가 되었다는 전설이 있다.

　그 아들 쌍둥이를 용골대·마골대라 이름을 지었는데 어려서부터 범상치 않았고 힘이 세고 기골이 장대하며 형은 용골대이고 동생은 마골대이다. 나는 지금부터 약 60여 년 전 초등학교 다닐 때 비인의 학식이 많은 어느 노인분한테 들은 이야기인데 정확한 문헌은 잘 모른다.

　이러한 전설을 뒷받침할 만한 정확한 증거자료를 수집하지 못해 그저 내가 들은 이야기를 생각나는 대로 적어보면 그 후 용골대·마골대 형제가 자라서 용골대는 청나라로 건너가 큰 장수가 되었고, 동생 마골대는 조선 장수가 되어 나중에는 형제 간에 전쟁터에서 싸우다가 형의 칼에 동생 마골대가 죽었다는 이야기도 있다. 또 하나는 어릴 때 형제가 범상치 않으니 둘 모두를 키우면 나라에 큰 재앙이 있을 것 같아 일찍이 부모가 죽이려고 하자 그 눈치를 알고 형인 용골대는 중국으로 도망가고 동생인 마골대는 부모 손에 죽었다는 설도 있으나 그 자료는 더 찾아보아야 할 것 같다. 그 후 용골대가 장수가 되어 우리 조선에 쳐들어온 것은 사실인 것 같다.

　이러한 장수가 태어난 명산의 월명산으로 가뭄이 들면 기우제를 지내고 기우제를 지내면 반드시 3일 안에 큰 비를 내렸다고 한다. 비인의 명산 월명산을 군 당국에서는 새로운 문화관광단지로 이벤트화하여 개발하였으면 하는 생각이 든다.

## 2) 해지는 봉화산의 저녁노을

 저녁노을은 참으로 아름답다. 그 찬연하게 빛나는 영롱한 빛…. 내가 태어난 비인 칠지에는 동쪽에는 월명산이 있고 서쪽에는 봉화산이 있다. 하루 해가 월명산에서 떠서 봉화산으로 기운다. 겨우 2km 안에서 해가 뜨고 진다.

 봉화산은 옛날 조선시대에 통신수단으로 봉화를 밝힌 곳이다. 어린 유년시절에는 유일한 놀이터가 봉화산 추억이 서린 곳이다. 추석날이면 인근 동네 주민과 청년들이 다 모인다. 추석날 아침 제일 먼저 오른 사람이 소리를 지르고 하나둘씩 모여 얘기도 하고 돌도 굴러 내린다. 밑에는 탱자나무에서 탱자도 따고 하던 추억이 있다.

 봉화산에 안 가본 지도 어언 50여년이 넘었다. 이제 나의 조그마한 소망이 있다면 봉화산 봉우리에 칠보정(漆寶渟)이라는 정자를 세워 봉화산의 유래와 전설을 담아 길이 후손에게 남기고 싶은 마음 뿐이다.

## ❒ 처녀 죽은 영혼 가~오 가~오새의 슬픈 이야기

서천군 비인면 앞바다에는 '쌍도'라는 조그마한 무인도가 있다. 내가 어렸을 때는 쌍도 앞 바다에서 바지락, 꼬막, 돌쟁이, 능쟁이, 새우, 자하젓, 꽃게, 갈치 등을 잡았다.

지금은 없어졌지만 그때는 바다에 고기를 잡는 '독살'이라는 공작물도 설치해 있었다.

### 가오~새의 전설

옛날에 비인면 월명산 아래 교촌이라는 양지 바른 마을에 남매가 살고 있었는데 오빠가 먼저 이웃집 처녀와 결혼하여 3식구가 행복하게 살고 있었다. 어느날 쌍도 앞바다로 조개잡이 갔다가 밀물에 휩쓸려 허우적 대고 있는 아내와 동생이 소리지르며 구원을 요청한바 남편은 우선 먼저 아내를 구하고 나니 동생은 이미 밀물에 떠내려가 죽었다.

그 후 그 바다에는 밀물(물이 들어오는 것을 말함) 때만 되면 어디선가 날아왔는지 조개잡는 사람들의 머리 위로 날아다니며 가~오 가~오 하며 슬픈 목소리로 울어대며 다녔다.

그래서 그 새 이름은 가~오새라고 지어주었다.

후세 사람들은 저 가~오새가 그때 죽은 처녀의 영혼이라고 했다.

바다의 썰물때는 천천히 물이 빠진다. 그런데 밀물때는 금방 빨리 빨리 들어오기도 하지만 일정하게 들어오는 것이 아니라 저쪽은 빨리 오고 이쪽은 조금 천천히 꼭 회오리바람처럼 바닷물이 들어온다. 그러기에 밀물 때에는 빨리 나와야 한다.

밀물 때에는 바다 깊숙히 파묻혀 있던 조개들이 고개를 쳐들고 나오기 때문에 조개가 많아져서 그것을 캐려고 하다가 큰 변을 당하는 것이다. 또한 밀물 때에는 고기들이 마구 들어오는데 물 위를 날으는 듯한 꽃게, 훤히 보이는 갈치 등등이 마구 물따라 들어온다.

그러나 이때는 빨리 나와야 한다.

그런데 물이 빠질 때는 고기들이 물 밑으로 내려간다. 이것을 이용하여 고기잡는 방법이 '독살'이다.

독살이란 바위로 성을 쌓은 것을 말한다.

여기서 한마디 하면, 우리나라 사람들은 아내와 애인 또는 여동생이 위급한 상황이 발생되면 우선 먼저 아내부터 구한다고 한다. 그래서 둘은 살고 하나는 죽는다.

   그런데 외국인들은 둘 다 모두 한꺼번에 구하려고 뛰어들다가 3명 모두 그 자리에서 죽는다고 한다.

## 두번째 묶음

# 날개 꺾인 별공새의 상처

◆◆ 책속의 이야기

나는 한 사람의 인생극장 테마처럼 어려운 삶을 경험했고 부딪치고 꺾이고 땅에 떨어진 인생행로에서 다시 일어나고 살아났다. 그 과정의 진솔한 인생이야기가 여기에 담겨 있다.

수많은 고통과 절망을 극복하고 살아왔기에 오늘이 있고, 그러기에 나는 사랑이라는 단어는 만족, 사치, 행복감이 아니라 오직 나 자신의 희생만이 진정한 사랑이라고 감히 말한다.

## 희망을 걸었던 공직생활

### ☐ 군에 入隊하던 날

나는 호적에 3년이나 늦게 등재되어 실제 나이보다 3살 아래로 되어 있다. 그래서 나는 1969년 3월 19일 군에 입대하였다. 그때 나는 청원군청에 근무하던 때였다. 나이도 스물 셋이나 되고 그때 당시는 갑종, 을종이 있었는데 나는 당당히 신체 검사시 갑종으로 파정되어 신체검사 후 1년만에 현역으로 입영하였다.

머리 깎고 혼자서 천안시외버스터미널에서 그때 당시 51사단 훈련을 받고 부산으로 배치되어 부산 보충대에서 운전병(610)으로 병과를 부여 받았다. 부산 광한리 운전교육대에서 8주간의 운전교육을 받은 후 운전면허를 취득한 후에 2주간의 특별교육을 더 받았다. 다른 동료들은 모두 103보충대 또는 102보충대로 가는데 나와 10명은 부산 OBD(병기기지사령부)로 특명되었다. 이등병 계급장을 달고 자대인 OBD로 따불백을 메고 찾아갔다. 이때부터 군대생활이 시작되었다.

나는 혼자 쓸쓸히 훈련소로 입소하였다. 그때 내가 알고 지내는 박모 여인도 군대 가는 모습을 보기 싫다고 나오지 않았다. 나는 군복을 입고 훈련을 받는 줄 알고 새로운 군복을 입고 입소하였으나 그 군복은 고참한테 뺏기었다.

다시 현역생활 중에는 재치있고 명랑하여 상사를 잘 섬기었다. 그리하여 승진도 제때 제때 하였다. 군대에서도(사병인데도) 승진 시험이 있었다. 입대한 지 18개월 만에 병장으로 진급하여 제대까지 만년 병장으로 지냈다. 내부반 생활에서도 병장 열외라는 대접을 받으면서 고참 병장들과 어깨를 나란히 하며 간을 키웠다. 군대생활은 정확히 35개월 28일만에 제대하였으나 군 복무 중에도 무단이탈을 밥 먹듯이 하고 외출, 외박도 주말마다 하였으니, 그것은 수송관이 나를 과잉보호한 덕분이었다. 그때 그 수송관은 육군 준위(양재억)이었는데 나에게는 너무나 잘해주어 지금도 그를 잊을 수 없다.

나는 처음에는 서무계 근무하다가 3종 조수를 거쳐 사수를 하니 3종 연료를 취급하는 업무로 수송부에서도 배차계와 똑같은 끝발이 있는 연료계 사수였다. 이렇듯 나는 군 생활에서 간을 키워 놓아 부정도 해 보았고 군생활이 조금은 무난한 것이 사실이었다. 휘발유, 경유, 잡유 등을 부정으로 팔아도 보고, 그렇게 하여 용돈을 충당하여 전부 유흥비로 없앴다. 사복으로 갈아입고 무단이탈을 자주하여 부산 유흥가를 많이 다녀도 보았으니 사실상 군대생활은 편안하게 하다가 제대하였다.

지금 전라북도 선유도에 사는 중학교 동창생인 홍길표 동창도 그때 부산에서 사업을 하던 내라 그 친유와 토요일마다 만나 많은 술을 마시곤 하면서 지냈다. 지금 생각해보니 참으로 엄청나고 엉터리 일들을 많이 한 것 같다. 지금 그렇게 행동하면 큰일 날 일이다.

## ☐ 제대하던 날

나는 1972년 초, 3년 만기로 36개월 동안을 부산 병기기지 사령부 수송부에서 육군 병장으로 복무하다가 제대하였다.

전역한 다음날부터 나는 예산군청 새마을계로 벌써 발령을 받은 상태라서 가벼운 마음으로 제대하였다. 부산역에서 열차를 타고 천안까지 오는데, 내 앞에 앉은 어느 노인과 이런저런 얘기를 주고받으면서 왔다. 그때 제대복은 얼룩무늬 개구리 복장이었고 군복은 푸른 단색이었으며, 계급장은 깡통계급장 병장은 V형이었다. 일명 개구리복은 제대군인만 입는 복장이기에 제대병이라는 것을 금방 알 수가 있다.

나는 앞에 앉은 노인과 대화 도중 그 노인께서 이런 이야기를 해주었다.

총각은 지금 제대해서 집으로 가는데 앞으로 잘 살겠고, 특히 노후에는 편안하고 잘 사는 좋은 사주를 갖고 태어나 걱정 없는 인생을 살 것이라면서, 좋은 운명은 타고났으나 결혼은 30이 넘어야 하겠고, 자식은 아들만 둘을 두겠으며 딸은 없다고 하였다. 살아가는 동안 60살

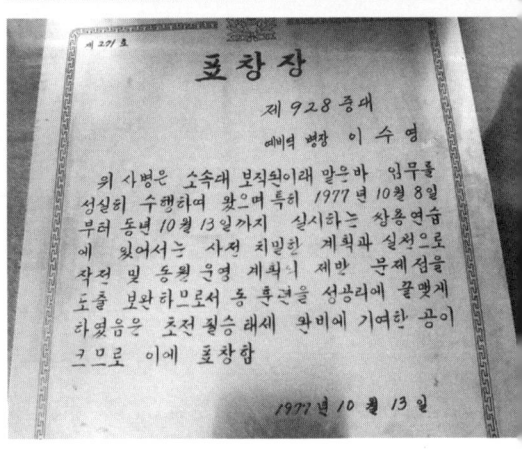

안에 크게 실패하여 본인에게 큰일이 생길 것이라고 말하면서 그러나 모든 것을 헤치고 나아간다고 했다.

그 말에 나는 조금 서운했으나 나의 운명론에 사주팔자가 그렇다는데 어떻게 할 수 없는 일이어서 믿거나 말거나 했다. 그래도 나는 그 노인에게 천안에서 내려서 마침 그 노인도 천안 광덕에 가는 중이라 해서 점심과 술을 대접하였다.

그러면서도 그 노인은 오늘 제대하지만 내일부터 금방 취직이 되어

놀지 않겠다고까지 말하였다. 그래서 나는 나의 모든 것을 어떻게 이렇게까지 자세하게 아는가 의아심까지 품었는데 참으로 이상하기는 하다. 그래도 잘 맞아 그냥 수긍했으니 지금 나이 70에 생각하니 그때 노인의 말이 100% 다 맞았다. 지금 생각하니 그 노인은 천안 광덕사 주지스님이었던 것 같다.

앞에서도 기술한 바와 같이 나는 나의 인생 70까지 오면서 크게 두 번 실패하였으며 아들만 둘을 낳아 성공시켰다. 그래서 나는 어느 정도 인간에게는 팔자와 운명이 있다고 믿는다. 그리고 나에게는 '技(기)'가 전혀 없다. 다른 분야는 그런대로 다 잘하는데 유독 손재주인 기술과 길눈, 즉 어디를 찾아가는 것 두 가지는 아주 0점이다.

人生의 운명은 타고날 때부터 이미 정해져 있는 것이 아닌가 싶다. 그 정해져 있는 길을 우리는 모르고 가는 것 같다.

## ☐ 나의 결혼생활

나는 1975년 1월 26일 그렇게도 유난히 추운 겨울날 충남 예산군 예산읍 소재 '제일예식장'에서 축하객도 별로 없이 부모님과 일가친척만 참석한 가운데, 작은 아버지(이문승)께서 모든 것을 주선해주셔서 그야말로 조촐하게 결혼식을 올렸다. 그날 바로 충북 속리산으로 1박 2일간의 신혼여행을 다녀와 대전시 중구 괴정동 백운초등학교 옆에 월 3,000원 하는 사글세 단칸방에 신혼의 둥지를 정하였다.

그러니까 칠순이 되는 올해(2015년)가 내가 결혼한 지 만 40년이 되는 해이고 보니 감개무량하기 그지없다. 지나간 40년 전 젊은 30세

때부터 인생 밑바닥에서 시작하여 지금 70을 맞고보니 재산은 이루지 못하였으나 다른것은 다 성공하였다고 본다. 술도 실컷 마시면서 국내·외 여행도 많이 다녔고 인생도 즐겼으니 후회는 없다.

## ☐ 공직인으로 시작종이 울리다

사람은 첫 출발이 사실상 좋아야 한다는 것을 나는 새삼 느꼈다.

나는 1966년도 말 충청남도 천원군청(그때는 천안시청 천원군청 분리)에 작은아버지(이문승)의 도움으로 임시직 공무원(천원군 공보실)으로 발령되었다. 계약직이어서인지 연말에 면직되고, 다시 1월 2일자로 발령하는 생활을 몇 년 동안 하였다. 그때 나는 공보실, 지적

계, 건설과 관리계, 면사무소 개간요원 등을 근무하였다. 오직 정규직만을 생각하면서 근무하는 것이다. 그러던 중 군대 입대하여 만 3년간을 부산에서 (병기기지 사령부) 근무하고 제대하였고, 다시 작은아버지의 도움으로 1971년 예산군청 새마을계 임시직으로 또 발령되어 근무하였다. 반드시 정규직이 되어야 결혼도 하고 앞으로 살아갈 수 있으니 이제 내 희망은 오직 정규직이 되는 것 뿐이었다.

그러던 중 1년에 한번씩 시·군 자체로 있는 시험에 공채로 응시하여 합격할 목적을 위해 우리 군청에 근무하는 임시직 5명들이 부정시험 즉, 컨닝을 하기로 모의하고 응시하여 예산군에서 실시하는 5급 을류(현9급) 행정직 시험에 응시 합격하여 모든 임용절차를 끝내었다. 나는 예산군 오가면사무소 재무계에 발령되어 거의 1년 정도 근무한 후 그것이 뒤늦게 발각되어 입건 후 면직되니 갈 곳이 없어 방황하였다.

후에 대전시청으로 와서 5급공무원(사무관)까지 승진하여 승승장구하였으나, 30년 후 1998년 우리나라가 IMF 사태로 구조조정을 하던 1998년 7월 1일자로 임용이 취소되니 말이 아니었다. 그 후 나는 6년간의 법정투쟁 끝에 다시 특례법으로 복직이 되어 정년퇴임을 하였으나, 나의 공직생활은 참으로 파란만장하여 실패한 공직생활이었다고 생각한다.

## ☐ 공직은 처음 시작이 좋아야한다

처음 시작할 때 임시직 공무원으로 시작하면 기어이 정규직 공무원으로 되고 싶어 정규직 되는 것이 목표이다. 젊은이들이여 관청에 되도록이면 처음에 임시직으로 들어가지 말고 자기가 하고 싶은 일을 해야 한다. 그리고 반드시 시험으로 정규직으로 시작하여야 한다. 임시직에서 시작하면 공직 평생 동안 그 소리가 남는다.

그 사람은 처음에 임시직으로 상용직, 일용직부터 시작한 사람이다. 정규코스가, 이런 말을 하게 되고 인사기록카드에 남아 인사시 불이익도 있다. 7급 공채나 5급(사무관)으로 처음에 시작하면 실력자로 인정되어 승승장구한다. 인사에도 고가점수가 인정되고 주위 눈초리도 다르다. 그러나 공직인은 모두가 끝나면 사실상 외롭다.

그저 체면에 의한 것일 뿐 진정성으로 대해주는 일이 거의 없다. 초등학교나 중학교 동기는 서로 연락을 하지만, 공직에서 3년 아니 5년 동안 같이 근무했어도 헤어지면 별볼일 없는 것이 대다수이다. 그것은 상·하 관계이기 때문이라고 본다.

공무원 상급자는 말버릇부터 고쳐야한다. 계장, 과장만 돼도 아랫사람한테 반말로 하고 내가 데리고 있었다고 한다. 어떻게 데리고 있

천원군 공보실 직원(가운데 최관영 공보실장)

었냐 말이다. "같이 근무한 적이 있다."라고 표현해야 마땅하다. 자기가 봉급(월급)을 준 사장이 아니기 때문이다. 하위직 공직자라도 국민 세금으로 봉급을 받기 때문이다.

지금 현대 공직인은 선배의 길을 밟지 않아야 한다. 과거 공직인들은 허위출장으로 변태경리 민원인 또는 하급부서한테 접대 받는 일 등이 있었다. 이제는 조금 어렵더라도 마음만은 넉넉하고 항상 청빈하여야 한다.

## ☐ 참다운 공직인의 길

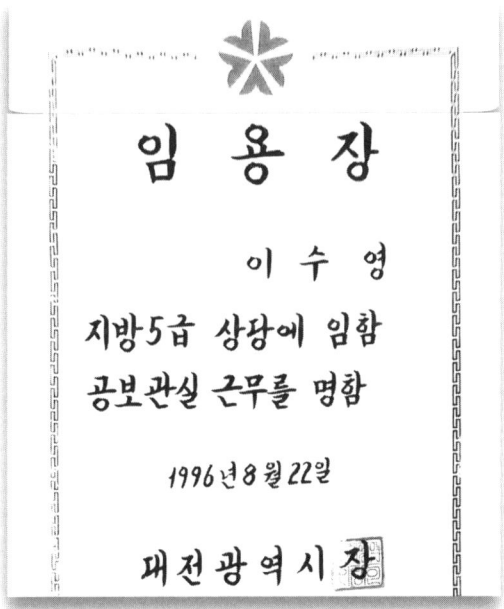

소신과 주관은 없고 그저 윗서 눈치만 보며 이리저리 줄만 잘 섰다가 정년 퇴임할 때쯤 공기업 사장 또는 이사진으로 옮겨가는 고위직 공무원들, 국가와 지방자치단체 고위직 공직자들, 이러한 고위직 공무원들의 관련기업과 공기업으로 옮겨가는 제도를 빨리 법으로 규제하여 없애야 한다.

모든 공직인은 풍요롭지 못하고 그저 평범하고 청렴하여야 한다. 특히 하위직은 조금 어렵게 살아가야 한다는 마음가짐을 필히 가져야 한다.

공무원이 되면 다음과 같이 해야 한다.

첫째 : 입을(말) 조심하여야 하고(행동 등)
둘째 : 남의 돈이나 물건을 탐내지 말 것이며(부정한 뇌물)
셋째 : 주색을 가까이 하지 말아야 한다.(술, 여자)

이 세 가지만 잘 지키면 平生을 무난하게 인정받으면서 정년까지 공직생활을 할 수 있다. 퇴직 후에도 연금으로 살아갈 수 있다. 특히 남자는 술을 많이 마신다는 소리를 들어서는 안 된다. 그리하면 신뢰성이 떨어진다. 상위직도 마찬가지지만 특히 하위 공직자는 중요한 일은 물론 작은 일도 상급자에게 반드시 보고해야 한다. 보고를 안 하면 더 크게 잘못될 수도 있다.

이제 모든 공직인은 마음과 생각·행동을 바꿔야 한다. 조금 어렵게 살더라도 아주 청렴하고 월 급여로만 살아가야 한다. 거짓과 허위·부정한 방법으로 살아가려하면 절대 안 된다. 공직자의 아내는 몇백만원 하는 명품가방을 갖고 다녀서는 안 된다.

2011년도에 발생한 부정한 사건 하나는 충청남도 어느 시 과장급 공무원은 허위 출장비를 16회에 걸쳐 1,400여 만원을 수령, 공금횡령

죄로 적용, 실형을 선고받은 적이 있다. 옛날 같으면 변태경리로 그저 경고나 주의 정도일텐데, 실형을 판결받았다.

일반 시민들이 볼 때는 어떻게 보겠는가? 2013년 6월 경에는 대전광역시청 의회에 근무하는 여직원이 허위로 시간외 근무수당을 챙기려다 민원인(택시기사)의 고발로 전국 방송에도 보도되었다. 창피스러운 사건으로 추후 보도에 의하면 정직처분을 당한 적도 있다. 이렇듯 작은 부정도 이제는 용서가 되지 않는다는 것을 뜻한다. 이제 모든 공직자는 조금 여유롭지 못하게 살아가더라도 청렴하고 바르게 살아가야 한다.

□ 또박, 터벅 걷는 公職이야기

# 서천군소식

〈출향인사 칼럼〉

## 또박, 터벅 걷는 公職이야기

www.seocheon.go.kr
2013년 5월 25일(토) 제268호    대전 서구 갈마동 이수영

'金'과 '色'을 좋아하면 長官이 될 수 없다. 나는 젊은 공직자들에게 꼭 들려주고 싶은 말이 있다면 이 말을 하고 싶다. '金'과 '色'을 좋아하면 長官이 될 수 없다라고.... 여기서 더 한 가지 첨언한다면 그 사람 '술을 너무 많이 먹는다'는 말도 듣지 말아야 한다. 그리고 公職人은 내 주장보다는 남의 말을 주로 경청해야 한다. 청렴한 공무원 쉬운 단어이지만 참으로 그렇게 행동하기에는 어려움이 있다. '청' 맑다는 뜻이다. 맑은 물에는 물고기가 살지 못한다는 말도 있지만 그래도 특히 공무원은 깨끗하게 살아가야 한다. 요즘은 임명직인 높은 벼슬 즉, 장관을 하려면 국회청문회장에 서야 한다. 국회 청문회를 거치지 않고는 장관이 될 수 없다. 물론 장관급이하는 국회청문회에서 부적당하다고 하여도 임용권자가 임명은 할 수 있으나 국민여론 등 모두가 마음 편치는 못하다. 시청자들이 공직후보자 청문회를 보고 있노라면 분통이 터질 때가 있다. 질의 하는 국회의원이나 답하는 공직후보자 모두 답답하고 한심스러운 점도 있다. 봐주기 식 질문도 있고, 근엄하고 엄숙해야 할 곳에서 정숙하지 못하고 비웃는 듯한 표현, 어느 후보자는 우리가 보아도 자질이 안 된다고 생각되고 또 어느 후보자는 공직 재직 중 너무했다는 생각도 든다. 물론 낙마되었고 그래도 임용은 되었지만 젊은 공직인들이여! 지금 조금 어려워도 청렴한 공직인이 되어야 하겠다. 물론 털어서 먼지 안 나는 사람은 없다. 하지만 그래도 직책과 직위를 이용하여 거짓과 부정이 있는 공직생활은 안 된다. 공직은 항상 나보다 못한 서민을 생각하면서 깨끗하고 청렴한 생활자세로 먼 훗날 적어도 청문회에서 낙마되어 망신당하는 일없이 지금부터라도 청결한 마음으로 살아가면서 먼 훗날에 고위 공직후보자로 지명되어 장관의 꿈을 이루어보자!

## ☐ 직장에는 진실한 친구가 없다

젊어서부터 직장생활을 하다보면 좋은 사람, 싫은 사람, 미운 사람이 있게 마련이다. 그러나 직장동료 또는 상·하 직급은 모두 서열이 정해져 있어 서로 믿고 상·하로 따르고 따뜻하게 대해줄 수는 있으나 진실한 친구처럼 지낼 순 없다.

이는 동료가 먼저 승진하고 나는 못하면 그 허탈감으로 심지어 그 직장을 그만두고 싶은 생각도 든다. 그러나 그것을 참고 견디어야 한다. 특히 공직생활은 상대적 소외감이 더 많다. 물론 다른 직장도 많이 있겠지만 공직사회도 예외가 아니다. 그러나 진정 공직인이 되기 위해서는 자기 자신을 희생할 줄 알아야 한다. 희생정신과 봉사정신 그러나 이러한 공직인이 과연 몇 %나 있을까?

현대에는 공무원 직급도 많이 상승되었다. 물론 새 시대의 인구에 따라 이렇듯 변한 것만은 사실이다. 그러나 꽃이 피면 지는 것을 알아야 한다. 공직은 젊은 시절부터 정년퇴임까지 돈을 벌 수가 없다. 그

러므로 반드시 연금으로 해야한다. 그 연금으로 노후생활을 해야 하기 때문이다. 이제는 전 국민의 연금시대가 와야 한다.

나는 아름다운 '컵'보다는 그 속에 들어있는 '물'을 더 중요시한다. 아울러 환한 꽃송이는 잠시는 요기는 되지만 대추나무 꽃은 작아서 잘 보이지도 않지만 훗날 훌륭한 열매를 맺는다. 이 세상을 살아가는 공직인들은 모란꽃보다 작은 대추나무 같이 훌륭한 열매를 맺어 후손들에게 남겨주어야 하는 사람들이다.

## ▢ 공직생활 중 잊지 못할 사건
― 공직인은 감초처럼 살아가야 한다

내가 대전시청 건설과에 근무할 때의 일이다. 그때는 시에서 하천부지 점용허가를 내줄 때인데 용도폐지 허가도 건설과에서 취급할 때이다.

대전천 하류에는 그저 몇 평씩 고수동굴 부근과 중촌동, 선화동 주민들이 하천부지 점용허가를 받아 채소, 콩 등을 심어 농사일을 하는 1970년대이다. 그런데 그 시절 그 일대 전체를 단 두 사람 명의로 점용허가 신청서가 접수되었다.

지금도 기억이 난다. 신청인은 한모氏이다. 그때 우리 건설과 관리계의 담당자는 임모氏였는데 나는 그를 보조하고 있을 때였다. 우리는 둘이 현장답사하여 불가 복명서를 제출하였는데 그때 과장은 권모氏였다.

과장은 누구로부터 압력을 받았는지 모르지만 가급적 허가할 수 있도록 하라고 지시했다. 그 후 몇 달이 지난 후 담당자 임모氏는 할 수 없이 다시 복명서를 써서 허가함이 사료된다고 하였다. 그리하여 그 일대는 한 사람 명의로 하천부지 점용허가가 승인되었다.

그 후 그 허가를 득한 한모氏가 하전부지(즉 고수부지)에 불도자로 일제히 밀어 정리하고 소경작자들한테 떼어 팔았다. 그 민원이 발생하여 사직당국에 진정되어 직접 검찰에서 맡아 수사하였다. 어느 날 퇴근하려하니 경찰차가 와서 건설과 직원 거의 전원을 닭장차에 태우고 경찰서로 갔다. 물론 나와 임모氏 등등 모두 그러나 과장만 제외하고 거의 전부 차에 실려 경찰서로 갔다가 일단은 저녁에 풀려나고, 그 다음부터는 명신여관으로 하나 둘씩 불러들여 조사를 하였다.

그때 나는 아무 일이 없었지만 담당자와 계장, 과장은 징계를 받고 그 대단위 하천부지점용허가는 취소되었다.

## □ 승진, 승진, 승진에만…

아름다운 모란꽃은 눈요기밖에 되지 않지만 볼품없는 대추나무꽃은 작아도 훌륭한 열매가 열린다는 중국 속담이 생각난다. 그래서 나는 대추나무처럼 공직생활을 하기 위해 노력해왔다. 나뿐만 아니라 모든 공무원은 마찬가지일 것이다. 공무원은 승진과 표창 받을 때가 최고의 기쁨이며 보람이다. 그러나 승진에서 기대했다가 탈락되면 참으로 가슴 아프고 괴로워 승진 트라우마 현상에까지 이른다.

나는 1984년 6월 시에서 3명이 동시에 별정 7급(주사보)으로 승진하여 대전시 근로청소년복지회관으로 발령되어 갔다. 그 후 몇 년 후 우리 3명 중 맨 먼저 1명이 시청으로 들어오면서 6급으로 승진하였다. 2명은 그냥 7급으로 남아있고 먼저 1명이 승진한 것이다. 그 후 나는 그 자리에서(회관) 6급으로 승진하였으니 그래도 한사람보다는 나았다.

이렇듯 공직이란 서로가 앞서거니 뒤서거니 하는 것이다. 그 후 나는 시청으로 전보되었고 시청에서 5급(사무관)으로 승진할 때까지도 한 사람은 승진하지도 못하고 6급으로 그냥 있으니 나는 조금 미안해 한 것만은 사실이다.

## □ 추억이 깃든 공직생활

공직생활 중 잊지 못할 일들이 많다. 즐거웠던 일, 괴로웠던 일, 많은 사연이 있으나 내가 오래도록 잊지 않고 기억나는 즐거운 일 중 하나는 진해 '대전함' 방문 때의 일이다.

1983년 4월 16일, 우리 대전시와 진해 해군 '대전함'과의 자매결연부대 위문 때의 일이다. 그때 심○○ 시장이 함께 방위협의회 회원 각급지역 중대장 모범공무원과 함께 총 46명이 자매결연부대인 진해 대전함 장병위문을 1박 2일로 가게 된 것이다.

11시에 도착하여 사열을 받고 함상에서 점심식사를 마치고 해상훈련을 관람하고 저녁에는 만찬이 있었는데, 바다 한가운데서 해군장병과 함께 공연이 시작되었다. 그때 진행을 내가 보게 되었다. 마침 그 대전의 함장이 해군대령이었는데 그곳에서 우리 심 시장님과 대전고등학교 동기동창생을 만난 것이다.

그들도 감회가 깊어 나는 그때 대전의 밤, 진해의 밤, 함상의 밤을 외치며 혼신을 다하여 이끌어갔더니 심 시장님과 거기에 있는 모든 사람들이 놀랐다. 그 후 나는 심시장님께 인정받게 된 것이다. 그때 그 함상의 밤은 지금은 잊지 못하고, 가끔 생각에 잠겨 그때 일을 생각하면 참으로 즐거웠던 추억의 한 페이지였다.

## 공직 생활의 희로애락

### □ 나도 갈비 먹을 줄 안다

요즈음은 잘 모르지만 내가 공직생활할 때에는 계단위로 점심식사를 했다. 점심때면 계 서무는 조금 고민스러웠다. 오늘은 점심을 어디로 가야할까 망설이기 때문이다. 그때에는 구내식당이 있기는 있었으나 형편없어 잘 가질 않았다.

그 후 나는 계장과 협의하여 시청 구내식당을 직영으로 하기로 결심하였다. 나와 유계장님과 둘이서 개인에게 인수하여 구내식당을 직영하였다. 직영하고 나니 아주 인기가 좋아 운영도 잘 되고 점심때 점심 걱정이 안된다며, 각 실과 서무 담당자들한테 칭찬도 많이 받았.

그때 제일 많이 먹은 것이 그저 밥으로 가면 칼국수와 싸구려집 냉면, 짬뽕, 짜장면 한 그릇에 1,500원 하던 시절이었다. 우리 계는 매번 그런 곳에 가는데 어느 실과는 거의 점심때 갈비집 또는 비싼 백반집으로 가기도 하였다. 그때 한 말이 나도 갈비 먹을 줄 안다는 말이었다. 그 옛날 1970년대 이야기이다.

## □ 공직자가 꼭 고쳐야 할 말

고위공직자는 항상 조심해야 하고 나보다 못한 사람과 서민을 생각하여야 한다.

우리 공직사회에는 큰 모순점이 몇 가지가 있다. 그 중 하나가 내가 그 사람 데리고 있었다고 하는 말이다. 어떻게 데리고 있었는가 말이다. 같이 근무한 적이 있었다라고 고쳐야 한다.

또 하나는 직위가 높으면 무조건 하급직원에게 반말을 한다. 요즈음 공직생활도 이렇다면 당장 고쳐야 한다. 물론, 조직의 특성상 어쩔 수 없는 곳도 있겠지마는 하위직도 인격으로 대해주어야 한다.

그러던 중 오랜 세월 하위직으로 공직생활을 하다보면 대를 이어 충성하며 모시는 예도 있다. 이는 내가 상사로 모셨던 모 과장님이 계셨는데 몇 년 후에 그 과장님의 아들이 나의 상사로 또 오게 돼서 아버지와 아들을 나의 상사로 모신 적도 있었다.

만년하위직으로 근무하다보면 이런 것이 나뿐만 아니라 아마도 많이 있었을 것이다. 젊은 시절부터 5급 을류(현재의 9급 공무원을 말함)로 들어와 주사까지 30여년간 겨우 5급(사무관)으로 진급하면 귀밑머리 하얗게 된다. 상사들의 눈치만 보면서 살아온 40여 년간 그 쓰라림과 어려움은 내 아내 내 자식도 모르고 오로지 나만 알 뿐이다.

나이 젊으신 고위공직자 간부님들, 제발 하위직에게 따뜻한 말로 살펴주시고 이제는 그 직원 내가 데리고 있었다고 하지 말고, 그 직원 나와 같이 근무한 적 있다라고 표현하였으면 한다. 그러나 이것은 우리 공직사회의 80년대 이야기일 뿐이다.

## ☐ 공무원 월급날의 옛 추억

1970년대와 1980년대 말까지만 해도 월 급여날(매월 20일)에는 현금을 월급봉투에 넣어서 개개인에게 지급하였다. 월급날 오후에는 자리가 많이 비어 있었다.

그 이유는 이러했다. 한달 내내 외상으로 이용한 외상값 받으러 오는 사람들을 잠시 피하려는 심산이었다. 다방의 차 대금, 음식점의 식대, 술집의 술값, 월부 구두값, 보험료, 월부 양복값 등등으로 월급날 오후에는 직원보다 외상값 받으러 오는 사람이 더 많았다고 해도 과언이 아니다. 그래서 일부러 피하기 위해 자리를 비운 것이다.

다음날은 아침부터 출근하는데 지켜 서서 난리를 치는 사례도 종종 있었다. 웃지 못할 애환이 서린 월급날의 풍경, 지금 생각해보면 그때는 사실상 쥐꼬리만한 월급에 이것저것 공제하고 나면 집에 갇다 줄 돈이 부족하여 외상을 계속 미뤄야하기 때문이다.

어려운 60, 70, 80년대 공직생활 하숙비가 60년대에는 1,800원(쌀 6 斗) 월 급여는 5,000원 8,000원 정도였다. 1980년대 후반부터 조금씩 나아졌다. 상여금제도 각종 수당 신설 등등으로 말이다.

80년대 초에는 과 단위로 진 부채를(외상값) 파악하여 보고하라는 공문이 하달된 바 있다. 내가 서무를 볼 때인데 우리는 겁이 나서 상사와 상의하여 반절만 줄여서 보고한 일이 있었다. 그때 정부에서는 묻지도 따지지도 않고 보고한 전액을 예산으로 보상하여 부채를 전액 갚아준 일이 있었다. 그때 사실대로 다 보고하였으면 좋았을 텐데 하고 후회한 기억이 난다.

## □ 은성구두의 옛 추억

1970년대, 80년대까지 대전시청 공직자는 80% 정도가 은성구두를 신었다. 뿐만 아니라 충남도청과 기관의 공직자는 거의가 은성구두를 신고 있었다.

대전 중구 대흥동(현 중구청)에는 시청 바로 옆에 충남도청, 세무서, 대전경찰서, 법원, 검찰청 등의 공공기관이 옹기종기 모여 있었다. 그러므로 식당도 수를 셀 수 없이 많았다. 점심때가 되면 구두 벗고 방으로 들어간 구두를 보면 은성구두 마크가 있는 구두가 전부이다. 그래서 가끔은 바꾸어 신고 가는 일도 종종 있었다.

내가 이 이야기를 쓰는 이유는 은성구두 사장님의 처세가 너무 인자하기에 추억담으로 남긴다. 후에 들으니 돈도 많이 벌었다고 들었다. 구두 한 켤레에 만원 이만원을 했는데, 그 구두가 다 헌것이 되었을 때까지도 구두값은 다 못 갚는다. 그때는 월부로 구두를 구입하였는데 한 달에 그저 천원도 주고 이천원도 주고 하였으므로 1년 넘게 갚았다.

지금처럼 구두를 몇 켤레 놓고 신는 것도 아니고, 그저 한 켤레 또는 겨우 두 켤레로 신었다. 마음 좋은 은성구두 사장님은 지금 이 세상에 계신지 안 계신지는 나는 모르지만, 그때 그 추억은 월급날이면 각 기관에 돌아다니면서 수금을 하는데 돈 달라고도 안 하고 그저 옆에 서 있었다. 그리하면 "아, 미안한데 다음달에 드릴께요." 하면 아무 말 없이 그냥 가시는 마음 좋은 사장님으로 기억된다.

☐ 어느 근로청소년의 편지

이 교관님께.

그 숱한 교육생들속에 나라는 이름을 기억해 주셨던 선생님이었기에 저 또한 선생님의 이름을 기억하게 됩니다. 보고싶은 충동, 듣고싶은 그 말한마디로 가슴이 뭉클해 마당을 거닐었는데 민들레 꽃가가 눈길을 끄는군요.

노란꽃이 하얗게 부셔져 홀씨를 날리는 봄날 그 찬란날을 기다리며 봄을 맞이했는데 막상 그 빨간 글씨가 눈앞에 닿으니 초조함과 공허감이 작은 몸체를 더욱 작게 하여 갑니다. 모두가, 그 모든사람들이 보고싶어진다는 진실의 한마디만이 늘 가슴에 꽉차 오르고 허나 변변히 소식 전하지 못하고 무심히 흘러내기만 뗘하는가 봅니다.

건강은 어떠신지요? 생활은 늘 충만하신지요?

두루 선생님의 가정과 직장에 편안과 발전이 함께 하여결 빌면서 짧게 인사드립니다.

그럼 안녕히 계십시오

1987年 3月에

희 올림.

마음이 타버리고 싶은 그런 기대가.
누구의 말에 동요시켜 않고 대면 그대로 맞았고 생각한 표정으로
앉아있고 난건 압지요.

그러나 저는 선사후 내것으로 소화해버렸던 금새 순탄치고 명철라 순리에
어긋나는 행실이라면 그 손실은 한켠로 졸겨보내는 냉정함이 웅크리고 있지요.
그 순간들은 정말이지. 선생님의 품안에 꼭 안기고 싶었어요.
멋없는 내몸과 무던 생활패턴에서 힘들고 딱딱한 생활들은
눌러내리지 싫었기 때문였죠. 그런데 선생님의 자세는 오히려
나를 더 얻어붙게 하는 편였고고 나의 기분은 안전 탄바깥
사겠던것 같아요. 매정한 인사태도로는 어녁의 정문이
너무 원망스러웠던것 같다. 나는 래 동정애를 느끼게 됐고 또 항상
말하라시는 부르라는 표면였다 말어린자고 내 멈부은 격뒤쳐 버렸지요.
다시도 마음있는 얼굴로 대하기 없었고 같이요? 그런 생각드는군요.
결국 부르라는 그말은 항상 다솟다솟라게 지나차게 되었고
그 악게 전강의 해후는 별 어디가 없었던것 같군요.
엉떵떨한 답쓸이 더 이상 구역질나것같은 기분을 억누르면서
나는 그 시간들은 눌내해 없었지요.

선생님.
제가 왜 이렇게 조잡스런 많은 쓰는지 이해 못하시겠죠?
어렵고 여만 까다로운 계집이라고 생각하실까?

마음은 좋다요. 저는 좀더 긍정적으로 살고 싶고 어느면에서나
희의 우월보다는 선의 창동에서 마음 곱하고 싶어요.
나도 의해 살아간다는 존재. 나의 잠도 만남의 연연으로
생의 조력창을 위롭고 않고 부여갑있수 없는 당각이 대가
멀리게 되면 그것도 행복란 여긴내요.
진실란 님의 다웃대라고 난 굳게 먹주나누고 있는다요.
죄송해요 선생님.
만남이라는 거것음은 만나면 많속에 精이 싹트게
된다는걸 느꼈던것 같아요. 마닥 잘 불겠습니다

1984년 1월 13일

- 둘 -

*Holiday Greetings
and Best Wishes for
the New Year*

선생님!
맵싸한 바람속에 밤은 깊어가고.
떠나는것들, 잊어야할것들. 미련없이 저 눈은 좋겠게 매어버리고
산천초목 푸르듯고 당당하는 명월의 햇살이나 차분히 맞이하려해요.
향내나는 꽃다발을 받아드는 기쁨처럼.
그런 순박한 자세로 신원 신축을
기원하는게 어떻겠어요?


지난해의 厚誼에 感謝드리며
새해에는 더욱 번영하시고
萬福이 깃드시기를 祈願합니다


1988年 1月 정日.
조영하는 선생님께
희 올림.

## ☐ 기쁨 그리고 不幸(불행)

어느 신혼부부가 신혼여행을 갔다. 첫날밤에 신랑이 신부에게 잠자리에서 첫 번째 하는 말이, "자기야! 자기는 내가 처음이지?" 하고 물었다. 신부대답 왈 "그런데 왜 남자들은 만나는 사람마다 그게 뭐 소중하다고 그 똑같은 말만 먼저 물어?" 하였다. 그렇다. 과거에 대한 질문만 하지 말고 현실에 맞게 현실 속에서 살아가야 한다. 과거를 들춰서 뭘 어찌하겠단 말인가.

지금 서로 좋아서 마음이 맞아서 결혼했으면 과거는 묻어두고 앞으로 새로운 삶에 대한 설계가 필요하지, 과거를 캐물어서 과거가 있으면 이혼이라도 하겠단 말인가? 그렇다. 이번에 1998년도 공무원 임용 결격사유라는 이유로 길게는 30여년 최하 15년이 지난 전국공무원들에게 임용취소와 당연 퇴직의 날벼락이 시행되었다.

　나는 이것은 정부의 잘못이 있다고 본다. 신원조회의 책임은 정부의 책임이지 개인이 책임이 아니다. 외국의 예를 보면 '실권법'이 있다. 공법상의 권리는 장기간 이를 행시하지 않고 방치하였을 내 그것을 행사할 수 없다고 판단되는 경우가 있다. 예컨대 흠이 있는 행정행위의 취소권은 권한 있는 행정청이 상당기간 행사하지 않을때에는 '실권'이라 한다.

　그 경우에는 신의, 성실 원칙에 의한 적용의 예이며, 이것은 독일연방행정절차법 제 48조 4항에 명문으로 제도화도 되어 있다. 독일은 1년, 미국은 3년으로 되어있는데, 우리나라는 이러한 뚜렷한 법률이 없어 현행행정법으로는 구제 방법이 없어 특례법 제정과 법원의 판결에 의존하고 있다.


## ▢ 무릎 꿇고 애원해도 살인적 구조조정

　나는 이 세상에 태어나 지금까지 누구한테 단 한번도 무릎 꿇고 목메게 애원한 적이 없다. 그런데 단 한번 대전시 공보관실 5급공무원(사무관)인 시절 내 나이 53세때 강제면직을 당할 때는 예외였다. 물론 전국적인 현상이라 지금 생각해보니 어쩔 수 없었는가는 이해 가는데, 나는 지금도 아쉬운 것이 있다면 대전시가 왜 전국에서 제일 먼저 시행하는가 말이다. 그때 행정인사 책임자인 행정부시장 정모氏한테 나는 찾아가 내가 대전시 책임자라고 말하고 우리 대전시가 조금 늦게 해달라고 무릎 꿇고 애원했다.

 그랬더니 알았다고는 하면서도 일어나 앉으라는 소리도 안 하던 그때 그 사람의 인간성, 지금 생각해보니, 그렇게 애원했건만 전국에서 제일 먼저 우리 대전시에서 인사를 단행했다.(1998. 6. 3일자)충남도 우리보다 몇 개월 뒤에 했고 서울시는 2년 뒤에 단행한 후 거의 그대로 복직된 사람도 많다.
 그래서 서울시는 우리 연합회에 가입도 안 했고 데모, 시위에도 참석치 않았다. 당사자들과 가족 모두 전국에서 1,000여 명이 거의 매일 서울 국회의사당 앞 내무부(안전행정부) 앞 등에서 시위하던 그때 나는 대전시 15명의 책임자로 참여하여 일주일에 2~3번 버스로, 열차로, 전세버스를 대절하여서까지 서울에 가서 시위했던 그때 애원하던 그 시절!
 아, 그 시절, 강제면직의 고통 6년간, 그 후 다시 복직까지의 생활상을 그려보면서 지금은 생각하기조차 싫다. 그때 그 구조 조정으로 인해 수많은 실직자, 그 실직으로 인한 자살, 그 구조조정의 살인행위, 이러한 것이 공직사회에 1998년 초부터 시작되었다.

## □ 날개 꺾인 5급 공무원 별공새의 눈물

　　우리의 애끓는 소원은 오직 복직뿐이었다. 전국에서 모여 만난 우리들은 만나지 않아도 될 사람들이었다. 전국의 수천명이(4,000여 명) 한자리에 모여 (국회의사당 앞, 정부청사, 내무부 등등 옮겨가며)대정부 투쟁과 항의를 계속하였다. 우리들은 주 2회 이상 3년 정도 투쟁했다.

　　본인은 물론 가족 모두가 함께였다. 나도 내 아내, 내 아들까지 참석하였다. 우리의 희망은 오직 원상회복 복직을 요구하는 것이었으며, 긴 세월이 흐른 뒤에 IMF라하여 대낮에 날벼락치니 가족들과 함께 산천도 울었다. 하늘도 노하였는지 시위 때마다 거의 비가 내리니 오늘도 비, 내일도 비가 내렸다.

　　IMF를 오게 한 정부의 책임은 없고 오직 국민들에게만 책임을 전가하여 무조건 구조조정만이 살 길이라고 다 죽여 놓으니 우리 대열에서 죽음을 택한 동료 3명에게는 그 한을 어떻게 풀어줄 것인가?

　　이것은 1998년 IMF로 각급기관은 물론 전국의 공직자(행정, 교육, 철도 등등) 4,000여명은 한꺼번에 임용취소 및 당연 퇴직사유로 해직시킨 사건이다. 그때 일은 지금 생각하기조차 싫으나 역사의 한 페이지로 남기고 언젠가는 재조사가 이루어지고 드라마와 영화화가 될 것이라 믿는다.

# 임용취소 공무원 선별구제

## 정부, 2천2백명 재심 ··· 특채형식 복직

*4. 15 일자*

**정**부와 국민회의, 자민련은 임용 당시의 결격 사유로 인해 뒤늦게 임용이 취소된 2천2백여 공무원에 대한 선별 구제방침을 정하고 재심 작업을 벌이고 있는 것으로 알려졌다.

정부와 국민회의는 17일 국회 국민회의 총재실에서 석영철(石泳哲) 행정자치부차관이 참석한 가운데 당정회의를 갖고 임용 취소 공무원의 구제 방안을 논의할 예정이다.

행정자치부 고위 관계자는 15일 "임용 취소 공무원 가운데 임용 당시 정부측의 부주의한 채용 결정으로 불이익을 받는 등 억울한 경우로 판단되는 사례는 구제해주기로 당정간에 의견을 모으고 있다"고 밝혔다.

이 관계자는 "이를 위해 사실 여부 확인 차원에서 해당자들을 상대로 면담 조사를 벌이고 있으며 이달중 완료될 면담 결과를 토대로 구제 대상자의 폭과 방법을 결정할 것"이라고 말했다.

당정은 구제 방법으로 과거 전국교직원노동조합 교사들에게 적용했던 것처럼 특채 형식으로 복직시키는 방안을 검토하고 있다. 또한 현행법으로 구제가 어렵다고 판단되면 특별법을 제정하기로 하고 야당측과도 이 문제를 협의할 방침이다.

당정은 재임용이 어려워 구제 대상에서 제외되는 임용 취소 공무원에게는 생계보장을 위해 퇴직금이나 연금을 지급하는 방안도 강구하고 있다.

〈한민수〉

---

## 행자부장관 임용취소자 '특별채용' 밝혀

*민주노총 오문*

### 대통령 이어 재확인 ··· 박교사 순직 놓고 진통 더 있을 듯

공무원 임용결격자 문제가 지난 1일 김대중 대통령의 구제방안 적극 검토 발언으로 해결의 실마리를 잡아가고 있다.

공무원 임용취소 대책위원회(대책위, 위원장 김영부)는 지난 3일 저녁 김정길 행정자치부 장관 자택에서 있은 비공식 면담을 통해서도 정부쪽의 원만한 해결 입장을 재확인했다.

대책위 위원장을 비롯한 3명의 관계자가 배석한 이날 면담에서 김 장관은 "형평성을 모두 맞추기는 곤란하나 퇴직금 문제에 있어서는 대상자 모두가 불이익이 없도록 조치하겠다"라며 "당사자들에 대해서는 면직 뒤 다시 특별채용토록 하겠다"라고 말한 것으로 알려졌다.

김 장관은 또 "임용취소자들의 편에 서서 반드시 이 문제를 원만히 처리하겠다"라며 "이달말까지 이 문제를 마무리 지을 방침"이라고 말한 것으로 전해졌다.

한편 대책위는 이번 김 장관과의 면담을 통해 확인 받은 부분을 더욱 명확하게 하기 위해 8일 서울 광화문 정부종합청사 뒷편에서 대책위 차원의 집회를 갖기도 했다.

이로써 지난 2월 20일부터 불거진 공무원 임용결격자 당연퇴직 방침은 정부쪽이 대책위의 입장을 어느정도 수용해 일단락될 것으로 보여진다. 하지만 행정자치부가 올해부터 공무원 10% 감축은 물론 '총정원제'를 실시한다고 밝히고 있어 좀더 신중한 대처가 필요하다는 의견도 개진되고 있다.

이와 관련해 대책위 김진국 행사부장은 "지금까지의 집회와 면담을 통해 대책위의 의견은 충분히 정부쪽에 전달됐다"라며 "하지만 많은 관련자들이 더 이상 자신의 일터에서 일할 의욕을 잃었고, 또 공무원 사회에 대한 불신도 깊어져 정부의 명확한 공식입장이 나오기 전까지는 좀더 지켜봐야 할 것이다"라고 말했다.

이와함께 대책위는 고 박원근 교사의 사후 처리와 관련해 유족들만의 협상으로는 문제해결이 어렵다고 보고 이후 유족들과의 협의를 통해 정부쪽에 '순직처리'를 강력하게 요구할 방침인 것으로 알려져 한차례 진통은 더 있을 것으로 예상되고 있다.

세계일보　　1998년 5월15일　금요일

## 기자 수첩

### 따로 노는「결격공무원 구제」

李慶殷
〈정치부기자〉

「대통령은 구제 지시」「행자부는 복지부동」. 14일 국민회의 당사에서는 이같은 피켓을 든「결격퇴직 공무원」1백여명이 당사에 진입하려다 전경들과 몸싸움을 벌인 소동이 있었다.

이들은 모두 정상근무 도중 뒤늦게 결격사유가 발견돼 하루아침에 내쫓긴 공무원들이다. 지난 3월말 전북 군산에서 62세의 교원이 36년전「닭서리」로 입건된 경력이 지난해 밝혀져 임용취소된 것을 비관, 자살한 후 이들의 문제는 사회적 관심사가 됐다.

자살사건 이틀 후인 지난달 2일 金鍾泌(김종필)총리서리는『정부가 신원조회를 해 임용한 뒤 수십년 근무한 사람을 내쫓는다면 불이익이 대단할 것』이라며『임용취소 대상중 부당하고 억울한 사람을 가려내라』고 지시했다. 그러나 국민회의와 행정자치부는 당정협의에서 이들에 대한 어떤 형태의 복직도 허용할 수 없다는 입장을 밝혔다.

이번에는 金大中(김대중)대통령이 나섰다. 金대통령은 지난 2일『당정이 협의해 구제책을 검토하라』고 지시했다. 그런데 金正吉(김정길)행자부장관은 12일 국회 서면답변에서『결격공무원 구제문제에 대해 아직 지시받은 바 없다』며『현행법상 공무원 신분의 원상회복은 힘들 것』이라고 말했다. 행자부 관계자들은 또『대통령과 총리는 단지「구제검토」를 지시했을 뿐』이며 2천3백여명을 개별 심사하다 보니 시간이 걸린다』고 밝혔다.

문제가 결국은「법에 따라」해결될지 모르지만 이미 대통령이 전향적 대책모색을 언명한 마당에 주무부처 장관이 고지식한 법적 견해만을 내세운다는 것은 졸지에 실업대열에 몰린 결격공무원들의 격분을 살 만한 무성의한 태도였다.

국민회의 당사에서 소동이 벌어진 시간, 정부는「불법폭력 시위 대책회의」를 열었다. 그러나 정부는 이처럼 손발 안 맞는 정책결정 메커니즘과 당국자들의 무성의가 파업과 시위의 촉발요인이 될 수 있음을 간과하고 있는 듯하다.

金대통령은 13일 국무회의에서 관계장관들의 업무파악 미진을 지적하며 자기부서의 일을 찾아 실천방안을 제시하라고 질책했다. 행자부장관은 혹시『관계장관이 나는 아닐 거야』라고 생각하지 않았는지 모르겠다.

1998년 3월 31일 화요일

## 죽음 내몬 '경직된 법치'

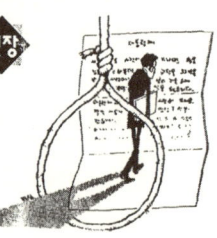

"사형수도 시간이 지나면 형을 감형해주는데 교단에서 33년을 보낸 사람에게 사형수보다 가혹한 처벌을 내리다니요. 이는 분명히 잘못됐습니다. 대통령께서 꼭 시정해 주십시오"

뒤늦게 임용결격사유가 밝혀져 정년이 2년밖에 남지 않은 교단을 떠나게 되자 죽음을 선택한 경포초등학교 박원근 교사의 유서는 대통령께 보내는 편지형식을 취하고 있다. 김 대통령의 절대적인 지지자라고 밝힌 박씨는 "결격사유가 있는지도 몰랐다"며 "이제 와서 모든 공직생활을 수포로 만들어 버리는 잘못된 제도는 반드시 고쳐야 한다"고 간곡하게 지적했다.

유서 뒷장에는 자신과 같은 처지에 놓인 동료 교사들의 명단과 연락처가 빼꼭히 적혀 있어 죽음을 선택한 동기가 단순한 비관이 아니라 동료들이라도 억울함을 벗어나게 하려는 뜻이었음을 짐작케 하고 있다.

박씨의 임용결격사유는 27살 때 동네 친구 1명과 함께 닭 1마리와 토끼 3마리를 서리하다 들켜 징역 1년과 집행유예를 선고받았으나 경과기간이 지나지 않았다는 것이다. 결과적으로 젊은 시절 장난삼아 했던 닭서리가 평생을 교육에 바친 유능한 교사를 죽음으로까지 내몬 셈이다.

전주사범을 졸업한 박씨는 전북대 법대 3년을 중퇴한 뒤 교직에 돔담은 채 전주대를 졸업한 학구파였다. 동료교사들은 "차분한 성격에 아이들한테 잘했던 분이었다"며 "그분이 이런 일로 세상을 등지게 될 줄이야…"라고 말끝을 흐렸다.

박씨와 함께 구명운동에 나섰던 한 중등교사(45)는 "박씨가 최근 명예퇴직을 신청하는 등 구제조처에 한가닥 희망을 걸었었다"며 "박씨의 죽음은 '법대로'를 반복하며 막무가내 편직을 서두른 정부에 대한 항의의 표시"라고 잘라 말했다.

군산/임석규 기자

---

98. 3. 31 火曜.
ㅇㅇ일보

### 법과 현실

"지나치게 일직선으로 법을 고수하는 것이 때로는 너무나 융통성 없는 처사가 되어 도리어 백성을 해롭게 한다. 천리(天理)의 공정함에서 나오고 백성의 이(利)됨을 위한 것이라면 경우에 따라 법 운용에 융통성이 있을 수 있다" 다산 정약용(丁若鏞)이 그의 저서 '목민심서'에서 법의 융통성에 관해 지적한 대목이다.

군산 경포초등학교 박원근교사가 스스로 목을 맨 것은 여러 점에서 개탄할 노릇이다. 다산도 동맹과 같은 정부에 대해 분노와 실망을 금치 못할 것이다. 올해 63세로 정년을 2년 앞둔 노교사가 그렇게 세상을 등지고 만 이유가 아무리 생각해도 기가 막힌다.

37년전 동네친구와 닭서리를 하다 들켜 징역 1에 집행유예 2년을 선고받았던 박교사는 2년 뒤 초등학교 교사로 임용되었다. 그리고 33년동안 교단에서 학생들을 가르쳐왔는데 이제서야 임용결격 사유에 해당된다며 교단을 떠나라고 했으니 그의 항변대로 사형보다 더 가혹한 처사가 아닐 수 없다.

전북도교육청 관계자는 "당시 국가공무원법상 집행유예 기간이 끝난 뒤 2년이 경과해야 임용할 수 있는데 박교사는 6개월밖에 되지 않아 결격사유에 해당된다"며 법조항만 들먹이고 있다. 현재 박교사를 비롯해 공무원 2천여명이 이런 식으로 퇴직을 강요받고 있는데 그동안 뭐하고 있다가 이제야 야단인가.

임용당시 신원조회를 맡았던 경찰당국이 직무를 제대로 했다면 이를 막을 수 있었을 것이다. 물론 부적격자가 공무원이 돼서는 안된다. 부적격자가 공무원, 교사로 복직되다면 피해자는 국민이다. 그러나 잘못의 원인을 먼저 찾아야 할 곳이 어디인지 알아야 한다. 직무를 소홀히 한 측은 놓아두고 당사자들만 나가라는 것은 순서가 틀린 것이다.

젊은 시절 장난삼아 했던 일이 노년에 목을 죄는 일이 될 줄 알았으면 박교사는 인생의 다른 길을 택했을지도 모른다. 한맺힌 그의 한평생을 누가 보상해줄 것인가. 지금도 그런 문제로 피눈물을 흘리는 2천여명의 해당자들 입장을 명백히 하는 것이 그나마 박교사의 죽음에 대한 성의임을 알아야 한다.

## ☐ 지금 이 위기에 '강'을 건너야만 한다

 강제면직된 지 2개월 되는 1998년 8월부터 나는 공공근로에 참여하였다. 불과 2개월 전만 해도 5급공무원이었던 나였다. 지금도 공공근로 현장에서 대전천 하상가꾸기 사업장에 투입되어 일하고 있으니, 참으로 사람팔자 시간문제라더니 실감나는 단어이다.
 나의 아내도 아침 일찍부터 숲 가꾸기 공공근로에 나갔는데 이것도 6개월밖에 못한다고 했다. 아무나 신청하면 되는 것이 아니라 동사무소에서 여러 가지로 선정하여 주었다. 이 일도 끝나고 나니 여름이 가고 겨울이 왔다. 그 해 겨울도 그냥 집에 있을 수가 없어서 나는 대전지방노동청에서 운영하는 대전 일일취업센터에(동구 용전동 고속버

스 터미널 옆 사무소) 아침 6시에 가서 신청하면 알선해주는데 이것도 1주일 또는 2주일밖에 못한다.

그 추운 겨울 나는 서구에 있는 ○○중학교 화장실 청소원, 운동장 배수로 치우는 일을 하였는데 워낙 추워서 손이 쥐가 나고 꽁꽁 얼어붙었다. 다음은 학교페인트칠을 하는 작업인데 겨울철에 페인트칠을 하니 잘 안 되었다. 더욱 나는 잘 할 줄도 몰라 옷에는 온통 페인트만 묻히고 사람꼴이 아니었다. 이때 일당은 28,000원이었다.

그때 당시 격려차 내무부장관(지금 안전행정부)도 와서 같이 해본 후 위로도 하였다.

## ☐ 마음속의 상처는 평생을 잊을 수 없다

돌을 던진 사람은 세월이 흐르면 잊어버리고 그 일이 끝났다고 생각하지만 그 '돌'에 맞은 사람은 그 상처를 치료하기 위한 기간이 너무 길어서 평생 치료중이다.

나는 어렸을 때 해가 지는 것이 가장 무서웠다. 해가 져서 아버지께서 술에 취해 집에 들어오시면 어머니를 구타해 싸움하는 것이 일쑤였다. 그때마다 이웃집 아저씨가 말리곤 하였다.

나는 아침을 못 먹고 학교 가는 날이 많았다. 책 4권을 책보에 싸 어깨에 메고 학교로 달리던 때, 아이들은 다 가고 해는 중천에 떠있을 때도 가끔은 있었다.

나는 유년시절을 이렇게 살아온 세월 속에서 무엇을 생각했을까? 강하고 냉정하게 보이지만 사실 속으로는 무척 여리다. 그러므로 속으로는 눈물이 많고 약한 마음이 많아 동정심이 많으나, 한편으로는 그렇지 않게 살아가고 있다.

워낙 마음과 경제 고생의 타격을 받았으니 말이다.

# 분노마저 참고 견디면

□ 괴로웠던 세월

이 세상에서 제일 견디기가 어려운 것이 있다면 그것은 아마도 괴로움과 외로움일 것이다. 아침에 일어나면 오늘 하루를 어떻게 보내야 하는 마음이 먼저 앞서고, 오늘도 어제도 내일도 아무도 없는 집에서 혼자 매일매일 그것도 무더위 속에서 지낸다는 것은 정말로 어렵고 고통이다. 괴롭고 외로운 것 당해보지 않고 경험해보지 않은 사람은 모른다.

이제는 돈도 없어 서서히 조여만 오는데 어디 취직도 못하고 기다리면서 지난 1년여 동안, 더욱 벌어놓은 것 없이 아직도 정부에서는 퇴직금도 안 준다하고 불입한 돈만 준다는 내무부의 방침을 우리는 거부하고 있다.

 대학등록금, 고등학생의 수업료, 생활비 등 그동안 보험, 적금 등 모든 것을 다 해약하고 서울 데모참가비, 회비, 법원 소송에 따른 변호사비 서울 국회와 정부 찾아다니는 여비 등 이제는 도저히 감낭을 못해 심지어는 약한 마음까지 들었다.

 몇 년을 더 기다려야 할지 우리의 법안은 2월 이후로 유보되었다. 당시 김종필(JP) 국무총리는 전원 복직시켜야 한다고 말하지만 김대중 대통령은 말도 안 하고 전국에서 각각 법원에 소송만 하고 있다. 국회특례법만 통과하길 기다리면서 매일매일 서울로 데모하러 다녀야만 하는 1999년도와 2001년도까지 그 괴로움 속에서도 나는 공공근로와 이삭줍기 경제활동으로 지냈다.

### ☐ 슬픈 원고

 나는 대전지방법원에서 원고패소했다. 나의 동료들은 모두(시청, 도청 30여명) 승소하여 복직했는데 나와 다른 한사람 즉, 2명만 패소하였다. 그 이유는 지금도 잘 모르는데 이것만은 분명하다. 나와 함께 패소한 또 한사람과 나, 2명은 별정직 공무원이었다.

 일반직은 물론 기능직도 승소했는데 별정직만 패소한 것이다. 그래서 나는 2심에서는 승소할 것으로 믿고 2심 청구하였으나 2심, 3심 모두 기각당하였다. 그 이유는 별정직 공무원 인사규정상 징계사유가 발생하면 징계절차 없이 면직이라는 인사규정 때문이었다 한다.

 그 후 국회를 찾아다니며 애원하고 시위하여 기어이 특례법으로 제정하여 신규임용으로 그 명예를 되찾기는 하였다. 5급이었던 내가 자리가 없다는 이유로 5급으로 임용되지 못하고 아래직급으로 강등 조건으로 그것도 신규직으로 임용되니 그나마 정년이 57세에 정년하니 정말로 답답하기 그지없다.

그저 명예를 되찾은 것만을 다행으로 알아야했다.(임용된 지 2년 3개월만에 정년.) 이미 구겨진 나의 운명으로 알고 살아가야 했다. 그때 나의 심정은 나를 판결한 판사를 죽이고 싶었다.

그래서 나는 '날개 잃은 별공새'로 이름을 지었다. 별정직 공무원의 애환 이야기이다. 인간은 올바르게 살아야한다. 비정상적으로 살아가면 참으로 힘이 들고 어렵고 항상 불안하다.

나는 후에 안 일이지만 그때는 별정직공무원 임용령이 일반직과는 달랐다. 별정직은 징계사유가 발생하면 징계절차 없이 면직되도록 되어 있었다 한다. 그러나 지금은 법령이 바뀌어 일반직과 동일하게 개정하였다고 한다.

## ☐ 실직의 고통을 아시나요?

실직은 곧바로 자살로 이어질 수도 있고, 가정의 파탄이 될 수도 있다. 나는 누구보다도 그 아픈 고통을 잘 알고 있다. 그것도 중년나이에 실직(45~55세)은 참으로 더 괴롭고 고통스럽다. 재취업도 잘 안 되고 벌어놓은 돈도 없고 어디 갈래야 갈 수도 없고 취직은 해봤자 그저 하위직인 경비나 용역회사 등이다. 된다해도 적응이 잘 안 돼 오래 근무하기가 참으로 어려운 실정이다.

그렇다고 그때 나이에 창업할 수도 없다. 우리나라가 1998년도 김대중 정부 당시 IMF의 거센폭풍, 그 IMF는 누구의 잘못인가. 국민인가, 정치인인가? 아무도 잘못한 사람이 없는가? 지금보다 더 후에 역사가는 밝힐 것이다.

그때 2000년도에 대기업의 하나인 쌍용자동차가 구조조정으로 수백 명의 실직자를 양산할 당시 무려 14명이나 자살한 실직자가 있는 것으로 뒤늦게 밝혀졌다. 이것만 보아도 직업과 직장이 그 얼마나 중요한 것인가 웅변한다.

1999년도 공직(대전광역시청)에서 5급 공무원 당시 갑작스레 해직 통보를 받은 그때 내 나이 52세, 나도 행정자치부 옥상에 가서 자살하고픈 마음이 간절했다.

그러나 나는 이겨냈다. 그때 우리 전국 공무원들(일반직, 교사, 철도) 등 무려 4,000여명이 해직당했으며, 당시 전국에서 3명은 자살한 바 있다. 그 당시 우리네 전국 공무원들의 구조조정 당시 해직사유는 당연 퇴직과 임용결격 사유에 해당하는 공무원들이었는데 나는 임용결격 사유로 당했다.

물론 그 후 법원에서 승소하였고 특례법 등으로 80% 이상이 재복직을 하였는 바 나도 6년 후 복직을 하여 정년퇴임은 하였다. 그때 당시의 가슴 아픈 상처와 6년간의 공백 기간의 생활은 지금 누구에게도 말하고 싶지 않은 사연이다.

## ☐ 반듯하게 흐르는 강물은 없다

정치인은 국민을 섬길 줄 알아야 하고 공직자는 시민의 한 사람을 생각하는 참다운 공무원이 되어야 한다. 그러기 위해서는 정치인과 공무원, 시민 모두가 함께 노력하여야 한다.

그러나 인간이 세상을 살다보면 어려운 일에 부딪치게 되고 시련이 따르게 마련이다. 이때 자칫 잘못 생각하면 인생의 종지부를 찍을 수가 있다. 최종 목적지인 바다로 가기 위해 흐르는 강물줄기도 반듯하게 흘러서 갈 수 없듯이 우리네 人生도 구비구비 저 흐르는 강물처럼 길이 정해져 있는지도 모른다.

人生은 시련의 연속이다. 그 시련 속에서 살다가 죽음으로 끝을 맺는다. 세월이 흘러서 나이가 들었다 하더라도 마음은 항상 젊고 패기 있는 심정으로 살아가야 한다. 특히 무슨 일이든지 일할 수 있을 때까지는 일하면서, 누구를 그리워도 하고, 무엇인가를 기대도 하여보고, 헛된 꿈도 가져보고, 이루어질 수 없는 것을 잘 알고 있으면서도 그저 막연한 기대감을 갖고 가느다란 희망 속에서 살다가 人生의 끝을 맞이하게 마련이다.

우리네 늙은 장인들은 다시 젊음으로 돌아갈 수 없다는 이 사실을 잘 알고 있다. 그러나 젊은이들은 내가 늙지 않는다고 생각하기에 이 것이 사회적인 큰 문제가 되고 있다.

## ▢ 완전범죄는 성립되지 않는다

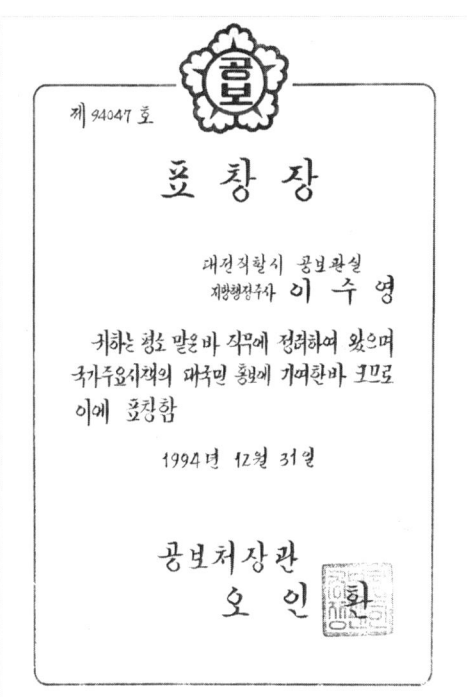

사람은 태어날 때 이미 재산과 죽음은 운명적으로 정해져 있다고 나는 생각한다. 그러므로 사람은 어려서부터 정정당당하게 살아가는 방법을 가르쳐야 한다.

지금 이 시간에도 완전범죄를 꿈꾸는 사람들에게 나는 이 말을 해주려고 한다. "영원한 비밀은 없기에 영원히 감출수가 없다." 범죄를 행하면 언젠가는 반드시 밝혀진다는 진리가 있다. 물론 법적으로는 시효가 지나 무효가 된다해도 평생 가슴속에 안고 살아가려니 불안하다. 30년 후 아니 40년 후 세월이 많이 흐른 뒤에도 밝혀지면 도덕적인 책임이 뒤따르게 된다. 그로 인하여 조직구도, 행정행위도 바뀌게 된다. 요즈음 고위공직자들이 많은 재산을 부정으로 축적하는 등 있어서는 안될 일들이 사회 곳곳에서 일어나고 있다. 살아가기 위한 생계형 범죄라도 하여서는 안 된다.

이런 말이 생각난다. 도둑을 쫓던 형사도 걸어갈 때가 있고 판결을 앞둔 판사도 법전을 잠시 덮어놓을 때가 있어도 범죄는 용납되지 않는다. 범죄 없는 사회로 탈바꿈되어 정이 넘치는 사회를 만들기 위해 우리 모두 자성하고 서로 도우면서 희망이 있는 나라, 서민이 잘사는 사회를 만들어 나아가야 한다. 그러나 어부가 바다에 사는 고기를 다 잡을 수는 없다.

## ❒ 터지는 '분노'를 잘 참고 견디다보면

幸福과 不幸의 差異, 과연 이것은 무엇인가? 幸福 속에는 不幸도 있고 不幸 끝에는 幸運이 있기도 하다.

나는 1998년 6월 30일자로 그때 당시 김대중 정부의 악법으로 33여 년간의 공직생활을 하루아침에 강제로 퇴직당하니 그 고행은 다 나열할 수가 없다. 현행법에 살인죄도 17년이 지나면 공소권이 없다고 하는데, 나는 공직임용 30여 년 전에 있었던 일로 그것도 파렴치한 것도 아니고, 그렇다고 도덕성에 결여된 것도 아닌 사소한 일로 인해 33여 년 동안 충실하게 근무한 공직을 정부의 구조조정이라는 미명 아래 강제로 그때 내 나이 52세 때 퇴출당하였다.

나는 강제로 퇴직당한 지 5년 8개월의 고행 끝에 특별법에 의해 다시 공직으로 임용되어 그 명예를 되찾으니, 그 광영은 나 개인으로서나 집안으로서도 이루 말할 수 없었다. 임용하여 주신 그 님에 대하여는 나의 平生은 물론 내가 가장 사랑하는 두 아들과 처, 그리고 또한 많은 同生들과 집안에게도 영원히 잊지 않도록 할 것이다. 특히, 나는 그 님을 위하여 이 생명이 다하는 날까지 봉사정신으로 존경할 것을 이 지면을 통하여 전한다.

나는 1998년 강제퇴임 당시 대전시청 공보관실에 근무하면서 지방 5급(사무관급)으로 열심히 대전시 홍보에 주력하여 오던 중 그해(1998) 6월 30일자로 종이 한 장의 공문에 의해 공직에서 물러났다. 허탈과 허무, 배신감, 정부에 대한 불신과 원한, 원망 등으로 세월을 보내며 갖은 역경과 '술'에 의지하며 살아가야만했다.

또한 자살을 기도한 적도 있으나(동료 3인은 시위 도중 자살한 바 있음) 자살하지 않고 오직 살아가야겠다는 굳은 신념 아래 법정투쟁과 국회, 그리고 변호사회, 행정자치부 등을 찾아다니며 투쟁한 결과 그래도 어느 정도 인정되어 그 다다음해에 특례법이 제정되었다. 5년 8개월의 고행 끝에 다시 공직으로 신규 임용되어 모 사업소에서 근무하였다.

지금도 생각하면 가장 괴로웠던 것은 그때 당시 살고 있던 집 주위 사람들의 따가운 시선 때문에 그곳에서 살지 못하고 14년간 살아온 집을 급매로 헐값에 팔고 다른 곳으로 이사를 해야 했다. 고등학교 다니는 둘째 아들을 쳐다보면서 아내도 모르게 눈물을 흘렸다. '어떻게 저 아이를 대학교까지 보낼 수 있을까?' 절망의 세월이었.

그러나 나는 그것도 잠시뿐 오뚜기 人生으로 살아야만 하겠기에 넘어져도 또 달려가면서 이곳저곳을 헤매며 이 직장 저 직장을 옮겨 다녔다. 근 6년간의 야인 생활 속에서 많은 사회경험으로 사회인들과의 인간관계며 어제의 동료 공직인들의 속성과 세인들의 마음을 거울 속같이 읽을 수가 있었다.

  실직 후에는 공공근로와 일일취업센터에서 하루하루를 막일도 해보았다. 새벽을 여는 아침 첫차도 타보았다. 그 후 나는 모 인사를 찾아다니면서 먹고살기 위한 직장을 구한 즉 모 APT 관리사무소 관리과장 1년 6개월, 시내버스조합전무 1년 4개월, 예총 홍보실장, 문화원연합회 사무처장 등을 역임하며 지내온 나는 지난 6년간의 기나긴 세월 이제 다시 공직으로 입성하여 이제 나에 대한 모든 원한과 원망을 접고 살아가고 있다.

  그러나 나는 나의 유년시절에 가난했던 생활과 청소년시절 당시 학업도 제대로 채우지 못한 채 스무 살의 어린나이로 청운의 꿈을 안고 누구보다도 먼저 출세하겠다고 충청남도 천원군청 공보실에 첫발의 공직을 시작으로(1966) 오늘에 이르렀다. 이제 60을 내일로 바라보는 내 나이에 이제 나는 모든 욕심을 버리고 남을 위해 봉사정신으로 살아갈 것을 다짐하면서 그동안의 삶을 통해 더욱이 苦行길에서 성실하게 살아왔다. 늘 희망을 안고 달려왔기에 오늘이 있는 것을 나는 절대로 부정하지 않는다.

  幸福과 不幸, 나는 지금 어디에 속해 있는 것일까? 나 자신도 모르겠다. 人間은 지식이 아니라 行動이기 때문이다. 人間의 行動, 지식층, 사회부유층의 불성실한 行動 등등… 우리 세인들은 모두 부정할 수 없는 현실이 아닌가!

  人間의 行動, 참으로 어려운 것이 行動이다. 모든 사람은 行動에 따라 존경받을 사람과 예우를 받는 사람으로 구분되어 있다. 나는 그를 예우는 하지만 존경을 하지는 않는다. 과거 우리나라 지도자들, 예우는 받을지라도 존경받을 분은 과연 몇 분이나 되는지, 우리 모두 다함께 한번 생각해 볼 일이다.

그러니 가장 타인들로부터 존경받고 幸福한 사람은 平生 일하면서 남을 위해 봉사하는 사람이라고 생각한다. 그 반면 가장 不幸한 사람은 일을 하지 않는 사람일 것이다. 幸福의 한계와 부자의 한계는 어디까지일까? 이것은 아무도 모른다.

나는 이제 나의 人生을 산처럼 강물처럼 유유히 살아갈 것이다. 山은 의연하여 말이 없고 웅장하여 사람들이 좋아한다. 또한 짙푸른 나무와 이름 모를 산새들이 노래하며 온갖 야생화가 아름답게 피어 좋다. 바위와 산새 물을 벗 삼아 산에 오르면 세속의 잡다한 생각은 어느덧 잊혀진다. 그 맛에 나는 오늘도 산에 오른다. 강가에는 유유히 굽이쳐 흐르는 물을 보면 삶의 지혜를 깨달은 선각자의 외침이 떠오른다. 그렇다. 바로 이거다. 저 흐르는 강물처럼 유유히 살아가자. 기나긴 인고의 세월을 참아가며 기다려야 했던 것은 한 송이 한 송이의 꽃을 피우기 위함이 아니던가?

지나간 60여년 간의 세월은 어찌됐든 짧고 허무한 것 같다. 그러나 오늘 하루는 왜 이리도 지루하고 길게 느껴지는 것일까? 나의 여생은 뱃길 없이 항해하는 선장처럼 거센 바람과 험한 파도 속에서 온갖 어려움과 싸우고 있다. 헐벗고 굶주린 유년세월을 다시금 생각하면서 이제는 그 어려운 고통의 세월을 땅속에 사랑으로 살아가려한다. 다만 그 세월을 잊지 못하니, 그때 그 돌을 던진 그 사람은 벌써 그 일을 잊고 있겠지만, 돌을 맞은 사람은 그 상처가 너무 깊어 지금도 치료

중에 있다.

　이제 나는 그보다 더 어려운 때가 올지라도 참을 줄 아는 슬기와 인내를 배웠다. 나의 人生은 잡초의 '삶'처럼 눈보라 속에 묻히고 구두에 밟혀도 봄이 오면 다시 싹이 트는 잡초처럼 또한 나의 人生이 비바람 앞의 촛불일지라도 결코 꺼지지 않는 촛불이 되어 이제 마지막 나의 여생을 그 님을 위해 봉사하고 이 목숨이 다할 때까지 존경할 것이다.


□ 가정과 사회는 성공, 공직은 실패

　나는 가정과 사회에서는 어느 정도 성공하였다고 본다. 그러나 공직은 2번의 면직, 2번의 복직으로 파란만장한 가운데 정년퇴임은 하였으나 실패한 공직생활로 생각한다.

나의 가정은 활동성이 강한 아내와 두 아들 모두 충대, 한대를 졸업한 후 둘 다 학사장교로 대위, 중위로 전역하여 현재는 공무원으로 재직하고 있다. 손자, 손녀들도 잘 자라고 있어 인생사는 부끄럼 없는 나이지만, 나의 공직은 처음부터 임시직에서 출발, 정규직을 하려고 시험에서부터 잘못되어 내 평생 오류를 남긴 것이니 차라리 처음에 나의 성격대로 정치 또는 사업가로 시작하였으면 어떻게 되었을까 하는 생각도 든다.

그러나 그런대로 살아왔기에 이것도 나의 운명이라고 이제는 받아들일 수밖에 없지 않은가? 공직생활 중 승진시마다 어려움, 돈, 그러면서도 중도에 지방 별정직으로 전환한 것이 잘못된 것 같다.

그때 행정직 특채로 하여야 하는 것인데 별정7급으로 전환한 것이 공직의 불행이 된 것이다. 배경없이 일용직 공무원으로 시작하여 5급 공직까지 승진하였으나 보직 한번 받아보지 못했으니 지금 생각하면 이렇게 모두 다 허무하다.

그러나 사회 나와서는 오히려 대전시내버스 공동관리위원회 전무이사와 통역회사 관리이사, 문화원 엽합회 사무처장 등을 역임하였다.

□ 억지로는 못 산다

인간에게는 운이라는 것이 존재한다. 그러므로 억지로는 못 산다는 말이다. 옛말에 이런 말이 생각이 난다.

어느 가난한 농부가 술과 담배를 끊고 열심히 몇 년간 돈을 모아 송아지 한 마리를 사서 키우려고 샀는데, 그 송아지가 3일만에 죽더라는 얘기는 운 없는 사람은 비행기 안에서도 독사 물려 죽는다는 말과 같다.

2,800원씩 받고 공공근로 할 때 일이다. 그때는 2주에 한번씩 10일치를 준다. 몇달만에 10일분 280,000원을 손에 들어오니 돈 만져본 것이 4~5개월만이라 나는 그때만해도(1998. 11경) 기분은 날아있는 터라, 친구들과 처남을 술대접하기로 하였다. 처남친구 등 5명이 소주를 15병 정도 마셨을 무렵 내가 그동안 스트레스도 쌓이고 친구와 처남, 처남 친구 등이 있는데서 나의 인생사 이야기를 털어놓고 술잔을 기울이며 부어라 마셔라 할 때이다.

그때 나는 세상이 이렇다 하면서 나 혼자 소주컵을 방바닥에 던졌다. 소주컵 파편이 하필이면 처남친구 이마에 맞아 약간의 피가 흘렀다. 미안해서 어찌할 바를 몰랐다. 병원에 가도 되고 안 가도 될 정도인데 병원에 가니 병원 치료비가 8만원과 며칠간 치료하여야 한다고 한다. 그래서 그때 들어간 돈이 삼십만원이 넘었다. 어렵게 벌은 돈 280,000원을 한꺼번에 떡사먹은 꼴이 된 것이다.

◘ 복직, 공직인으로 돌아오다

나는 1998. 6. 30일자로 당시 대전시청 공보관실 5급(사무관)으로 재직 중 김대중 정부때 IMF로 인한 악랄한 공직사회의 구조조정으로 34년간을 근무하던 공직에서 임용결격이라는 사유로 물러나게 되었다. 그 후 나는 많은 직업을 전전하여 오다가 2004년 3월 2일자로 시청을 떠난 지 6년 3개월만에 다시 특례법으로 신규임용 복직하게 되니 나의 정년은 약 2년 정도밖에 남지 않았다.

겨우 2년여 남은 세월 그래도 복직이 되어 명예를 찾은 것으로 알고 새로운 삶과 마음으로 살아가야 하는데 그것도 시 본청은 자리가 없어 못가고 사업소인 한밭도서관으로 발령을 받았다. 나에게 얼마 남지 않은 공직생활을 돌이켜보니 감회가 깊고 눈시울이 뜨겁다.

학교를 졸업하고 20살 때부터 시작해온 공직생활 두 번 면직, 두번 복직, 참으로 기구한 운명으로 생각하면서 지난날을 회상한다. 첫발의 공직은 천원군(현. 천안시) 공보실, 지적계, 건설과 관리계, 병천면 사무소 개간요원을 거쳤다. 군 제대 후에는 예산군 새마을계 오가면

사무소 재무계(행정서기보, 5급을류시절), 대전시 업무과 요금계, 건설과 운수계, 관리계, 회계과 용도계, 총무과 서무계, 근로청소년복지회관(특채7급), 시본청 공보관실(6급), 공보관실 홍보센터 방송실(5급 사무관), 한밭도서관에서 공직을 마치고, 2005년 6월 30일자로 정년퇴임하였다.

## ☐ 공무원연금교육 3박 4일을 마치고

인생의 황혼기를 맞은 역전의 용공(勇公)들이 모인 미래설계교육장, 전국에서 한군데로 다 모였다. 그렇게도 어려움과 가난 속에서 험난했던 시절 1960년대와 70년대의 기둥들이 이제는 황혼으로 변하여 人生의 해가 서산으로 지게 되었다. 아쉽다! 그 옛날이 정말로 그립다! 금년도 제1기인 퇴직예정공무원을 위한 미래설계교육을 위해 전국에서 약 220여명이 한자리에 모여 교육을 받는다.

지나간 60~70년대에는 요원을 불길처럼 타오르던 새마을운동의 중추적인 역할을 하던 기수들이 한자리에 모였다. 오늘 보니 백발에 잔주름으로 가득한 얼굴이다. 나이보다 더 늙어 보이는 역전의 용공들이다.

이제 님들은 미래의 희망을 갖고 퇴직 후의 인생설계를 하기 위해 공무원연금공단에서 주최한 미래설계교육에 참여하였으니, 10번의 식사를 같이 하고 4일간의 합숙생활이 조금은 기일이 짧아 아쉬운 가운데 헤어지면 이제는 영영 만나지는 못하리라.

황혼의 님들이여! 연금으로 노년을 살아가겠지만 그렇지 못한 님들도 여기는 있을 것이다. 여기 모인 님들은 제각기 직장에서 한때는 한 시대를 호령했겠지만, 이제는 과거 속으로 묻힌 채 여생을 설계하기 위해, 님들의 가냘프고 소리 없는 외침과 울음소리는 들리지 않은 채, 그저 앞날이 그대로 두렵고 불안해지는 느낌뿐이다. 아아, 우리의 미래는 어떠한 변화가 올 것인가, 잠재력의 상상으로 하루하루 보낼 것이다.

교육도중 때 아닌 3월 24일 봄날에 폭설이 내리어 온 산하는 눈 덮힌 설화로 수안보 주변의 산과 들에는 눈꽃이 장관을 이루었으니 그 무슨 까닭일까? 우리들의 교육을 축복해주는 것인지.

고수동굴의 주변과 도담삼봉, 그리고 충주호의 설경은 가히 화폭에 담을 절경의 설화였다. 길게는 40여년 짧게는 20~30여년을 오직 각자의 직장에서 공직에 몸담아오면서도, 서로 바쁘다는 이유로 가까운 거리인 이곳도 아마 자주 못 와 보았으리라. 나 자신도 20여 년만에 이곳에 와보니 새로운 감회가 앞을 가리워 눈시울이 뜨거웠다. 특히 나이 60의 황혼기에 현장을 둘러본 님들은 무엇을 느꼈을까? 그리고 배웠을까?

우리에게 주어진 3번의 저녁에는 그리움이 쌓여 어느 소문난 식당에서 찌개 하나에 소주와 막걸리로 그 옛날의 시름을 달래었다. 60~70년대 유행하는 유행가 노래에 맞춘 상 모서리 장단으로 노래를 불렀다. 흘러간 노랫소리는 그 옛날 주전자의 막걸리로 새마을운동 하던 생각을 젖게 하였으니 나는 새로운 감화를 느꼈다.

이제 우리는 황혼길의 人生에서, 과거는 접어두고 동행자가 반드시 있어야 행복할 것이다. 내가 교육에서 얻은 것은 오랫동안 교직에 몸

담아 오신 어느 교장선생님의 따뜻한 인자함과 겸양의 자태였다. 그는 나를 한없이 감동시켰으며 영원히 잊지 못할 것이다. 교육생 220여명과 헤어지는 그날 언제 다시 만나야하는 약속도 없이 그저 헤어졌다. 서로의 인사는 "건강하게 오래사세요." 뿐이었다.

 그러나 우리 8분임은 후일 다시 한번 만날 것을 약속하였으니 그 날짜를 기다릴 뿐이다. 이제 우리 모두 인생의 황혼 길에 정말로 진실되게 건강하게 오래 살면서 마음과 뜻을 같이할 수 있는 벗이 되어 영원히 행복하게 지내기를 그저 바랄 뿐이다.

 끝으로 이번 교육이 많은 도움이 되었으니 오래오래 지속하길 바라며, 이런 기회를 만들어준 행정자치부와 국민연금관리공단 측에 감사를 드린다. 인생의 황혼기에 말벗이 있다는 것은 가장 큰 행복이다.

## 세번째 묶음

## 가슴 속 사연, 이제는 말한다

1999년 7월 31일 비오는 날 우리는 서울 여의도 국민회의(그때 김대중 정부) 당사 앞에서 애끓는 소원의 신음소리 장면.

# 그래도 살아야 한다

## ☐ 재취업을 위해

나는 "지금 내가 처해있는 처지보다 의지가 더 중요하다"는 마음을 갖고 기술을 배워보기로 하고 차량정비학원에도 다녔고 건설현장에 가보려고 방수작업 하는일, 벽에 타일 붙이는 일도 배워보았으나 원래 타고난 생태가 기(技)자 즉, 기술은 잘 못하는 것인가보다. 그래도 열심히 배웠으나 실제 일은 하지 않았다.

차량정비, 방수작업 페인트, 공공근로 타일 등 기본은 다 알고 있다. 그러나 이제는…

□ 살아온 '삶'을 다시 한 번 생각하니

젊은 시절과 중년에는 살아가는 데만 정신이 집중되었다. 사실상 출세하고 싶은 목적으로 뒤와 옆을 보지 않고 오직 앞으로만 전진하다보니 남들보다 빨리 승진도 하고, 그래서 그런지 남보다 10년 앞서기도 하고, 10년 먼저 퇴직도 당하기도 하는 식으로 人生을 살아왔다.

이러한 관계로 나는 누구에게나 별로 잘해주지도 못하고 부모형제에게도 잘해주지 못한 것을 내 자신이 인정한다. 그렇게 살았으니 내 자신에게만 투자한 것뿐 앞으로 누구의 도움을 받겠는가? 내 자신이 부끄럽기도 하다. 그래서 나는 주위사람들에게나 형제간에게도 바라지 않는다. 특히 부모님한테도 별로 잘한 것이 없으니 말이다.

내 나이 70인 지금까지 누구한테도 50만원 이상 꿔준 적도 없고 오만원 한 장 빌려본 적도 없다. 그리고 5,000원 이상 길가에서 주워본 적도 없다. 그러나 난 보증을 서주어서 2번이나 크게 손해보고 급여 차압도 당해본 경험이 있다.

지금도 살아계신 96세(2013년도)인 아버지께도 용돈 한 번 듬뿍 드려본 적이 없으니 참으로 죄송스러운 생각이 든다. 이제는 드려도 소용이 없다. 이제는 치매로 돈도 모르시니, 인천의 어느 요양원에 모셨다. 죄를 지은 것 같아 마음이 안 좋으나 어쩔 수 없다. 그러나 나의 神은 우리 아버지와 나에게 재물보다는 가장 값진 건강을 주셨다.

나는 8남매의 장남으로 70인 나에게 공직생활 37여 년 간 하급직원부터 5급(사무관)까지 이권부서는 한번도 근무한 적이 없어 재산축적을 하지 못하였다. 나는 시골태생인데도 조상님과 부모한테 어쩌면 그렇게 철저하게 땅 한 평, 돈 한 푼 물려받지 못해 조금은 아쉽다. 그래서 나는 누구보다 더 열심히 지독하게 살아온 것만은 사실이다.

　나는 가끔 이런 생각을 한다. 내가 후일 자식 2명에게는 조금이라도 물려주고 싶은 마음이 정말로 간절하다. 그것이 이루어질지 못 이루어질지는 모르지만 이루어지도록 노력하고 싶은데 내가 가진 거라고는 지금 현재 내가 살고 있는 다가구주택 3~4억원 정도의 집 한 채 뿐이니 그래도 나는 이것이라도 지니고는 있다.

　먼 훗날 내 아들들이 나에 대한 평가를 어떻게 할는지는 모르지만, 내가 땅 한 평, 돈 한 푼 받지 못한 것이 원이 되어 작은 돈이라도 자식에게는 물려주고 싶은 마음이 사실상 간절하다.

## ❏ 내 마음의 고백

　이 더러운 세상 내가 이해하고 손해보면 편하다. 누구나 한평생 살다보면 말 못할 사연 숨기고 싶은 일들이 한두 가지는 있게 마련이다. 그러나 나는 인생 70평생을 살아오면서 솔직한 나의 마음을 여기에 고백하고자 한다.

　나는 도심의 콘크리트 바닥 틈바구니 속에서 자라난 잡초처럼 강하게 살아오면서 끝내는 꽃을 피우지 못하고 중도 50대에서 날개가 부러져 고난 속에서 그 무슨 생각으로 살아왔겠는가? 1960년대 20살 나이로 사회생활을 시작하여 지금까지의 지난 세월을 돌이켜보니 새삼 마음이 찡하다.

　이제 반세기 동안 모아온 글들을 한데 모아 한권의 책으로 엮어 정리하고 보니 무척이나 자랑스럽고 대견스럽기도 하지만 한편으로는 졸필같기도 하여 부족한 점이 많으나 내 인생을 뒤돌아보는 새로운 계기가 되었고 지금 생각해보니 잘못 살아온 부분도 있었지 않았나 하는 마음도 있다.

□ 어려움, 슬픔 누구에게나 있다
— 혼자한 행동도 어디선가 누가 보고 있다

어언 내 나이 일흔고개를 넘어서 내 생애 일생을 그린 발자취 모든 것을 보고 느낀대로 감정을 담아 글로써 남기려는 것이다.

이제 앞으로 남아있는 내 삶이 얼마인지는 모르지만 지금의 이 시점에서 평생을 모아온 글을 자전적 에세이집을 펴내어 내가 걸어온 발자취를 남기려 하는 것은 내가 이 지구상에 왔다가 다시 우주세계로 돌아갔다는 크나큰 의미로 생각하여 대견스럽기만 하다.

대나무는 죽순으로 땅 위에 솟아나 50일만에 다 자란다고 한다. 그 뒤에는 두껍게 살도 찌지 않고 나이테도 없이 대나무의 삶을 기록으로 남기지 않는다. 그러나 인간의 삶은 대나무와 같을 수는 없지 않는가? 그래서 나는 이 글을 펴내기로 마음먹은 것이다.

나는 공직생활 35여년간 중 실패한 공직생활이라고 내 자신 스스로가 기록하려 한다.

처음부터 임시직으로 입문하여 고용직, 행정직, 별정직으로 정년퇴임을 하였으나 역경 많은 공직생활….

책 제목을 "날개 꺾인 별공새"의 뜻은 활활 새처럼 날아가던 별정직 공무원을 뜻한 것이며 별정직으로써 출세, 성공을 할 수 있었는데 5급(사무관)에서 중도하차 되어 내 인생이 끝이 될 줄이야. 그렇지 않았으면 정치적 정계로 나아가려 했었는데 그것도….

나는 이 글을 펴내면서 내 자신의 주관적, 객관적으로 많이 판단하였음을 밝혀둔다.

아울러 이 모음집을 발간하는데 도움을 주신 ○○님을 비롯한 관계자 여러분께 다시한 번 그 고마움을 이 지면을 통해 정중히 말씀드리오며 또한 나의 생애 중 애정과 우정으로 보살펴주시고 선도해주신 공직 선·후배와 친구, 선·후배 회원 여러분께 그 고마움의 뜻을 이 글로써 표현과 인사를 드린다.

## ☐ 이미 정해진 운명 속에서

나는 나이가 들면서 이렇게 믿고 있다.

人生은 누구나 다 이미 神에 의하여 정해진 운명에 따라 본인은 모르게 그 길을 가고 있는 것 뿐이다.

그것을 알면은 살 수 없으니까 이미 정해진 길을 가는 것이지 운명을 바꿀 순 없다. 그리고 사후에 천당이나 지옥을 가도 살아있을적 모든 것은 없고 그저 다시 시작할 것이라고 이 세상에서 있던 일을 모두 기억하고 알고 저 세상에서 산다면 저 세상은 천당도 지옥이요, 지옥도 감옥이요, 살인 전쟁이 만연할테니까?

그러므로 이 세상에서 돈과 땅은 내 등기로 명의만 내것이지 결코 내 소유물이 아니니 잠시 내가 보관하고 있다가 다른 사람한테 가는 것 뿐이다. 누가 많이 보관하고 있느냐에 따라 부와 빈의 척도이다.

가진 것이 없다는것은 결코 창피한 것은 아니지만 그렇다고 자랑할 것은 더더욱 아니다.

누구나 다 빈손으로 가서 한줌의 재, 한줌의 흙으로 돌아가니 말이다. 그러나 살기 위해서는 돈과 재산은 있어야 한다. 가급적 갖고 살다가 남기고 가자.

## ☐ 아버지의 울음소리

나는 70년 사는 동안, 나의 아버지의 울음소리를 3번 보았다. 그 첫 번째는 내가 5살 때인가 아니면 6살 때쯤 당시 국민학교도 들어가지 않았을 때 내가 살고 있던 집 뒷 묘 마당에서 술이 많이 취해 울고 계신 것을 어머니와 내가 같이 가서 모셔왔다. 그리고 60년이 지난 지금 2010년까지 65년만에 보았다.

지금 아버지께서는 92세, 그동안 고향인 서천에서 살고 계시다가 한 달 전에 내가 우리 집으로 모셔왔다. 이제 겨우 1개월째 나와 내 아내는 사실상 정성을 다해 모시고 있으나 사정상 내 아내도 아침에 출근하고, 나도 나가는 곳이 있어 부득이 집을 비워야 한다. 할 수 없어 점심만 임시 도우미를 쓰고 있다.

아버지께서는 원래 술을 좋아하여 지금도 소주 한 병을 거뜬히 마신다. 그날따라 점심을 드시면서 집에 있던 한산 소곡주에 소주를 타서 많이 드셨다고 도우미 여사님께서 말해주셨다. 그날 나와 아내는 오후 5시쯤 집에 왔다. 그때까지 아버지께서 술이 취하시어 답답하여 못 살겠다고 하시면서 요강을 집어던지고 울기 시작하셨다.

아버지는 3년 전부터 완전히 실명하시어 앞을 못 보신다. 나와 내 아내가 걸음마로 다니시며 일거일동을 발과 손, 눈이 되어드려야 한다. 특히 소·대변을 방에서만 보셔야 한다. 이렇듯 아버지를 모시는데 그날 따라 왜 그러셨는지 신세한탄 하면서 목놓아 우시니 아무리 달래고 달래보아도 소용이 없다.

우시면서 신세 한탄하는 말씀이 들렸다. 먼저 간 마누라 나를 데려가 달라고 애원하시면서 우시는 모습을 보는 내 마음은 어찌하겠는

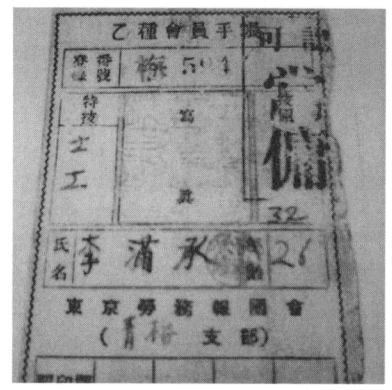
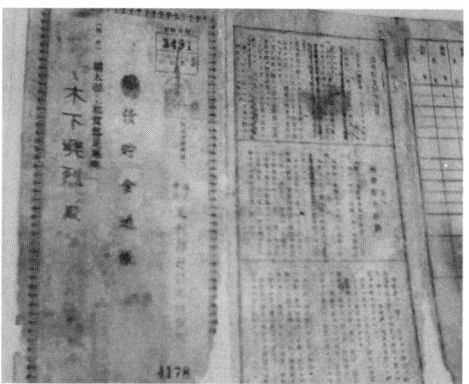

가? 아버지께서는 우시다가, 소리 지르다가, 한탄하는 소리로 노래를 하시다가, 이러시면서 자식새끼들 다 필요없다고 원망하시면서 우셨다. 닥치는 대로 물건을 집어던지고 부수니 달래보고 또 달래보아도 답이 없었다.

나는 어쩔 수 없이 술을 더 드리기로 하고 술을 더 드렸다. 더 드시니 이제는 나와 내 아내한테 갖은 욕을 하시니 차마 기록할 수 없을 정도였다.

왜 저다지도 슬픔과 괴로움으로 우실까? 그래서 나도 같이 울었다. "아버지 그러지 마세요."라고 하면서 人生의 허무함, 이제는 내 마음대로도 하려해도 할 수 없는 人生, 내가 자살하고 싶다는 등, 이곳 4층에서 뛰어내리고 싶다는 등 나의 마음을 괴롭히기만 하셨다.

아버지께서는 1919년 기미년 3·1 독립만세를 외치듯 태어나셔서 3살 되던 해 동시에 젊은 나이로 부모(할아버지, 할머니)가 4월과 9월에 돌아가시니 고아가 되어 큰어머니 품에서 자라셨다. 청년시절에는 장돌뱅이로 살다가, 결혼하여 초가삼간 집에 가난하게 살다가, 딸 둘을 낳고 일본으로 강제 징용되어 일본 규슈에 '아오모리 탄광에서 일하시다가, 1945년 우리나라가 8·15 해방이 되자 귀국하시어 나를 낳으시니 나는 1946. 7. 17일 생이다.

진정으로 나의 불쌍한 아버지를 보살펴 주시기를 간절히 기도한다.


## ❐ 아버지의 가슴 아픈 말씀

부모가 자식에게 하시는 말씀 중 가장 듣기 싫고 슬픈 말이 있다면 나는 크게 두 가지를 들겠다.

첫째 하나는 내가 젊은 시절에 돈을 못 벌어서 이렇게 너희들한테 기대어 살고 있으면서 물려줄 게 없어 괴롭다는 말씀이다. 두 번째로는 이렇게 사느니 차라리 자살해야겠다는 말씀이다.

아버지께서 자주 하시는 말씀은 두 번째다. 나는 꽃피는 4월에 죽는다. 한방이면 죽는다. 내가 이곳에서 뛰어내려 죽겠다. 이런 말씀을 하실 때마다 우리네 자식들은 사실상 불안하다. 또한 내가 무엇을 잘못해서 저러시나 하면서도 속상하다. 이런 이야기를 그 어느 누구한테 털어놓고 할 수도 없다. 말하면 나를 욕하지 않겠는가?

아버지께서는 원래 젊은 시절부터 조금은 유별나셨다. 그러나 지금 늙은 자식들에게 그렇게까지 해야 하나 생각도 든다. 어느 때는 너무 하신다는 생각이 들다가도 아버지가 불쌍하고 측은한 생각이 든다.

나는 저녁 9시면 잠에 들어 하루 저녁에 2번 내지 3번 정도 깬다. 깰 적마다 아버지 방에 간다. 요강도 비우고 지금 밤 몇시 입니다라고 말하여 드린다. 그럴 때마다 아버지는 거의 안 주무시고 수면제 한 알을 드시면 2~3시간을 주무신다고 하신다.

앞을 못 보니 주무시는지 잠에서 깨어나 있으신지 나도 모른다. 내 아내는 이제 마지막 인생의 아버지께 성의를 다하여 모신다. 그런데도 마음이 차지 않으신가보다. 그러나 나의 아버지께서는 사실상 얼마나 답답하시겠는가.

5년 후 2013년 12월 1일 아버지께서 돌아가시던 날, 나는 제일 먼저 빌었다. "아버지 이제는 눈을 환히 뜨시고 훨훨 날아 천국으로 가서서 평온하고 행복하게 지내세요." 기도하고 소리내어 외쳤다.

## ☐ 나의 결혼과 가정생활

나는 남자 키로서는 조금 작고(165㎝) 미남도 아니다. 돈도 없는 가난뱅이였다. 그래서 31살의 늦은 나이에 충남 예산에서 결혼식을 하였다. 신혼여행은 단 하루 속리산으로 갔다온 것밖에 없다.

그 해 나는 대전 중구 괴정동에서 월세 3,000원 하는 단칸방에서 나무사과상자 하나를 찬장으로 하고 밥그릇(양재기) 몇 개와 수저 3개 젓가락 몇 개로 살림을 시작하였다. 그때 나의 급여는 월 15,000원씩을 받고 대전시 건설과 운수계에서 임시직으로 시작하니 이것이 두 번째 공직생활이다.

첫 번째는 예산군 오가면에서 지방행정서기보(그때 5급 을류)로 근무했다. 임시직 5명이 말을 나눈 것이 시험 부정이라고 하여, 근무 1년 2개월만에 면직되어 2년 동안 실업자로 있다가, 지인의 도움으로 대전시 건설과 임시직으로 근무하게 되었다.

그 후 대전시에서 30여 년을 근무하여 지방 5급(사무관) 공무원까지 승진되었다. 그러나 30여 년 후 김대중정부 당시 IMF로 구조조정이 시작되어 공직사회도 예외 없이 1998년 6월 30일자로 임용 결격이라는 공무원 임용규정에 저촉되어 전국에서 4,000여명, 우리 대전시도 40여 명이 해당되어 해직되었다. 그 후 6년 간의 법정 투쟁 끝에 국회에서 특례법으로 제정되어 신규 재임용되어, 2005. 6. 30일자로 정식 정년퇴임하였다.

나는 공직생활에서 실패는 하였으나 열심히 살아온 것만은 사실이다. 장남은 육군장교로 중위 전역, 둘째는 대위로 전역하였다. 큰아들은 일반 행정직 공무원으로, 둘째는 경찰관으로 근무하고 있다. 또한 손자, 손녀와 함께 다복하게 살아가고 있다. 단지 나는 연금이 없어 조금은 애로사항이 있으나 살아가는 데까지 용돈 벌고 일하면서 살아가야만 하는데 이제 70이 넘으니 사실상 일하기도 어렵다.

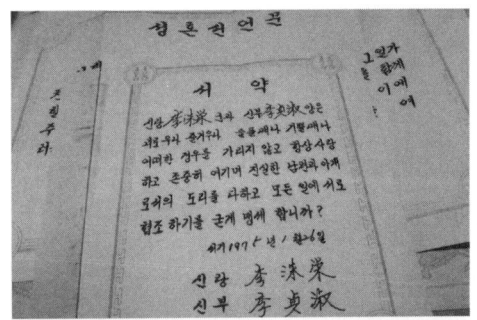
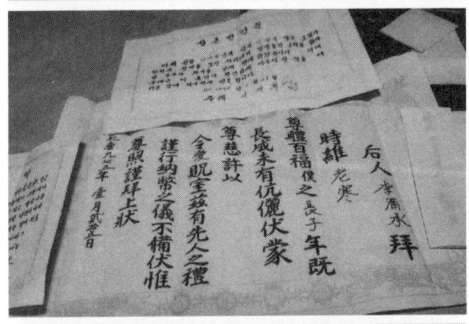
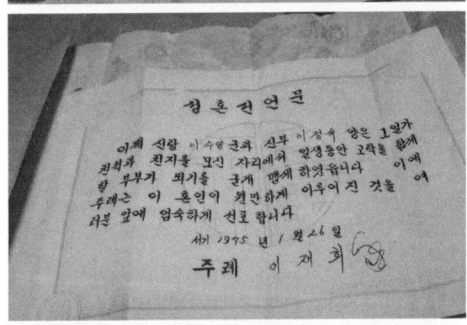

## ☐ 인생의 4계절

우리나라의 4계절을 보면 이렇게 구분할 수 있다. 그러나 이제는 우리나라에서 4계절의 구분이 없어지는 듯하다.

봄은 3월부터 5월까지 3개월간으로 보며, 여름은 6월부터 9월까지 4개월 정도로, 가을은 10월부터 11월까지 2개월 정도이며, 겨울은 12월부터 익년 2월까지 3개월간으로 구분이 된다.

이 중 계절의 여왕은 봄 5월이며 꽃이 만발하는 계절이다. 혹서기는 8월, 혹한기는 1월, 단풍의 절정인 가을은 10월에서 11월 중순까지라고 볼 수 있다. 내가 4계절을 구태여 구분하며 이렇게 나열하는 데는 2가지 이유가 있어서이다.

그 중 하나는 우리나라 사람들은 계절 감각을 잘 모르고 사는 사람들이 많아서이고, 또 하나는 계절 없이 아무 때나 계절음식이 없이 시장에는 나오기 때문이다. 옛날에는 계절음식만 있기 때문에 병마가 없다시피하고 드물었다.

그런데 요즈음은 계절음식도 없이, 사람들이 계절도 없이 옷을 입고 다니기 때문에 병마와 싸우고 고통을 받고 병원에는 환자가 많고 특히 치매, 당뇨 등이 많이 발병하고 있다고 볼 수 있다.

사람은 계절에 따라 순응하면서 살아야 하고 계절음식을 즐겨먹어야 하는데 요즈음은 겨울철 음식을 여름에도 먹고, 여름철 음식을 겨울에도 마구 먹어대니 사실상 탈이 안 날 수가 없다.

나는 키가 1m 64cm, 몸무게가 70~72kg으로 배가 나오고 뚱뚱한 편이다. 그런데 그런 것을 좋아하는 여성도 있었다. 키가 작으니 몸집이라도 커야한다고 말하는 여성이 있었다. 그래서 나는 음식을 가리지

않고 마구 먹어댔다. 밥은 흰쌀밥과 고기를 즐겨 먹었고 술은 맥주를 상상하지 못할 정도로 마시는 술꾼이었다. 구태여 말하자면 맥주 4홉짜리를 한자리에서 20병까지 거뜬히 마셨다. 어떤 때는 나 혼자 30병도 마시고 집에 왔다. 이렇게 40여 년을 먹고 마시고 했으니 탈이 안 날 이유가 없지 않은가?

55세 되던 해 건강검진 시 혈당이 높으니 재검을 해보아야 한다고 해서 정확히 재어보니 혈당이 높아 약을 먹기 시작했다. 기어이 당뇨라는 진단을 받고 모든 것을 딱 소리 나게 하니 이미 늦은 것이다. 그래서 나는 지금은 술 한 방울 입에 대지 않고 밥도 보리밥을 먹고 열심히 약을 먹으면서 치료 중에 있다.

커피 한잔만 마셔도 혈당수치가 50이상 올라가게 되고, 사탕 설탕 음료수 등은 전혀 마시질 않는다. 한 달에 한 번씩 꼭 병원에 가야하니 귀찮음이 이루 말할 수 없다.

## ☐ 축제 중의 축제 '가을운동회'

요즈음은 지방자치단체별로 축제도 많고 봄, 여름, 가을, 겨울 할 것 없이 4계절 모두 이루어진다. 고장의 이름만 붙여 그저 무슨 축제 무슨 축제하고 상행위에 급급하다. 바가지 요금이 전부이며 특판물 판매만 풍성하다. 이렇다할 정서와 애정, 추억어린 축제는 별로 없다.

그 옛날 1950년대와 60년대까지의 축제는 시골의 면단위 국민학교 가을운동회였다. 면단위에 하나밖에 없는 초등학교 가을운동회, 지방 종합축제이자 면민 단합대회의 날이기도 했다. 가을운동회 날이면 소풍가는 날과 마찬가지로 가슴이 설레고 비가 오면 어쩌나 걱정을 했다.

운동회날의 정겨운 풍경은 바로 이웃마을에서 이 마을로 시집온 새색시들도 양산을 쓰고 학교운동장 한 귀퉁이에서 친정부모를 만나는 날이기도 했다. 친정 부모형제를 만나는 그 정겨운 모습, 붉은색의 동그란 눈깔사탕 한 개를 누가 볼세라 빨리 친정엄마의 입에 넣어주던 그 모습.

청군 백군으로 나뉘어 개선문으로 들락달락하던 모습이 그립다. 100m 달리기를 하여 1, 2, 3등을 손바닥에 고무인 도장으로 찍어주던 그때 등수 안에 들으면 겨우 연필 1자루나 노트 1권 또는 2권이 고작 시상품이다. 노트에 한문으로 "賞"(상)이라 찍혀있는 노트는 오래오래 아껴서 사용한다.

또한 청띠와 백띠를 이마에 두르고 기마전도 하였다. 바톤으로 이어달리기도 하였다. 특히 잊혀지지 않는 것이 있다면 동네청년들의 중량운반이었다. 이것은 마을 대표 청년들이 무거운 모래 1가마를 어깨에 메고 동네 명예를 걸고 달리는 것이었다. 그러면 수줍은 동네 아가씨들의 환호성이 운동장에 넘쳤다.

운동회의 끝맺음은 마을의 단합으로 가는 종목이었다. 마을과 마을의 대결 줄다리기로 가을운동회는 끝이났다. 축제 중의 축제, 마을운동회 날 점심때면 각자 가정에서 준비해온 음식을 나누어 먹었다. 거의가 계란, 사이다, 옥수수, 찐빵 등이었다. 가족이 여기저기 옹기종기 모여 점심식사하던 모습이 그립다.

그래서 학교에서는 운동회 일자를 추석 바로 지난 2~3일 후 농촌이 조금 한가할 때 가을운동회를 개최했다.


□ 제일 싫어하는 글자와 단어

내가 제일 싫어하는 단어는 '없다'라는 단어이고 글자는 '결'자이다. 어린 시절 너무나도 가난하게 살아서 '없다' 소리가 제일 듣기 싫었다. 어린 유년시절 먹을 것이 없어 배고파 죽어가는 두 살난 어린 여동생을 지켜본 직후 지금까지이다. 나는 병들어 죽어가는 사람보다 배고파 죽어가는 어린아이가 더 측은하고 도와주고 싶은 생각이다.

그러나 나는 뱃가죽이 등에 붙어 숨을 쌕쌕 쉬다가 그냥 숨이 끊어지는 내 동생을 나 혼자 지켜보았다. 남의 집 일 가신 어머니한테 달려가던 그때, 그날 그 광경을 지금도 나는 잊지 못한다. 눈에 선하게 그때 생각이 떠오른다. 그래서 나의 人生 마지막 희망과 봉사료는 이제는 배고픈 소년소녀를 돕는 일이다.

그 다음은 '결'자인데 내가 공직생활 30여년을 넘게 한 후 우리나라가 경제위기가 닥치어 IMF로 모든 기관에 구조조정이 시작됐고 공직사회도 예외는 아니어서 공무원 수천 명이 구조조정 대상이 되었다. 그 기준은 어떻게 할 수 없으니, 전 공무원 신원재조사를 실시하여 과거에 흠집이 있는 자를 우선 가려 전국에서 4,000여명을 우선 면직시켰다.

1998년 6월 30일자로 강제퇴출 당해 6년간의 소송 끝에 나시 복직은 하였으나, 신규임용으로 복직하여 연금이 해당 안된 것이다. 그 얼마나 6년간의 괴롭고 외로운 투쟁이었던가. 지금은 생각조차 하기 싫고 이제는 말할 수 있을 뿐이다. 그러므로 나는 '결'자를 보기만해도 소스라쳐진다. 결격, 결근, 결여. 다른 의미로 쓰이는 말이지만, 운동 시합에서 듣는 '결'승조차 싫은 단어이다.

## ☐ '없다'라는 말이 싫은 이유

나는 유년시절 다른 아이들은 두 개씩 갖고 노는 팽이도 나는 한 개도 없었다. 종이 접어 만드는 딱지도 없어 딱지치기도 못하고, 못치기도 못이 없어 못하고, 성냥도 없어 성냥개피 내기 하는 놀이도 못했다. 또한 연을 날리고 싶어도 연 만들 종이가 없어서 남의 연줄만 만져보곤 하다가 정월보름 되면 연을 날려 보내는데, 그때 한개 주워서 일 년간 보관했다가 다음해 한번 연날리기를 해본 기억이 난다.

　이렇게 살아온 내가 그때 무엇을 생각했겠는가. 모든 것이 없어서 친구들과 놀이기구를 갖고 같이 놀지를 못한 내가 말이다. 나는 이때부터 오직 내가 커서 사회로 가면 잘 먹으면 머리에 흰 머리도 없어지고 키도 크고 할 것이라 생각하였다. 그래서 사회생활 때부터는 먹는 것만은 잘 먹으려고 했다. 아예 보리밥은 질려서 먹질 않았으니, 그저 술과 쌀밥과 돼지고기를 좋아하였다. 특히 두루치기, 구워먹기 등 좋아하다 보니 지금 얻은 병이 당뇨병이 아닌가싶다!

# 인연은 새로운 인연을 낳고

## □ 자식을 사랑하는 마음

세상의 모든 부모들은 자식 잘 되는 것이 제일 행복하고 즐거운 것이다. 자식이 잘되어야 늦팔자가 좋다. 제일 기분 좋은 것이 자식들이 대학교에 합격한 것과 취직시험에 합격한 것이다.

큰아들의 대학합격 소식과 육군장교 합격, 공무원시험 합격을 잊을 수 없다. 둘째의 대학과 3사관학교(7년 복무) 합격 대위 전역과 경찰 합격의 기쁨은 지금도 잊을 수 없다. 내가 승진한 것보다 더 기뻤다. 그러나 내 자식이 이렇듯 소중하면 남의 자식도 귀중함을 우리들은 알아야 한다.

거미는 자신의 몸을 알에서 깨어난 새끼들에게 먹게 하고 죽는다. 식물들도 자세히 관찰하여 보면 재미있는 것이 있는데, 종족보존을 위해 어느 식물은 잎에서 새싹을 키워 번식하는 식물도 보았다. 그것 뿐인가 씨를 바람에 날려 보내는 식물, 꺾어 심어도 뿌리가 내려 싹이 터서 살아나는 나무 이 모든 것이 종족의 번식에 대해서는 참으로 강한 것이 사실이다.

그런데 만물의 영장인 우리네 인간들처럼 독하게 살아가는 동물은 거의 없다. 사람이 참으로 強하여 만물 중의 최고 우두머리는 맞는 것 같다. 그러나 늙으면 힘없고 잠이 없고 수면시간이 짧아지고 최후에는 병마에 시달리다가 처참히 죽어간다. 왜 그리 고통스럽다가 죽어가는 것일까? 우리네 인생사 생의 마감도 편안히 갈 수는 없을까?

## ☐ 한순간의 인연

옛말에 '마호체승'이란 말이 있다. 낮에 흐르는 호수는 비가 오지 않아도 물이 마르지 않듯이 너무 뜨겁게 가다보면 금방이라도 차갑게 느껴지는 것이 우리네 인생사가 아니던가?

"오빠와 같이 손을 맞잡고 마음껏 사랑하고 후회하지 않는 인연으로 마음을 보듬어주는 그런 사랑을 해보고 싶어요." 사랑하다 헤어지면 상처만 남을까? 쌀쌀한 날씨에 둘이서 손잡고 걸으면 좋을 것 같다.

"잘 모르니까 모든 것을 잘 알려주고 이해하여 주고 나와 같이 잘 지내요." 그리움이 있는 사람은 외롭지 않다. 가슴속에는 늘 누군가와 함께하고 있으니까.

"나 내일 안 나갈 거예요. 나 없다고 허전하게 생각하지 말고 교육 잘 받아요." 당신도 나에게는 매우 중요하고 의미있는 한 사람으로 영원히 남을 거다.

"그리고 내가 보낸 문자 잘 지워요."

이제는 한때의 추억으로 남기고 당신이 보낸 문자 다 지우고 한 귀절만 남겨놓다.

"그동안 고마웠습니다. 오빠." 누구든지 믿고 모르고 살아야 일신이 편하다. 바람을 피운다고 가정을 버리는 것은 아니다. 다만 지루한 공간을 메우는 깃으로 생각하면 된다.

그렇지만 가정에 있는부인의 바람기는 왜 있는 것일까? 지루함, 돈, 누구든지 둘 중 하나인데 둘 다 채우기 위해서이기도 하다. 아니면 다른 것에 대한 불만족 그것은 극히 적다.

자기 아내와 바람피운 남자를 알면서도 그 남자를 용서할 줄 아는 50대의 남자는 바보인가, 진실된 사랑인가. 용서인가 집착인가. 나는 이렇게 생각한다. 용서란? 용서 못할 일을 용서할 줄 아는 사람만이 진정한 용서라고.

바람난 아내를 감싸기 위해 그 고장을 떠나 멀리로 이사간 사람. 그러나 결론은 남·녀 모두 누구든지 바람은 안 피우는 것이 좋다. 어차피 바람은 그저 스쳐가는 것인 것을.

## □ 농사일의 옛 추억

우리집에 농사채는 없었지만 농사일을 다 해보았다. 추운 겨울이면 땔 나무가 없어 눈이 펑펑 쏟아지는 밤에 남의 산에 올라 솔가지를 몰래 베어다 밤에 불일 지피던 때가 있었다. 그렇게도 활활 잘 타던 생솔가지, 굴뚝에서 나오는 연기는 하늘을 찌르듯 내뿜었다. 그러나 캄캄한 밤이기에 아무도 모른다.

일요일이면 나무하러 지게지고 이곳저곳의 산을 누비며 다졌다. 옆집 친구와 같이 다닐 때는 벗이 되었는데, 그 친구는 지금 어디에서 사는지 알 수 없다. 농사일 중에서 제일 어려운 일이라고 하면, 첫째는, 한여름에 콩밭 매는 일이요, 둘째는, 보리타작 하는 일이다. 정말로 무척 껄끄러워 온몸이 쓰라렸다. 셋째는, 늦여름 선선한 때이지만 벼논에서 만물하는 일이라고 말할 수 있다.

만물이라면 잘 모르는 사람이 많을 것이다. 벼가 다 자라서 이제는 끝으로 김을 매는 작업인데 이때는 논에 물도 별로 없고 벼는 다 자라 억세어 얼굴과 팔에 스쳐서 상처가 많이 생긴다. 그러므로 긴옷을 입어야하며 모자를 반드시 써야한다. 만물을 하다보면 맨발로 논에 들어가기 때문에 발가락을 무는 게 있는데 이때 깜짝 놀라서 보면 참게이다.

참게는 논에서 자라는 게인데, 내가 어렸을 적에는 논에 많이 있었다. 그래서 학교 갔다와서 논두렁을 누비며 참게 잡는 일을 많이했다. 참게도 잡고 메뚜기도 잡고 개구리도 잡아 팔기도 했다. 그것으로 용돈을 만들어 썼으며 하루에 많이 잡는 날은 10마리도 잡았다. 아버지께서는 젊은 시절에 참게 장사도 하시어 동네 아이들이 우리집으로 참게를 팔러오기도 했다. 이 참게는 간장게장으로 하면 정말로 맛이 있었다.

지금은 자연산은 별로 없고 양식으로 하여 대전중앙시장에 가면 가끔 나오는데, 워낙 비싸서 먹을 수 없이 참게 먹어본 것이 언제인가 모른다. 나는 참게를 좋아하지만, 그 참게를 서울로 가지고 가시는데 죽으면 상품가치가 없기에 죽은 참게는 우리가 모두 간장에 담아 우리 식구가 먹었다. 그때의 참게맛을 지금도 잊을 수 없다.

우리 아버지께서도 돈을 못 벌으시면서 젊은 시절부터 고생을 많이 하신 듯싶다. 왜 우리 아버지께서는 재복이 없으셨다. 나의 아버지와 같이 일본으로 징용갔다 오신 분들은 일본에서 돈을 벌어와 해방 후 고향으로 돌아와 논밭을 많이 사서 잘 살다가 이미 죽은 지 오래(20년 전)되었는데, 나의 아버지는 돈 한푼 안 가지고 귀국하셨다.

지금 2011년도 현재 93세로 살아계시지만 하늘은 나의 아버지께 건강을 주시었으나 앞 못 보는(4년 전부터) 몸으로 되었으니 안타깝기 한이 없다. 지금까지 우리 아버지께서는(93세) 5일 이상 병원에 입원해 본 사실이 없다. 맹장수술을 제외하고는.

나의 아버지는 몇 달 동안 우리집에 계시다가 지금은 인천에 방 하나 얻어 둘째 남동생의 도움으로 요양보호사를 간병인으로 혼자계시다. 자주 가 뵙지도 못해 그저 한스러울 뿐이다. 지금 전화통 화나 해보아야 하겠다.(2011. 8. 상념 속에서)

## □ 돈 없는 사람의 심정과 슬픔을 모른다

재털이와 부자는 쌓일수록 더럽다는 말이 있다. 이는 이처럼 지저분하게 행동한다는 의미일 것이다.

나는 지금부터 15년전 우리나라가 IMF로 지금도 어려운 시대를 보내고 있지만, 그때는 일부층을 제외하고 국민 모두가 어렵고 갑작스런 대량 구조조정으로 실직에 빠져있었다. 1998년과 2000년도 초반에 어느 한 고급공무원의 부인이 한 말이 지금도 나의 머리속에서 잊혀지지 않는다.

"다른 사람들은 요즈음 IMF로 어렵다고들 하는데, 우리는 그러한 것의 실감을 전혀 모른다."고 했다. 무슨 어려움이 있느냐 말이다. 그것은 그의 남편이 고정된 급여를 그때 당시 3~4백만원씩을 매달 수령하여 살아가니 그도 그럴 일이다.

그 옛날 1950년대와 60년대까지는 동네부자들은 쌀이 많이 있어도 여름에는 흰 쌀밥을 먹지 않았다. 이는 어려운 이웃들이 욕한다하여 그러한 것이다. 그때는 여름철에는 누구나 다 꽁보리밥만 먹고 살던 시절이었다.

물론 지금은 그 시절보다는 국민 모두가 다 잘사는 것만은 사실이다. 그러나 상대성 빈곤감을 더하여 인정과 남을 위한 배려는 예전보다 메말라 있다. 진정 불우한 이웃돕기 정신은 그때도 있었다. 추운 겨울철이 되면 있는 집이 없는 집을 위해 쌀과 헌 옷가지를 희사하여 추운겨울을 따뜻하게 해준 일도 있었다.

## □ 베레모를 쓴 여인

　사람은 마음과 행동이 아름다워야 한다. 특히 여인에게 있어서는 가장 중요한 것이 행동이다. 행동은 그 사람의 인격과 품위를 나타내기 때문에 마음은 나중이다. 남성과 고위직 인사들은 행동을 조심하고 여성추행을 하지 말아야 한다. 내가 잘 아는 어느 여인은 일년 내내 베레모를 쓰고 다녔다. 베레모의 수가 30여 개가 넘는다고 한다.

　그 여인에게 나는 물어보았다. 그는 이렇게 대답했다. 모자를 쓰면 세상의 모든 재물이 안 보이고 욕심이 덜 생기고 걱정도 허황된 꿈도 없어진다고 말이다. 그 여인은 한자리에서 옷가게를 벌써 30년째 하고 있다고 했다. 남자들은 흰 와이셔츠에 넥타이를 착용하는 것과 같다고 했다. 아무래도 흰 와이셔츠에 넥타이를 착용하면 행동 면에서 부자연스러워서 술이 취해도 함부로 용변도 못보고 무단횡단도 잘 안 한다.

　사람은 지식보다는 행동이 가장 중요하다는 것을 나는 강조한다. 남자들은 행동을 잘해야 망신살이 없다. 우리나라 최초 여성대통령을 모시고 미국에 간 청와대 대변인(윤 모씨)이 미국에서 여성을 추행했다고 세계 언론에 보도되어(2013) 국제적인 망신살이 일었다. 대한민국 국민으로서 참으로 창피스럽고 개탄할 일이 아닐 수 없다.

## ❏ 준비성을 갖자

명언에 이런 말이 생각난다. "평화를 원하거든 전쟁을 준비하라." 이 말이 나는 참으로 가슴 깊이 와 닿는다. 나는 퇴직 후 10여 년간을 국가에서 시행하는 각종시험에 시험감독관으로 활동하였다. 공무원시험, 각종 자격시험(의사, 간호사, 중개사, 요양보호사, 제빵, 제과, 기술사 등등)과 토익시험 등등의 시험감독관으로 참여하였다.

여기서 한마디 하고 싶은 말은, 수험생은 시험 당일 조금 일찍 수험장에 와서 자기 자리도 확인하고 마음을 차분히 정리하여 시험에 응시하여야 하는데 시험 시작 1~2분 전에 헐레벌떡 뛰어와서 입실하는 사람, 그것도 또한 장가가는 사람이 ×떼어놓고 간다는 말이 있듯이 필기도구를(컴퓨터싸인펜, 연필 등) 안 가지고 와서 시험감독관에게 달라고 하는 사람도 있다.

젊은이들이여 차근차근 생각하여 준비를 철저히 하는 습관을 갖어야 하겠다.

## ☐ 음주, 무면허 운전 이제 그만!

연말연시를 앞두고 음주운전이 부쩍 늘 것이다. 음주운전은 나 자신에게도 피해가 많지만 특히 아무 죄 없는 남에게 상당한 피해를 준다. 어제에도 음주운전하신 운전자와 지금 이 시간에도 무면허로 운전하시는 운전자를 위해 이 글을 쓴다. 이 글을 읽는 사람은 절대로 음주운전과 무면허운전을 하지 않길 간절히 바라는 마음이다.

나는 10년 전 직장을 잃고 방황하던 시절에 매일 술로 세월을 보내면서 음주운전을 일삼아왔다. 음주단속으로 걸리면 다 쓸어버리고 돌진할 생각만 꽉 차 있었고, 정부에 대한 원망이 극도로 달해있을 때였다. 아마 그때 술에 취해 다닐 때 무슨 큰 사고가 있었으면 오늘의 내가 없었을 것이며, 지금의 내가 존재하지도 않았을 것이다. 그런데도 이상하게 거의 매일 술을 마시고 운전을 해도 적발되지 않았다. 낮에도 밤에도 심지어는 새벽에도 술에 취하면 운전은 더 잘되고 주차도 잘됐다. 다음날 아침 어제 저녁 내가 차를 어디에 놓았는지조차 모를 정도였다.

어느 날이었던가. 그 날도 오후 6시경인데 술에 만취되어 괴정동쪽으로 가려고 롯데백화점 앞 신호대기에서 옆에 있는 차 백미러를 내 백미러로 살짝 부딪쳤다. 그것이 큰 문제가 되었다. 내가 술만 안 취했으면 간단히 해결할 일인데도 술에 만취되어 횡설수설 잘했다고 떠들어댄 것이다. 상대방이 금방 경찰을 불렀다.

사건은 이제부터였다. 술은 범죄의 원인이라 했던가. 술은 人間에게 특히 애주가에게는 참으로 좋은 것이다. 술처럼 좋은 것은 이 세상에 없다. 술 때문에 나는 즉시 경찰로 연행되어 면허취소처분 당하고 상대차량보상비가 100만원, 보험회사 위약금이 50만원, 검찰청의 벌금 300만원, 도합 450만원을 일순간에 날려 버렸다. 면허까지 취소되어 운전을 못할 지경에 이르렀다.

요즈음 면허취소 당했다고 자기차량을 팔아넘기는 사람 몇 명이나 될런지 묻고 싶다. 나도 근신하는 마음으로 4개월 정도 운전을 안 하다가 초심을 깨고 5개월 후부터는 무면허로 운전을 하고 다녔다. 저 앞에 교통경찰관만 보면 가슴이 두근거리며 조심하게 되고, 그러다가 요령이 생겨 경찰 피하는 방법으로 시간대 조정 등으로 운전하고 다녔다. 20여일 후면 원상회복되어 다시 면허시험을 볼 수 있을 때쯤 또 무면허운전과 음주운전으로 적발되어 이제는 2년간 더 추가되니 정말로 미칠 지경이었다. 벌금은 200만원이 부과되었다.

이제는 그러한 기간도 다 지나고 다시 면허증을 취득하여 운전하지만, 나는 여기서 정부와 입법기관에게 두 가지를 제의하는 바이다.

첫째, 매월 1일과 15일을 "교통선진의 날"로 지정하여 이웃나라 일본처럼 거리에는 교통경찰 없는 날로 해봤으면 한다. 그리하면 교통사고가 어떻게 되는지 사고에 대한 비교분석을 해보아야 할 것이다.

둘째, 면허취소시 자격정지 1년을 6개월로 단축하고 무면허 적발시 2년을 1년으로 단축하는 법 개정이 필요하다고 의견을 제시하여 본다. 그러나 모든 것은 법에 앞서 우리 시민 스스로가 잘 지켜야 할 것이다.

나의 과오를 과감히 서술한 바와 같이 이제 우리는 음주운전과 무면허운전을 삼가하고 특히 음주운전은 술 한 잔만 마셔도 절대로 하지 말것을 재강조 다시 당부드린다. 나는 이제 아예 술을 한잔도 마시지 않기로 했으며, 술을 끊은 지 20년이 넘었다. 매년 연말연시에는 술로 인한 큰 사고 없이 무사히 지나갔으면 하는 바램이다.

## ☐ 음력 섣달 그믐날 아침에

올해는 유난히도 추운 겨울이다. 전국적으로 -18℃~16℃를 40여일 간 오르내리는 2011년 섣달 그믐날이 와 오늘은 영상 5℃~6℃로 비교적 따뜻한 아침을 맞는다. 나는 60여 년전 어느 해 섣달그믐날 일이 문득 떠올랐다.

눈보라와 추위에 떨던 그 어린 시절 내가 아마 국민학교(지금의 초등학교)도 가지 않은 7~8살 때로 기억된다. 초가삼간 집에서 그래도 어머니께서는 내일이 설날이라고 분주하시고 아버지는 어디에 계신지, 집 나가신 지 한 달이 되는 오늘 아침까지도 오시지 않아 어머니께서는 걱정의 한숨만 쉬셨다.

설날이라고 해야 흰떡(지금의 가래떡) 한 말 못 빼고 그저 아껴놓은 쌀로 조금의 시루떡을 준비하고 계셨다. 성북리(가말)에 사시는 고모할머니께서 쌀 한말을 가지고 오셔서 조카도 집에 안 오고(나의 아버지를 말함) 조카며느리가 어린 아이들과 설이나 잘 지내라고 하시면서 주고 가셨다.

나는 70이 다 된 지금도 그때의 일을 잊지 못하고 있다. 그때 어머니께서는 그저 눈물을 글썽거리시며 부자 부럽지 않다고 말씀하셨다. 내일 이 쌀밥을 지어 조상님 차례를 지낼 수 있다고 하시었다.

그 후 나는 그 고모할머니에 대한 고마움을 늘 잊지 않았다. 가기 싫은 고향땅에 가면 그 고모할머니는 꼭 찾아뵙고 용돈도 드렸다. 그렇지만 그 고모할머니 돌아가셨을 때, 영전에 참석 못한 것이 지금도 가슴이 아프며 그때 쌀 한 말을 생각나게 하는 섣달 그믐날 아침이다.

지금 젊은이들은 쌀 한 톨의 귀중함을 모르면서 잘 살아가고 있다. 인간의 생명을 이어주는 쌀 한톨의 귀중함을 알아야 하는데….


□ 이수영의 人生길 사랑편지


길고 험하다고 가지 않을쏘냐.
곧게 가는 강줄기보다
굽어가는 샛강의 물줄기가 더욱 아름답다
고속도로보다 농촌의 마을안길이 정겨우며
그 길이 끊어져 없다 해도
그 자리에 주저앉겠는가!
돌아서겠는가!
논두렁 밭두렁 밟고 가면서
우리의 삶도 가는 것이지.
험해도 고달파도 헤치며
지금까지 걸어온 길,
한 발짝 한 발짝
앞으로 가는 것이 우리 人生인데
가고, 가다보면

언젠가는 좋은 날이 오겠지.
한잔의 Coffee로 마음을 달랜다.

〈2000년 겨울〉

☐ 舒川의 찬가

서해안을 빛내는 서천의 기상
오늘의 보람과 내일의 희망으로
내 고장의 특산을 신뢰로 다지며

온 세상을 밝히는 내 고장 서천
성실과 신의로 민속촌 관광자원
풍요로운 새 삶을 다함께 누리며

(후렴)
영원토록 이어나갈 세계 속의 서천!
자자손손 이어가자 미래로 세계로!

이수영 사무관님

지구상에서 가장 존경하고 사랑하는
나의 영원한 친구 이수영 사무관님의
퇴임식을 진심으로 축하하며 내내 건강과

행운을 기원합니다.

현대산업개발전주지사장
김 갑 순

이수영 사무관님

퇴임을 맞이하여 더욱 건강하시고 새로운
일 순조롭기를 기원합니다.

담양고서초등학교
김성자 교장

이수영 사무관님

이수영 사무관님의 정년 퇴임을
축하합니다.

동백 회장 김현창

정년 퇴임을 진심으로 축하드리고

큰 발전 있으시길 바랍니다.

삼성 2동장 권혁진

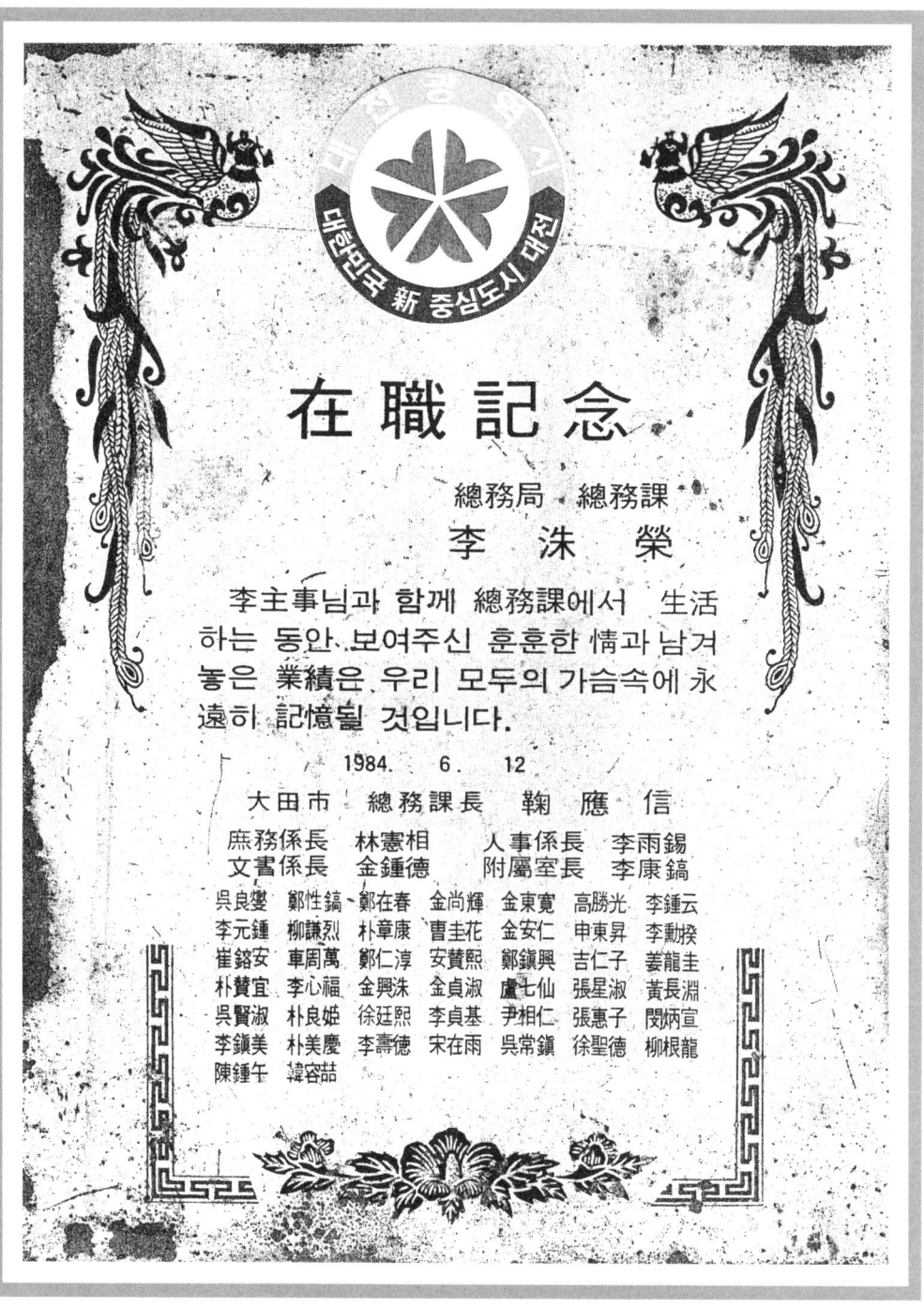

## 생각은 생각을 낳고

### ☐ 부잣집 아이가 날씬한 세상

이제 우리의 식생활문화도 습식에서 건식으로 변화해 가고 있다. 내가 어렸을 때, 그러니까 지금부터 60~70년 전에는(1970년대까지) 뚱뚱하고 큰 처녀를(국수) 가리켜 "부잣집 맏며느리감"이라고 칭찬이 자자했다. 그런데 지금은 뚱뚱하면 가난한 집 아이고 날씬하면 부잣집 아이라고 한다.

왜 그럴까? 이는 뚱뚱한 아이들은 식욕이 좋아서 아무거나 잘 먹는 습관이 있고 있는 대로 보는 대로 먹고 운동도 잘 안 하고 그저 게임이나 하기 때문이다. 그러나 경제가 조금 여유 있는 집 아이들은 부모가 아이들에게 관심이 많아 먹는 것도 가려서 먹이고, 소식하게 하고, 운동을 시키고 하여 모든 것에 대한 절제를 생활화시킨다.

이는 성인들도 마찬가지이다. 개개인의 소득에 따라 건강격차가 커진다고 볼 수 있다. 돈이 없을수록 병원에 가기를 싫어한다. 그저 조금 있으면 낫겠지 하고, 또한 시간적 여유도 없다. 생활전선에 나가야 하기 때문이다.

이제는 계층의 격차가 외모까지 등장하는 현실로 다가왔다. 미모가 뛰어나면 월급도 많이 받는 사회, 타고난 인물은 어디로 감추고 돈만 있으면 많은 돈을 들여서 성형수술하는 지금의 우리나라 현실, 전세계 250여 국가 중 우리나라가 10위권으로 성형을 많이 하는 국가로 조사되었다. 앞으로는 얼굴뿐만 아니라 몸 일부분도 떼어 붙이고 키도 크게 할 수 있는 시술시대가 올 것이다.

지금 이 시대는 인간의 성품보다 그 사람의 외모가 중요시 된다. 외모에 따라 결혼, 취직, 직장생활에서 대접을 받는 세상이다. 걱정이 아닐 수 없다.

## ☐ 생각하면서 살자

항아리를 보지 말고 속에 있는 물건을 보라는 말이 있다. 이는 그 사람의 외모만을 보지 말고 교양과 인격을 보라는 뜻인 듯싶다. 그러므로 우리 인생을 살아가면서 너무 지나치면 안 되는 것을 다 같이 한 번 생각하여보자. 특히 우리네 남성들은 다음에 열거하는 것을 주의하면서 살아가자.

여행을 너무 좋아하면 가정과 직장에 폐가 되고
여자를 좋아하면 끝내는 망신당하며
부정하게 치부하면 한 번에 망할 수 있고
일을 너무 많이 하면 건강에 해로우며
잠을 많이 자면 게으르고 병마가 오며
말(言)을 많이 하면 구설수가 뒤따르며
냄새를 좋아하면 독해질 수 있으며
사냥을 좋아하면 단명할 수도 있으니
모든 것을 살기 위해서만 실행하여야 하며
취미로는 너무 심하게 하여서는 안 될 것이다.

아내 친구들

## ☐ 부부라는 이름의 애정 척도

　부부가 평생을 살다보면 매일 연애시절처럼 좋은 것만은 아니다. 세월이 가다보면 웬수니 악수라고도 한다. 당신과 내가 차라리 만나지나 않았으면 얼마나 좋았을까 하는 신세한탄도 하게 되고, 그러다 보면 이런 것들이 자주 오고, 오래 가다 보면 요즈음 세대들은 그저 참고 견디면서 살아가지 않고 헤어지기 때문에 이혼율이 높다.

　20~30년 전만해도 이혼은 별로 없었다. 그런데 지금은 이혼율이 급증하는 이유 중의 하나가 여성의 사회진출로 경제적 지위가 향상되고 높아졌기 때문이라고 본다. 부부란 가급적이면 같이 살아야 한다. 오랜 기간 서로 떨어져서 생활하면 누군가 하나는 비정상적으로 변할 수도 있다. 그것은 배우고 안 배우고가 문제가 아니다. 오히려 지식층에서 더 문제가 많이 발생할 수가 있다.

　부부의 사랑은 미묘하여 부부들만이 알 수 있다. 그래서 부부생활은 단계적으로 또한 연령별로 비교분석하여 풍자하여보면 다음과 같다.

　결혼 후 10년 이내는 일심동체라고 하며, 20대에는 이기적이며 일방적이다. 결혼 10년 후쯤이면 이심동체라고 하지만 그래도 모든 것을 조금 알아서 삼삼하게 하며, 40대에는 사죽 못 쓰도록 즐기다가 결혼 후 20년 정도까지 나가기 시작하면 2심동체로 변한다.

　또한 30년 정도가 지나 50대가 되면 일심2체로 변하면서 오기를 부리다가 땀만 흘리고, 60대가 되면 2심2체 각자로 돌아오고 육갑떨며 흔들거리다가, 70대가 되면 칠칠맞고 시들시들하여 2심2체로 완전 변화하여 남편과 아내가 어느 방에서 자는지도 모르게 될 때가 온다.

이러한 가운데 80세 시대가 이르면 팔팔 뛰면서 애원하듯 지내다가, 90대에는 그저 입으로만 잔소리 하다가 누군가가 먼저 가버리면 혼자 남은 인생을 그럭저럭 살다가 영원히 이 세상을 떠나는 것이 인생이다.

나도 이제 70이 되었으니(2015년) 남은 생을 어떻게 살다 갈 것인가? 젊은 시절에 못했으니 이제부터라도 고삐풀린 망아지와 사냥개처럼 살아야 할 것인가? 아니면 성인군자처럼 살다가 가야할 것인가?

## ▢ 버린 술잔, 다시 찾아야 하나?

고래는 바다에 사는 물고기이지만 요즈음은 육지에서도 발견된다. 즉, 술고래이다. 나는 20살부터 술을 마시기 시작하여 62세까지 마셨는데 말로 표현할 수 없을 만큼 많이 먹는 술고래였다. 즐거운 일이나 괴로운 일 그 모두를 술로 묻어야 했고 그저 누구 하나만 만나면 술자리였다. 그러나 혼자는 절대 마시지 않았다. 1차는 축이고 2차는 마시고, 3차는 먹어버리는 습관이었다.

그래서 나와 술을 마시려면 으레 최하 3차까지는 가야한다. 나는 처음에 술을 배울 당시(20) 포도주와 막걸리로 시작, 나중에 맥주로 배워, 평생 맥주만 마셔왔다.

그래서 조금 눈치를 보기도 했다. 남들은 소주를 마시는데 나만 맥주를 마시기에 말이다. 전에는 맥주값이 소주값보다 비쌌다. 그리고 특히 내가 나쁜 습관이 있다면 술을 마시지 않으면 차분하고 침착하고 자상스러운 남자인데, 술만 거나하게 들어가면 망적인 현상이 일어나버린다. 그리고 술을 퍼마시게 되며 이것은 아마도 신(神)의 조화인 듯 싶을 정도이다.

　술은 범죄의 근원이다. 나는 술을 마신 것이 아니라 항상 퍼부었다. 폭주로 술이 안 취하면 맥주에 소주를 타서 일명 폭탄주로 마셨으며, 약간의 주사 행위도 있어 주위사람들을 괴롭혀왔다. 그러하니 당연히 꺼려한 것은 사실이다. 그래도 잘 이해하여 주는 이도 있기는 있었다. 이러하니 나의 아내와도 자주 다투고 친구들과도 술때문에 다툰 적이 몇 번 있다.

　젊은이들이여 술을 삼가라. 젊은 시절에 누가 이런 얘기를 해준 사람도 하나 없다. 그저 술 안 마시는 사람하고는 상대도 안했다. 나처럼 말년에 술을 못 마시게 되면 친구도 없고 아무런 재미도 없다. 나는 젊은 시절 춤도 배우지 않았다. 운동도 좋아하지 않았다. 오직 '술'과 상사분만 잘 모시면 되는 줄 알았다.

　젊은이들이여! 나를 위해 살고 가족을 위해 노력하고, 술을 반드시 삼가하고, 음주운전은 절대로 해서는 안된다. 또한 '술'은 절대 삼가하고 말을 적게하여 덕을 기르고 음식을 절제하여 몸을 길러야한다.

## ☐ 돈이란?

축구선수는 결국 골 득실로 말하고 인생의 승패와 성공은 돈으로 인정한다. 그래서 돈은 악마이며 천사이다. 돈은 두 가지의 즐거움이 있다. 버는 즐거움, 쓰는 즐거움이다.

옛말에 이런 말이 있다. 부모가 지게 지고 벌어놓은 돈을 아들이 가져다 없앤다는 말이다. 그런데 요즈음은 그렇지 않다. 부모의 재산을 잘 이용하여 크게 더 불리기도 한다. 돈이란 나이가 들면 벌 수가 없다. 나이 들어 돈을 쓰지 못하면 친구들도 돌려놓는다. 돈은 있어도 못 쓰고, 아니 안 쓰고 남겨놓고는 죽는 것이 사실상 우리네 인생이다.

돈이란 내가 일생동안 쓴 것이 내 돈이다. 돈 있다고 절대 교만하여서는 안 된다. 또한 돈 없다고 비굴해서도 안 된다. 그러므로 돈은 반드시 젊어서 벌어야 한다. 나이 들면 경제활동을 못해 돈을 벌 수가 없다. 하더라도 얼마 되지 않는다. 나이 들면 그저 건강해야 되는데 그것도 내 마음대로 되는가?

나이가 들수록 진실한 친구가 있어야 한다. 인생의 마지막 삶은 본인이 잘 노력하여 젊잖게 행동하고 겸손하며 사회에 봉사하는 마음으로 살아가야 한다.

## □ 德이란?

땀 흘려 번 돈은 쉽게 쓰지 않는다. 그러므로 사람은 덕(德)을 쌓아야 한다. 덕을 쌓기는 참으로 어렵다. 말 때문에 덕을 잃을 수가 많다.

그렇다면 덕이란 무엇인가? 덕이란 정(情)이다. 그러면 정은 무엇일까? 정이란 타인에게 내가 도움을 주는 것이다. 도움이란 두 가지가 있다. 첫째는 정신적 도움이요, 둘째는 물질적 도움이다.

정신적 도움도 중요하지만 사실상 도움은 물질적인 도움이 더 중요하다. 그리고 받은 사람이 더 고마움을 느끼고 오래오래 간직하며 언젠가는 꼭 갚으려고 한다. 그래서 덕(德)을 쌓기 위해서는 가급적 내가 조금 손해를 보더라도 타인에게 물질적 정신적으로 베풀어야 한다. 그리하면 나에게도 복이 온다.

□ 家訓의 重要性

어느 가정이나 가훈은 거의 정해져 있다. 집안 입구 또는 거실에 걸어놓은 가정도 많다. 물론 없는 집도 있겠지만 나의 가정은 '眞實'로 정하였다. 이 두 글자 속에는 수천 가지의 뜻이 담겨 있다.

"참된 마음으로 이 세상을 살아가며 올바른 행동으로 실천하라는 깊은 뜻이다."

정직에는 행복, 사랑 그 모든 말들이 다 담겨 있다. 국가에는 국정지표가 있고, 지방자치단체에는 시정목표가 있으며, 각 학교에는 교훈이 있듯이 각 가정에는 반드시 가훈이 있어야 한다.

특히 어린 자녀가 있는 가정은 꼭 있어야하며, 요즈음은 대기업 공채시험 주관식 문제에도 집안의 가훈에 대하여 논하라는 문제도 있고, 면접시험에서 묻는 면접관이 있다고 한다. 이렇듯 집안의 가훈은 대단히 중요하며 가정의 화목을 위해서는 가정사의 모든 크고 작은 일도 부모형제간 꼭 사전상의하고 논의하여야 한다. 되도록이면 직장일도 부모 형제 직장상사와 꼭 사전에 상의하라.

사람이 살아가다보면 높은 산에 오르기 위해서는 때로 머리를 숙여야 하며 길에 떨어진 동전 한 개를 줍기 위해 허리를 굽혀야한다.

며느리와 조카며느리

□ 내 사랑 동백정

| 08 | 2009년 3월 25일 제224호 | 생 활 |

출향인사가 보내온 글  힘차게 도약하는 으뜸 서천

# 내 사랑 동백정

이 수 영 (전:전국문화원연합회 대전광역시 사무처장)

밤하늘에 비추인 회미한 달빛에 잔잔히 밀려오는 파도 소리가 있는 그리운 나의 고향 서천의 마량포구, 동백나무숲, 그리고 춘장대해수욕장... 부모님의 고향이자 나의 고향. 정겹고 아름다운 곳. 바닷새 가오, 가오 울부짖는 가오새의 전설처럼 바다내음 물씬 풍기는 내사랑 그리운 동백정이자 서천의 관광 명소는 바로 이곳이라 나는 생각한다.

화창한 3~4월 동백꽃이 만개하고, 서천특산품인 주꾸미가 제철을 맞게 된다.

나의 사랑 동백나무숲은 500여년목은 아름드리 숲으로 둘러싸여 100여 그루가 장관을 이루고 있으며, 그 빨알간 꽃의 송이송이는 미모의 여인 입모습처럼 그렇게도 예쁘고 아름다워라!!

나는 올해로 반세기전 초등학교 시절(4,5학년)이곳으로 소풍을 간 것이 지금도 가정 기억에 남아 생각에 젖는다.

그때는 동백꽃 한 송이가 그렇게도 크고 아름다웠다. 사실상 꽃송이가 지금보다는 무척 컸다. 그때 나는 가지고간 양은 도시락 속에 동백꽃 한 송이를 몰래 꺾어 담아와 물병에 꽂아놓고 시들 때까지 보았던 그 추억이 지금도 눈에 선하다.

그때 꽃은 정말로 크고 아름다웠으며, 그래서 내가 제일 좋아하는 꽃은 빨간색인 동백꽃과 자주색의 장미꽃이다.

그 후로 나는 도시생활에 매여 사실상 50여년만에 최근 우연히 동백정과 겨울바다 춘장대해수욕장을 찾아 어느 펜션에서 하룻밤을 가족과 지내고 왔다.

이제 동백정은 새로운 관광명소로 탈바꿈되어 있었고, 전국의 유명한 관광명소보다 못지 이유가 하나도 없이 꾸며져 있었으며 먹을거리, 볼거리, 숙박·편의시설 등도 잘 갖춰져 있었다.

또한 해수욕장의 소나무가 군락을 이뤄 장관을 연출하고 있었으며 해양박물관과 부사방조제 홍원항의 파도, 소원을 비는 해돋이 마을, 최초의 성경전래지 등등 전국 어디를 봐도 이만한 관광자원이 없을 듯하다. 조금 아쉬운 것은 서천을 처음 방문하는 관광객을 위해 교차로 또는 삼거리 도로에 안내표지판을 많이 설치해 찾기 쉽도록 했으면 한다.

또한 서천을 찾은 관광객들에게 군민 모두가 친절하고 푸근한 인심을 베풀어 영원이 기억에 남는 관광이 되도록 했으면 한다.

인간은 나이들고 병들면 쓸쓸하기 마련이며, 고향이 그리워지는 것은 어쩔 수 없는 철칙이라는 생각이 든다.

나는 옛 추억을 되새기며, 변화된 서천에 또 다시 놀라지 않을 수 없었다.

마침 3월 21일부터 제10회 동백정·주꾸미를 개최한다니 전국 각지에서 널리 활동 중인 서천출신 출향인사들이 한번 쯤 들러 볼 것을 권한다. 희미한 별빛에 비추이는 출렁이는 바닷물을 바라보며 한산소곡주에 주꾸미를 안주 삼아 한잔 마시면 옛 생각에 젖어 눈시울을 적셔봄도 좋을 듯하다. 나도 이번 기회에 축제장에 들려 볼 계획이다.

이제 나도 나이가 70을 바라보는 인생 황혼길에 서서 그동안 거침없이 달려온 세월을 거울삼아 이제 여생을 조금 더 여유있게 살고자 고향을 자주 찾으려 한다.

□ 천년고찰 마곡사 제4회 신록축제 성황

# 大淸佛敎
## 대전 · 충청남북도 불교신문

대전광역시 동구 정동 31-41번지 2층 대표전화:(042)254-9877/255-4618

# 천년고찰 마곡사 제4회 신록축제 성황
## 부처님의 자비로 온누리를 평화롭게

제4회 대한불교 조계종(주지 진각)마곡사 신록축제가 지난 4월 21일부터 22일까지 충남 공주시 사곡면 운암리 마곡사 경내에서 "부처님의 자비로 온누리를 평화롭게"라는 테마로 전국 사찰주지 스님과 각계기관장 및 특히 멀리 네팔 왕실국립무용단원과 사부대중 1,000여명이 자리를 함께해 성대히 개막식을 가졌다. 이날 주지 진각스님은 환영사를 통해 오늘 이자리에 참석하신 모든 분들은 잠시라도 근심 걱정없이 행복한 시간을 보낼 수 있도록 하시기 바라며 다양한 사찰체험 프로그램에 참여하여 온가족이 즐겁고 소중한 시간을 가질 수 있기를 진심으로 환영한다"고 말했다.

이어 김수진 신도회장은 축사를 통해 오늘 자리를 빛내 주신 모든이에게 감사를 전하고 슬픔과 고통을 함께 나누는 진정한 이웃과 친구가 되길 바라며 정이 넘치는 신록축제가 되길 기대한다고 말했다.

또한 멀리 네팔 왕실 국립무용단의 특별 초청공연과 영산재 및 정현스님의 불화퍼포먼스가 있었으며 저녁에는 국내정상급 인기가수 이은하 초청공연이 함께 이루어졌고 사곡면 장기자랑 및 주민노래자랑등 다채로운 행사가 펼쳐졌다.

취재 : 본지 이수영 이사>

□ 세뱃돈까지도 복권구입

# 대전일보

The Taejon Times

1998년
2월 11일
(수요일)

## 세뱃돈까지도 복권구입
## 초등생 사행심 위험수위

며칠전 퇴근길에 초등학교 1학년으로 보이는 여자아이 2명이 즉석복권을 5장씩사서 백원짜리 돈으로 긁는 것을 보았다.

『야 이거 꽝이잖아』『내것도 꽝이야, 당첨됐으면 좋을텐데』하면서 실망하는 것을 보았다.

안타까운 마음에 지나가던 걸음을 멈추고 손녀같은 아이들한테 물어 보았다.

『아가, 몇학년이지』하고 물었더니 ○○초등학교 1학년이라는 것이었다.

『초등학교 1학년이 무슨돈으로 그 복권을 샀니』하고 물었더니 할아버지, 할머니께서 주신 세뱃돈으로 샀다 한다.

세뱃돈. 우리 어렷을적엔 십환 오환을 세뱃돈으로 받으면 저금을 하든지 아니면 그돈을 나혼자만이 간직해 오래오래 가지고 다녔는데 지금 우리 어린아이들은 어떠한가.

세뱃돈으로 즉석복권을 사서 더많은 것을 갖고 싶어하는 시대로 변한 것이다.

초등학교 1학년, 그것도 여자아이들이 이렇게 사행심이 많으니 참으로 답답하기만 하다.

어쩌다가 이렇게 어린아이들까지 한탕주의 세상, 일하지않고 편하게 많은돈을 한꺼번에 벌어보자는 마음이 부풀어졌는지 한심하기만 하다.

그래서 우리경제가 이지경까지 이르렀는데도 아직도 착실히 일하면서 살려고 하는 사람은 적고 그저 적당주의로 돈만 많이 벌어야겠다는 생각을 버리지 않는한 IMF의 한파는 오래 지속될 것으로 생각된다.

한탕주의, 복권당첨 기대심리, 한번에 많은 것을 갖고 싶어하는 우리 기성세대들과 같이 우리어린아이들도 지금 그런 생각을 하고 있다.

내자식과 손자손녀를 다시 생각해 보는 우리 어른들이 되자.

이수영〈대전시 서구 변동〉

## □ 열린 시정 참여자치

**독자**

### 대전매일

# 독자와 함께

1998년 3월 17일 화요일

독자여러분의 투고를 환영합니다.
우편번호 302-172 대전광역시 서구
갈마2동 400번지 대전매일신문사 독
자부 ☎521-5526-7

### 독자논단

## "열린시정 참여자치"

우리 대전광역시 인구가 이제는 1백32만3천여명이라 한다. 그중 외국어도 4천7백97명이 거주하고 있는 것으로 집계됐다. 7백 광역도시 중 서울다음가고있는 대전광역시.
깨끗하고 살 정든터 시거지 특히 신시가지의 눈부신 앞으로의 대전의 이름있는 도시로 발전이 크다고 볼수 있다.
특히 상반기중 대전정부청사가 본격적으로 입주하게 되면 대전의 활기적인 발전과 인구증가화를 기대해본다.
그러나 우리 대전시민은 발전과 인구집중현상만 추구할 것이 아니라 따뜻한 마음으로 대전을 찾는 외부인에게 좋은인상을 심어주고 스쳐가는 대전이 아니라 머물고 싶은 대전이 되도록 가꿈을 노력해야 하겠다.
이제 강한 의지와 열정을 믿고 앞에선 15만 김내동 매동령시대가 활짝 열렸다.

이제 우리 대전 시민들은 이 어려운 IMF체제에서 서로서로 도 우며 아껴주고 사랑하며 「알뜰」 「절약」으로써 이 시대를 극복해 야 한다. 이 어려운 IMF극복을 위해 우리 시민모두는 생활의 지혜로 「슬기주머니」를 해야한다며 좋음과 내핍을 위한 「소금보기」, 시민의 의견과 체언을 들을수 있는

「나도 독순이」로 사회의 비판과 여론등을 들을수 있는 시스템이 아 우리 대전시는 갖추어져 있다. 이는 대전시에서 (공보관실 운영)이 시정자동등답안내 즉 ARS를 지난 91년부터 전국 시초로 운영하고 있는데 이것은 시민이 궁금증을 시청에 직접나오지 않고도 가정과 직장에 있는 전화로써 하고싶은말을 할수 있는 시민의

소리를 24시간 접수하고 있는데 이 설치에서 이용도가 많으나 요음은 이용도가 낮은 편이다.
시민여러분에서 이용은 국번없이 120번을 누르고 100번과 우편점자 #를 누르면 안내음성이 나오게 된다. 이에따라 한고싶은 말을 하면 자동녹음되어 해당 사람에게 회신까지 해주

며 이 외에도 생활정보 민원안내등을 알려주고 있다.
이제는 안방에서 한 대의 전화기로 모든정보를 얻을수 있는 시대이다. 흔히들 말하는 미래는 기술과 지식, 정보라고 말한다. 우리는 이러한 시대에서 살아남을수 있는 기술만이 살아남는다. 이제는 아울러 기술과 지식이 있다. 이모두가 힘을 합쳐서 다 모아져야 한다.

예말이 문득 생각난다.
어느길 가던 선비가 그니 무지하게 생긴함이 센 장스가 못해서 「이, 돌한 마리 잡아 돌위에 올려 놓고 죽지 얹더라도 그것이다. 그래서 선비가 그 돌보고 손을 으로 살짝 누르니 딱 하고 돌지 먼서 「이,가 죽었다.
그럴 볼 장수가 그 선비에게 「없더니 혈합에 저보다 더 힘이 세니 사부님으로 모시겠다는 이 기술이 있어야만 이제는 지혜가 기술이 있어야만 실수 있다.
나는 개인적으로 들 이런 생각을 하고 있다. 모두들 혼자만이 할수없고 모든 공동체이지만 우리는 공동체이어야 한다.
「게, 떠지가 이동하려면 10개의 발이 움직여야 한다.
그렇다. 이제는 우리대전시민 모두가 움직여야 한둔 생동감이 넘치도록 움직이자!
이수영《대전광역시 공보관실 홍보센터》

□ 욕심 없는 세상을 꿈꾸며

중도일보　　　독자수필　　　2002년 1월 8일 화요일

## 욕심없는 세상을 꿈꾸며…

나는 오늘 아침신문을 펼쳐보면서 문득 이런 생각이 들어 이 글을 써 내려간다. 욕심의 한계는 있는 것일까? 욕심, 물론 욕심없이는 살아갈 수 없다. 또한 욕심이 없으면 발전도 할 수 없다. 그러나 욕심의 한계는 있는 것일까?

나는 오래전 유년시절에 읽은 책이 생각나 여기에 글을 쓴다. 제목도 잘 기억이 안나는데 아마 이런 제목같다. '사람에게는 얼만큼의 땅이 필요한가'라는 동화책인듯 싶다. 그외 내용은 이러했다.

가난한 한 농부가 있었는데 그는 자기 땅을 갖는 것이 소원이었다. 그래서 그는 열심히 땀을 흘리면서 일을 한 결과 그가 바라는 만큼의 땅을 갖게 되었다. 그런데도 이상한 것은 원하던 만큼의 땅을 가졌는데도 전혀 마음에 기쁨이 없고 더 많은 땅을 갖고 싶다는 욕심이 생겼다. 그래서 자꾸 땅을 늘려갔지만 그래도 그 농부는 양이 차지 않았다. 그러던 어느날 길가에 붙은 방을 보게 되었다. 그 방의 내용은 아침해가 뜨는 것과 동시에 출발해서 해가 질때까지 당신이 걸어서 밟은 땅은 모두 당신에게 주겠소라는 내용이었다. 그러나 단 "해가 지기전에 반드시 당신이 출발한 지점으로 다시 돌아와 있어야 합니다"라는 단서가 붙은 방이었다. 그래서 그 농부는 너무 감격하고 흥분해서 그날 밤잠을 못이루고 내일 아침 해가 뜨기를 기다리다가 해가 뜨자마자 걷기를 시작한 것이다. 가도 가도 끝이 없는 넓은 땅, 갈수록 기름지고 아름다운 땅이었다. 그는 돌아가야 한다는 사실을 까맣게 잊은채 조금만 더, 조금만 더 하고 걸었다. 어느새 하루해가 기울기 시작했다.

그는 그때서야 비로소 다시 돌아가야 한다는 생각이 나 되돌아 뛰기 시작했다. 그러나 마음만 다급할 뿐 다리가 마음대로 움직이지 않았다. 그는 너무 많이 나가 있었고 그의 힘은 가는데 다 소비하여 결국 탈진상태였다. 손과 발이 망가지도록 기어도 보았다. 그러나 결국 돌아와야 할 땅을 멀리 바라보면서 안타깝게도 그는 그 자리에 쓰러져 있었다. 하인이 마중을 나와보니 주인은 이미 죽어있었다. 하인은 땅을 파서 주인의 무덤을 만들어 주었다. 그러면서 이렇게 말했다. "주인님, 주인님께 필요한 땅은 한평도 못되는 이 작은 땅입니다."

이 이야기는 아마도 많은 사람들이 읽어보았을 동화이지만 지금 이 시대에 다시금 일깨워주는, 한마디로 욕심때문에 힘들게 살아가는 이들에게 조금이나마 도움이 될까해서 써 보았다.

요즈음 신문방송의 주요뉴스로 다뤄지는 고위층 인사들의 욕심때문에 일어나는 구속사태, 참으로 한심스러운 일이 아닐 수 없다. 욕심의 뜻은 이렇다. 무엇을 탐내거나 누리고자 하는 마음이다라고 사전에는 써있다. 성경에는 이렇게 써 있다. 욕심이 잉태한즉 죄를 낳고 죄가 장성한즉 사망을 낳으니라. 즉, 욕심은 사망의 아비라는 것이다. 불교에서는 마음을 비우라는 말도 있듯이 우리에 인생도 욕심을 버리고 마음을 비우면서 살아가도록 하자. 요즈음 주식 1000주 또는 100주, 현금 1억, 2억원의 대가성 뇌물 등 억대의 그 어마어마한 것들을 마치 담배 한값정도로 가볍게 생각하는 놀라운 사실은 우리네 서민들의 마음을 가장 슬프게 하고 분노케 하고 있으니 참으로 안타까운 일이 아닐 수 없다.

조금만 마음을 비우고 서로서로 도와가면서 살아간다면 우리 사회는 잘 가꾸어진 꽃밭처럼 아름다워질 것이다. 나의 세대는 내가 살고 후대의 세대는 후대가 가꾸며 일구어 나아갈텐데 나도 잘 살고 내가 벌어서 자식까지, 아니 손자까지 넘겨주겠다는 생각을 모두 버려야 하겠다.

오늘 아침신문을 보면서 답답한 마음을 이 글로 대신한다.

이수영
〈한국예총 대전지회 홍보실장〉

# 구속으로 끝나는 지도층인사 '욕심'

**大田日報 발언대**
2002년 1월 8일 화요일

## 구속으로 끝나는 지도층인사 '욕심'

나는 오늘 아침신문을 펼쳐보면서 문득 이런 생각이 들어 이글을 써내려간다. 욕심의 한계는 있는 것일까? 욕심, 물론 욕심없이는 살아갈 수 없다. 또한 욕심이 없으면 발전도 할 수 없다. 그러나 욕심의 한계는 있는 것일까?

나는 오래전 유년시절에 읽은 책이 생각나 여기에 글을 쓴다. 제목도 잘 기억이 안나는데 아마 이런 제목같다. '사람에게는 얼마만큼의 땅이 필요한가'라는 동화책인듯 싶다.

요즈음 신문방송의 주요뉴스로 다뤄지는 고위층 인사들의 욕심 때문에 일어나는 구속사태, 참으로 한심스러운 일이 아닐 수 없다. 욕심의 뜻은 이렇다. '무엇을 탐내거나 누리고자 하는 마음이다'라고 사전에는 나와 있다. 성경에는 이렇게 써 있다. '욕심이 잉태한즉 죄를 낳고 죄가 장성한즉 사망을 낳으니라' 즉 욕심은 사망의 아비라는 것이다. 불교에서는 마음을 비우라는 말도 있듯이 우리네 인생은 욕심을 버리고 마음을 비우면서 살아가자. 요즈음 주식 1천주 또는 1백주 현금 1억, 2억의 대가성 뇌물 억대의 그 어마어마한 것들이 마치 담배 한갑정도로 가볍게 생각하는 놀라운 사실은 우리네 서민들의 마음을 가장 슬프게 하고 분노케 하고 있으니 참으로 안타까운 일이 아닐 수 없다.

가진자들이여 조금만 마음을 비우고 서로서로 도와가면서 살아간다면 우리 사회는 잘 가꾸어진 꽃밭처럼 아름다워질 것이다. 나의 세대는 내가 살고 후대의 세대는 후대가 가꾸며 일궈 나아갈텐데 나도 잘 살고 내가 벌어서 자식까지 아니 손자까지 넘겨주겠다는 생각을 모두 버려야 하겠다.

이수영〈예총 대전시지회 홍보실장〉

□ 어느 매미의 죽음

# 어느 매미의 죽음

## 나도 한마디

찜통더위 속에 마땅히 갈 곳도 없고 해서 광복절 행사에 참석한 후 집에서 쉬고 있었다. 집에는 에어컨도 없어 낮잠도 못 이룰 정도 더위라 마당에 있는 대추나무 그늘 아래서 잠시 앉아있는데 무엇인가 '툭' 하고 내 발밑에 떨어졌다. 쳐다보니 방금전에 시원스럽게 울어대던 매미였다.

올 여름 그렇게도 울어대던 그 매미가 그 삶을 다하고 대추나무 가지에서 땅으로 떨어졌으니, 이제 잠시후면 내 손에 의해 쓰레기 속으로 묻혀버릴 것이다. 며칠간의 그 요란한 노래는 아마 자기 일생을 마감하는 마지막 이별을 고하는 처량한 울음이었을까? 아니면 먼저 간 짝을 그리워하는 간절한 노래였을까? 울음이었을까?

나는 한동안 그 매미를 들여다보았다. 이 매미의 죽음… 얼마나 허무한가! 이 매미의 죽음 뿐만 아니라 모든 생명체는 무생명체로 언젠가는 이렇게 변해버리는 것을… 이 매미도 7년간의 긴 세월을 땅속에서 애벌레로 살다가 세상 밖으로 나온지 한달도 채 안되는 3주 즉 21일만에 죽는다는 어느 책에서 읽은 기억이 생각났다. 이렇게 짧은 삶. 아니 매미에게는 긴 삶이었겠지!

그렇다. 이렇듯 인간들도 언젠가는 가버리는 것…. 왜 이다지도 서로 아웅다웅 싸우면서 생존경쟁 속에서 살아가는 것일까? 나는 서글픈 생각에 잠겨 땅에 떨어진 매미를 손에 쥐어본 후 대추나무 밑에 묻어주었다.

인간답게 살아가는 것은 무엇이며 인간다운 삶은 무엇인가? 우리 모두 한번쯤 생각해보아야 할 일이 아닌가 싶다.

이수영〈대전 서구 갈마동〉

□ 웃음 넘치는 직장

西紀 1994年 1月 16日   日曜日

讀者와 함께

독자여러분의 투고를 환영합니다.
우편번호 302-182 대전직할시 서구 가장동 32-23 대전 매일 신문사 독자부 ☎(042) 521-5525-6

## 웃음넘치는 직장

직장은 인간의「삶」의 터전인 동시에 인격이 형성되고 서로믿고 우애하며 산교육을 받는 장소이면서도 행복을 누리게 하는 보금자리라고 할 수 있다.

그러면 웃음과 행복이 넘치는 직장은 과연 어떤 직장일까? 그것은 그 직장에서 함께 일하는 직장인들이 모두 일하는 것이 즐겁다고 느껴야 한다.

즐겁고 행복하고 따뜻한 분위기는 사람들의 성격을 따뜻하게 만들수 있지만, 너무 엄격하고 싸늘하고 아랫사람을 무시하고 반말로 지시하며 근엄히게 항상 화나 있는 듯한 직장상사, 이런상사를 모시는 직장 분위기는 ○○○○○○ 나쁜 영향을 미친다.

같은 동료끼리 함께 어울리고 감싸주며 건전한 대화와 언제나 재미있고 유머가 있는 직장분위기로 ○○○○○○ 할 것이다. ○○○ 직장분위기는 바로「나」스스로 만들어 나아가야 할 점이면서도 직장 상사분들이 해야할 큰 「몫」이다.

어떤상사는 천성적으로 남을 즐겁게 해준다는 것은 상상조차도 할 수 없다고 단정짓기도 하지만 노력하면 가능하리라 생각된다.

전에 나와함께 근무하던 한 상사분은 노래를 전혀 하지 못한다. 어디가서든지 노래만 하라면 그냥 가버린다.

차라리 술값을 내라면 냈어도 노래는 절대로 못한다 하면서 한번도 노래를 해 본적이 없다.

퇴근후에도 직장동료와 어울리는 기회가 한번도 없다.

그상사는 항상 나는 원래 선천적으로 노래를 못하니까 하고 그냥 체념해 버리곤했다.

그리고 그는 항상 혼자만의 시간을 보내곤 했다. 그러더니 요즈음은 안보이기에 알아보니 몇날전에 우리곁을 영원히 떠났다 한다.

떠날나이도 아닌데.

전국의 직장인들이여!

우리모두 새해 94년부터는 ○직장과 일터를 활기있고 웃음이 있는 화목한 직장으로 바꾸어 봅시다.

이것이야 말로 직장인들의 최대의 행복이요 건강일 것이다.

이수영〈대전직할시 공보관실〉

## ☐ 나의 콤플렉스

사람은 누구에게나 한두 가지 콤플렉스를 가지고 있다. 그러나 그것을 이기면서 살아간다.

나의 콤플렉스는 작은 키였다.

남자로써 163㎝의 작은 키로 인해 조금은 열등감도 있었으며 살아가면서 무시당한 일도 있었다.

우리 조상들도 작은 키는 아니었다 하는데 나는 남자로써 작은 키는 아마도 어렸을 적에 6·25전쟁 직후 잘 먹지 못하고 3년 동안 병석에 누워 있어서 그런 영향인 듯 싶다.

그러므로 나의 인생목적은 경찰이었는데 키가 작아서 경찰 시험도 못 보았다.

지금은 그 제도가 없어졌지만 우리시대에는 경찰은 165㎝ 이상으로 아주 법으로 정해져 있었다.

그래서 나는 그렇게 원하던 경찰을 포기하고 일반행정공무원으로 발을 내딛은 것이다.

키가 작아서 불편한 것은 사람을 위로 쳐다보아야 하며 위에 있는 물건을 내릴 수 없고 단속공무원을 하면 상대방이 무시할 때가 있고 모델이 될 수 없다.

그 이유는 우선 큰소리치며는 상대방이 무시하고 들어간다. ×깐한 것이 큰소리 친다고 한다.

잘 크게 하기 위해서는 어린아이 때부터 부모님의 관심이 가장 중요하다.

그래서 나는 내 자신을 잘 알고 행동했다.

나는 술도 노래도 말도 누구에게나 뺨칠정도로 잘한다. 그런데 춤을 배우지 않았다. 담배도 배우지 않았다. 그 이유는 30살때 춤을 배우러 무허가 교습소에 몇 번 갔는데 거기서 나만한 키에 나이 한 60세로 보이는 사람이 춤을 추는네 그렇게 보기가 싫었다.

스타일도 모든 것이 아주 추하게 보였다. 나는 그 후로 나도 저렇겠지 하는 생각으로 배우지 않은 것이다.

여자는 키가 조금 작아도 괜찮은데 남자는 아주 보기 흉하다. 이제 나이가 들어 70이 되니 키도 줄어서 이제 161밖에 안 되니 참으로 작은 키이다. 그래서 나는 높은 구두에 옷은 꼭 맞추어서 더블로 입고 다니게 되었다.

남자는 키가 작으면 몸이라도 커야되고 조금 뚱뚱해야한다. 키가 조금 크게 하기 위해서는 어린아이 때부터 부모의 각별한 관심으로 영양과 운동 등으로 관심을 갖으면 최소한 5㎝정도는 크게 할 수 있을 것 같다.

## □ 베풀지 않으면 나이 들어 외롭다

지금 현대사회는 옛날과 달라서 주고받는 사회다. 어떤 일을 도모할 때, 상대방은 자신에게 무엇을 해줄 것이냐고 반문하는 시대에 우리들은 살고 있다. 어떻게 생각하면 조금 각박해진 것 같은 느낌이지만, 그래서 이제는 우리가 공동체로 이 세상을 살아가면서도 내가 동료 아니 특히 후배에게는 베풀어야 퇴직 후, 아니면 나이가 들어 존경도 받고 대접도 받을 수 있다. 지금 이 순간에 베풀어라. 인생은 지금 이 순간이 가장 중요하기 때문이다.

베푼다는 것은 단 두 가지 밖에 없다. 하나는 정신적인 도움이고 두 번째는 물질적인 도움인데 사실상 정신적보다 물질적인 도움이 훨씬 좋다. 그것도 상대방이 어려울 때 생각보다 많이 도움을 주면 받은 사람은 평생 동안 잊지 않고 그 은혜를 갚으려고 하지만, 닭 모이 주는 것과 같은 도움은 신통치 않다.

이 두 가지 중 한 가지라도 잘하여 '덕'을 쌓아야 한다. 그렇지 못하면 먼 훗날 사람들은 등을 돌린다. 그렇게 되면 외롭고 서글퍼지기까지 한다. 전에는 인간 도리상 여러 가지 여건상 사고 오고 존경도 했지만 지금은 그런 시대가 아니다. 상대가 오지 않고 베풀지도 않으면 거래가 끊긴다. 이러한 시대가 지금 바로 왔다.

그러므로 이제는 모든 것을 그저 가까운 사람과 가족과 함께 부담없이 대·소행사를 치루는 것이 가장 현명할지도 모른다. 전래의 전통에서 벗어나 애·경사도 가족단위 문화로 잡혀가고 있기는 하지만 그래도 아직은 멀기만 하다. 그저 인사 한번 했다고 청첩장을 보내던 시대가 아니다. 이제는 ① 참고 ② 베풀고 ③ 즐기면서 살아가야 한다.

## □ 훌륭한 대통령이란?

미국의 링컨대통령의 아버지는 원래 구두를 만드는 사람이었다고 한다. 귀족들은 그러한 링컨이 대통령에 당선된 것을 못마땅하게 여겼다. 링컨이 상원의회에서 대통령 취임연설을 하려고 했을 때였다. 한 연로한 귀족이 링컨에게 말했다.

"미스터 링컨, 어쩌다 당신이 이 나라의 대통령으로 되기는 했지만 전에 당신 아버지는 우리 식구들의 구두를 만들기 위해 우리 집을 드나들곤 한 것을 잊지 말아주길 바라며, 또한 여기에는 당신의 아버지가 만든 구두를 신고 있는 상원의원들이 많이 있소. 그러니 당신의 출신을 잊지 마시오."

그러자 링컨은 모든 사람들의 기억에 남을 만한 대답을 했다.

"내가 첫 연설을 하기 전에 나에게 아버지를 생각하게 해주어서 감사를 드립니다. 나의 아버지는 매우 멋진 창조적인 예술가였습니다. 아버지보다 더 아름다운 구두를 만들 줄 아는 사람은 이 세상에는 없습니다. 나는 결코 아버지를 능가할 수가 없습니다.

하지만 여러분께 한 가지 말씀드리고 싶습니다. 만일 나의 아버지가 만들어드린 구두가 여러분의 발에 잘 맞지 않거든 나도 아버지에게 배운 기술이 조금 있으니 나에게 말씀하십시오. 나는 훌륭한 제화공은 아니지만 최소한 여러분의 구두는 수선해드릴 수 있습니다. 연락만 주시면 언제라도 여러분의 집으로 달려가겠습니다."

그러자 거기에 있던 상원의원들과 귀족들은 쥐죽은 듯 잠잠해졌다고 합니다. 이러한 링컨대통령의 말을 다시 한 번 우리는 길게 생각해 보고 행동해야 하겠다.

## ☐ 生의 전성기시대

사람이 살아가다보면 누구에게나 잘나가던 정성기시대가 한두 번씩은 꼭 오게 되어 있다. 그것은 금전으로 오던가, 아니면 인기 또는 다른 무엇이든지 간에 꼭 찾아온다.

그때 그 기회에 그 행운을 잘 잡아야 한다. 그러나 사람들은 그것을 잘 모르고 그저 지나고 나면, 아 그때였구나 하게 되는 것이다. 나도 그랬으니까. 특히 60, 70세가 되면, 그제야 알게 되는 것이 사람들이다. 그 시절을 잘 알고 잘 잡아야 하는데 그때가 오면 이렇게 행동하라.

① 절대 경망스럽게 행동하지 말고 조금은 엉큼하게 하라.
② 주위사람들에게 서운하게 하지 말고 내 실속을 차려라.
③ 절대 작은 실수도 하지 마라. 그리고 남을 도와줄 수 있을 때 도와주어라.
④ 무리하게 나의 주장만 내세우지 마라.
⑤ 천천히 생각하고 빨리 결단하라.

사람은 크게든 작게든 한번 실수를 하면, 그것은 평생 꼬리를 물고, 그 사람은 그런 사람이라고 낙인을 찍게 되어 나중에 아무리 변신하여도 알아주지 않는다. 원상으로 회복하기가 어렵고 오래도록 꼬리표가 붙어있다.

그러므로 절대로 작은 실수도 하여서는 안 된다. 그러므로 사람이 대접을 받기위해서는 지갑을 열고, 입은 닫아야 한다. 타인에게 부탁할 때는 입은 가볍게, 손은 무겁게 해야 한다. 나의 걱정을 없애기 위해서는 모든 것을 빨리 결정할수록 좋다.

## 여인의 향기 · 여성의 내음 · 여자의 냄새

꽃은 많은 나무에 한자리에 한꺼번에 피어있으면 향기롭고 아름답다. 그러나 사람은 많이 모여있으면 그리 향기롭지만은 않다.

나는 미혼처녀들이 생활하는 곳에서 오래도록 근무해본 경험이 있다. 공직시절 대화동에 있는 대전광역시 근로청소년 복지회관 이곳은 시 사업소로 공단 근로자를 교육시키는 교육기관이고 바로 옆에는 500여 명이 거주하는 행복APT가 있는데 이곳도 공단근로자의 숙소이다.

회관은 매일 80여 명이 교육을 받고 있으며 생활관이 있어 합숙훈련을 하는 곳이다. 나는 이곳에서 창설 당시부터 8년 간이나 근무하다가 시청으로 승진되어 전보되었다.

또한 퇴직 후 천여명이 넘는 여고에서 배움터지킴이로 6년 간이나 근무하였다. 그래서 처녀들의 생활상태와 행동, 마음, 심리 등을 많이 보고 느낀바가 있다.

인류의 아름다움은 여성이 만든다. 그러나 그렇지만도 않은성 싶다.

처녀들이 불량소녀가 있다. 술과 담배를 피우는 처녀들…

싸움질하는 학생…

여인의 향기는 황홀하고 감미로운데 이것은 혼자있을 때 느끼는 미각. 또한 여성의 내음은 텁텁하고 맛이 있는 내음이며 짭짤하고 감칠맛나는 것으로써 남성의 마음을 사로잡는다.

한편 여자의 냄새는 독특한 것으로 투가리보다는 장맛처럼 구수하며 단맛으로 청국장 같은 냄새로써 주위 사람들을 동요시키는 맛의 모든 것이 여인네에게서만 나는 향기와 내음, 냄새 이 3가지를 모두 갖춰야 참다운 매력있는 여인상이다.

## ☐ 한도 없는 카드 쓰는 여인은 '한'도 없을까?

사람이 살아가면서 누구한테 살려달라고 애원해본 적이 있는가?
아니면 죽으려고 자살을 생각해본 적이 있는가 말이다!
이 세상 살아가는 모든 사람들이 다 한번쯤은 이런 생각을 해보면서 살아간다. 그러나 제일 못할 것은 누구한테 무릎꿇고 살려달라고 애원하는 것은 참으로 못할 일이다. 그 자존심과 치욕감… 이것은 참으로 못할 짓이다.

그런데 우리나라 상위 1%는 특히 남성보다 여성부인들은 한도 없는 카드를 사용하고 다니는 여인들이 있다고 한다. 그러한 여성들은 과연 아무런 고민도 없이 '한'없이 살고 있을까?

이들은 실직의 아픔을 모를 것이다. 경제적인 어려움을 모르고 살아가는 사람들 실직이란 특히 중년 50대 초반의 실직은 말할 수 없이 큰 타격이 온다. 부모를 죽인자는 세월가면 잊어버려도 직장을 잃게 한 자는 영원히 못잊는 법이다. 갑작스러운 직장에서의 해고는 자살에 이르기까지 하는 그 사람의 마음, 나는 충분히 이해한다.

나는 죽을 때까지 못잊는 것은 김대중 정부의 공무원 구조조정으로 인해 하루아침에 면직하니 인생은 참으로 윷놀이의 말판처럼 쉽게 가는길로 못하고 터벅터벅 걸어가는 20계단 길을 가고 있을까?

# 새로운 직업으로 삶의 현장

□ 대전시내버스 공동관리위원회 전무이사

나는 2001년부터 약 2년여 동안 대전시내버스 운송사업조합 전무이사로 근무했다. 그때에는 총 14개 회사와 980여대의 시내버스가 운행할 때이다. 조합이사장은 서모씨로 훌륭한 분이셨다. 그때 나의 보람과 실적을 여기 나열하지 않을 수가 없다.

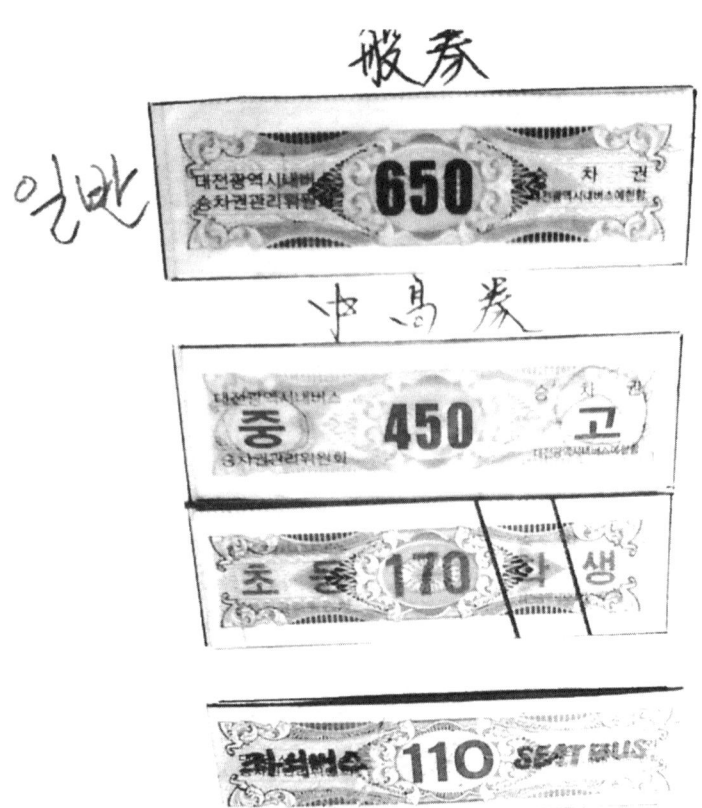

　첫째로는 지금 시행하고 있는 시내버스교통카드제도이다. 당시는 종이로 된 승차권과 현금으로만 승차를 해야 했다. 전국적인 현상이기는 하나 우리 대전에서도 카드를 도입하기로 대전시와 협의하고 본격적으로 준비를 하였다. 일부 버스회사에서는 반대의 목소리도 나왔다. 그저 현금이 좋다는 목소리다.
　그러나 전국적인 추세에 맞추어 우리 대전시에서도 적극 추진하여 충청하나은행과 우리 조합과 서울에 있는 비자캐쉬회사와 협약하여 지금의 교통카드를 시작하여 발전하기에 이르렀다.
　두 번째로는 시내버스정류장의 무개승강장을 유개승강장으로 설치

하는 사업이었다.(현재 2013년 기중 1,500여 승강장만 유개 7%)

세번째로는 시내버스의 환승제도이다. 긴 노선을 짧게 나누어 갈아타도록 하는 것인데 요금은 한번 타면 세 번까지는 무료이다. 그때는 반대여론도 만만치 않았다. 그 이유는 노인들은 한번 나고 가야지, 갈아타려면 귀찮다는 것이다. 짐도 있고 해서 여러 가지 불편하다고 아우성이었다. 중구 산골동네 주민과 동구 추동 등등의 시골주민의 반발로 주민설득설명회 등으로 애를 먹기도 했으나 그래도 행정력으로 추진하여 시행하였다.

다음은 시내버스 옥외광고물 사업인데 나는 전국연합회와 교통부에 다니면서 시내버스 옥외광고물 부착사업을 추진하여 왔다. 그해 모든 법령이 통과되어 우리도 6개 업체가 공개 경쟁하여 어느 한 업체가 12억의 많은 돈으로 낙찰되어 최초 2년간을 계약한 바 있다.

염시장과 시내버스 순회(저자 가운데)

이렇듯 지금 생각해보니 나는 시내버스 운송사에 조합전무로 근무할 당시 많은 일을 하였다고 자부한다. 특히 시내버스의 선진화 사업과 대중교통의 중요성과 시민의 편의종사원의 복지에 관하여 노력하여왔고, 앞으로 준공영제에 대하여도 기본 작업에 들어갔다. 그러던 중 그해 12월 모 대전광역시장을 내가 직접 만나 내년 1월 1일자로 복직시켜주겠다는 확답을 받아 전무이사를 그만두었다. 기어이 명예를 찾기 위해 복직을 결심하고 조합을 그만두고 기다리고 있는데, 다음 해 1월이 다 가고 2월이 다 가도 발령을 내지 않아 알아보니 시장까지 결재가 다 되었는데 총무국장이 서류를 갖고 발령장을 주지 않고 갖고 있다가 내가 자꾸 재촉하니 2개월 후인 3월 2일자로 발령을 받았다. 겨우 1년여 남짓 근무하고 또 정년퇴임한 지 오래다.

　지금도 생각해보니 그때 왜 1월 1일자로 발령을 하지 않고 2개월동안이나 미루고 안 했는지 당시의 김모 총무국장의 마음을 나는 지금도 모른다. 왜 그랬을까? 그 이유를? 나는 그때 당시 모 총무국장을 내 평생 지켜보고 있다.

염시장과 시내버스 점검(저자 왼쪽)

# □ 시내버스 선진·고급화의 조건

**특별기고**

이 수 영

대중교통의 어려움과 문제점등을 대략은 알고는 있었지만 막상 버스운송사업조합에 근무해 보니 이렇게 어려울 줄은 정말로 상상조차 못했다.

대전시내버스는 14개 회사가 공동관리체제로 운영하고 있는데 이제는 완전히 영세업으로서 탈바꿈되었고 날로 적자가 누적되어 벼랑끝까지 온것 같다. 오직 구조조정 밖에 없다는 판단 아래 어느 회사는 임원진들을 다 해임하고 상근임원도 무보수로 근무하고 있는 형편이다. 우리 대전시내버스는 1일 1천여대가 31.5%라는 막대한 수송분담률로 연간 1억6천만명을 수송한다.

버스는 없어서는 안될 귀중한 대중교통수단이다. 시민들은 버스기사의 불친절을 제일 먼저 손꼽는다. 친절한 기사도 많은데 한두명의 기사가 밝힌 절과 난폭운전, 물론 있을 수 있다. 그래서 우리조합에서는 자주 기사직무교

요구, 벌써6차례 임금교섭을 했으나 아직까지 아무런 진도가 없다. 과연 협상이 어떻게 될 것인지 답답하기만 하다.

대전시와 우리조합에서는 대중교통 이용의 편익 증진과 첨단교통 정보화 기반구축의 일환으로 대전시내버스 및 택시, 일반상거래까지 통용할 수 있는 한꿈이 교통통합카드를 적어도 하반기 초에 실시할 계획이다.

이 카드가 실시되면 시민들은 현금과 승차권을 내는 번거로움이 없어지고 업계에는 투명성 확보로 수지의 수치를 한눈으로 볼 수 있게 된다.

또한 대중교통의 원활을 기하기 위하여 앞으로는 시내 지역순환버스제를 조기실시하고 좌석버스를 도시형(일반형)으로 형간전환하여 누구나 이용하기 편리하고 빠른 시간대에 승차할 수 있으며 요금도 일반요금으로 변경할 수 있도록 하여야 하겠다.

## 시내버스 선진·고급화의 조건

육을 실시하고 있다.

시내버스 고급화·선진화도 앞으로의 과제다. 대전시에서는 대중교통정책의 하나로 버스의 고급화를 내세우며 냉난방과 색상개선등 많은 사업을 추진하고 있다.

정부에서는 지난해부터 공해 없는 차량을 보급하기 위해 CNG(천연가스) 차량으로 대체하여 등록하라고 권장하고 있다.

이로인해 지금 여러가지 문제점이 돌출되고 있다. 첫째 CNG의 버스충전문제이다. 충전소가 불과 1개소로서 다수의 차량이 일시에 충전하려면 많은 시간이 소요되고 있다.

시내버스의 고급화·선진화를 위해서는 관계 당국의 많은 지원이 필요하다.

버스업계와 우리조합이 해결해야할 굵직굵직한 일들이 산적돼있는 3월이 왔다.

첫째로 버스 기사들의 임금인상 문제가 남아있다. 노측에서는 10.6%를

버스업계의 적자를 면하기 위하여 요금을 다소 인상시켜 적자폭을 점진적으로 줄여 나아감으로써 업계와 시민이 같이 웃을 수 있는 시대가 와야 하겠다.

정류장에서 내가 기다리는 버스가 어디에 오고 있으며 몇분 후에 이곳에 도착하는지 알 수 있는 시스템을 갖출 계획이며 안내방송도 정확히 해야하겠다.

이제 우리 1만5천여 대중교통 가족은 한데 힘을 모아 그 역할을 성실히 다하고 시민의 생명보호와 복지증진을 위하여 노력하려 한다. 이를 위해서는 버스업계의 노·사 화합과 시민들의 폭넓은 이해와 아량이 필요하고, 당국의 지원과 배려 또한 시민단체의 많은 관심과 격려를 바란다.

대중교통의 중요성을 다같이 인식하면서 활기차고 명랑한 대중교통 문화의 꽃을 함께 피워 나아가야 하겠다.

&lt;대전 시내버스운송사업조합 전무&gt;

□ 시내버스

大田日報  2002년 6월 28일 금요일  제16250호

## 일터에서

### 시내버스

이 수 영

날로 심각해 지는 경영악화로 벼랑끝에 서 있는 시내버스 업계의 실태를 밝힌다. 대전시내버스업계는 총 14개 업체에 9백2대가 1일평균 32만여명의 대전시민의 발이되어 운행되고 있다.

지금 이 시간에도 위기에 처해 있는 시내버스는 연간 1백37억여원의 운행적자가 발생되어 누적되고 있다. 운행을 하면 할수록 적자폭은 가중 되어가고 있으며 한낮에는 승객 1명 또는 3명을 싣고 운행해야만 한다. 대중교통의 운행저해요인과 재정압박을 분석해 보면 결론적으로 크게 두 가지를 들 수 있는데 가장 큰 요인은 자연감소율이며 다음으로는 인건비 상승에 따른 것이다.

시내버스 적자를 해결하기 위해서는 시민의 대중교통 이용과 함께 관계 당국의 철저한 행정지원이 절실히 요구된다고 볼 수 있다.

관계당국의 지원책으로는 첫째, 그동안 수년간 연구 검토해 온 외곽노선의 환승체제의 조기실시다. 이는 도심의 광역화로 인한 수요의 증가에 대처하기 위해 외곽지역을 도심과 연결하는 것이다.

둘째로는, 지역 순환버스의 조기 도입이다. 우리나라에서도 특히 대전시내버스처럼 골목길을 누비고 다니는 시내버스는 없다고 본다. 대단위 아파트 단지의 이면도로, 학교, 대형유통업체와 연결하여 운행할 수 있는 지역 순환버스체제를 도입해야 한다.

다음으로는 비수익(오지) 노선에 대한 적자보존 대책을 들 수 있다. 시내권을 벗어난 오지 지역주민들의 교통편의 제공을 위하여 운행되는 노선에 대하여는 관계 당국에서 반드시 적자를 보전해 주어야 한다.

또한 대전시내버스의 재정지원은 타 도시보다 열악한 상태이기 때문에 획기적인 대책이 수립되지 않는 한 큰 어려움에 봉착할 것이다.

새로운 교통문화정책을 수립하여 시내버스업계에 새바람을 불러 일으킬때다. <대전광역시버스운송사업조합 전무이사>

□ 시내버스의 선진화 정책

중도일보  2002년 3월 19일 화요일 제 11222호

## 시내버스의 선진화 정책

그동안 대중교통의 어려움과 문제점, 특히 업계의 수지적자와 이해관계, 시민들의 불편과 불만소리, 또한 종사원의 봉탄 등 여러가지를 때마다 알고는 있었지만 막상 버스운송사업조합에 근무하다 보니 이렇게 어려움 좀은 상상조차 못했다.

우리 시내버스는 앞으로 좀더 고급화로 선진화되어야 하겠다. 시에서는 대중교통정책의 하나로 버스의 고급화를 내세우고 있다. 이로 냉난방과 색상 개선 등 많은 사업을 추진하고 있다. 그러나 버스의 고급화로 선진화는 업계의 자정 노력이 절실하다고 본다.

한편 정부에서는 지난해부터 공해없는 차량을 보급하기 위해 CNG(천연가스) 차량으로 대체하여 등록하라고 권장하고 있다. 심지어 경유차량은 등록을 기피하고 있으나 이로 인해 지금 현재로서는 자가지의 CNG의 버스충전이 돌출되고 있다. 그것은 충전소가 1개소로 다수의 차량이 일시에 충전하기에는 많은 시간이 소요되고 있다. 이동 충전소도 3개소가 있지만 이것은 그저 보충뿐이지 완전히 만땅크가 되지 않아 유성 불산동에 있는 한 개의 충전소만으로는 도저히 불가능한 실정이다. 그러므로 곳곳에 이동충전 시설이 절실히 필요하다.

시는 시내버스 및 택시, 일반상거래까지 통용할 수 있는 교통통합카드를 작도 하반기 초에 실시할 계획이다. 이 카드가 실시되면 시민들은 현금과 승차권을 내는 번거로움이 없어지고 업계에는 투명성 확보로 수지를 한눈으로 볼 수 있게 돼 되며 시민은 요즘의 할인혜택을 보게 된다.

이제 우리 1만5000여 대중교통 가족은 한데 힘을 모아 그 역할을 성실히 하고 시민의 생명보호와 복지증진을 위하여 버스업계의 노사 화합과 시민들의 폭넓은 이해와 아량이 필요합니다.

이수영

〈대전시내버스운송사업조합전무〉

## ☐ 대전가정법원 위탁보호위원

나는 2011년도부터 지금까지 대전가정법원 위탁보호위원으로 활동하고 있는데, 이는 청소년들의 범죄를 상담해주는 임무이다.

6개월간의 감호처분 청소년을 잘 보살피고 상담하여 재발을 방지하고 사회의 일원으로 다시 설 수 있도록 지도 상담 선도하여 준다.

많은 감호처분 청소년을 상담 선도하여 보면 물론 본인의 실수도 많이 있지만 부모의 무관심으로 발생하는 건이 많다.

감호처분 청소년을 분석하여 보면 가정상태에서 오는 부모의 무관심과 부모의 무질서행동 등이 많이 나타난다. 청소년의 탈선은 학교교육도 중요하지만 가정교육이 더 중요하다고 볼 수 있다.

젊은 부모들… 특히 중·고생을 둔 부모들은 자녀에 대한 특별한 관심을 가져야 하겠다.

## □ 중도일보 시민기자로 활약

나는 2010년도부터 지금까지 6년 동안 중도일보 시민기자로 활약해오고 있다. 시민을 위한 시민의 기자로써 기존 기자들도 발견하지 못하는 것들을 중심으로 다시 말하면 시민 미디어의 中心에서 시민의 아픈 곳을 어루만져 주듯 취재 보도 하는 것이다.

신문이란 불특정 다수의 독자를 상대로 뉴스, 시사, 논평 등등을 보도하는 것으로써 정확성, 공정성, 심층성이 있어야 하며 정필하여야 한다. 또한 객원기자로서의 윤리와 진실, 미디어의 책임, 사회적 언론의 책임이 뒤따른다.

언론이라 함은 특권적이기보다는 사회를 위해 필요한 기능을 완수해야 할 책임이 있고, 그 책임을 충실히 지켜야 한다.

□ 공무원은 국가의 미래를 생각해야

시민기자 칼럼  10  2014년 10월 31일 금요일   중도일보

# 공무원은 국가의 미래를 생각해야 한다

이수영

연금개혁 도마 위… 매년 적자 문제
나라의 앞날 위해 양보할 줄 알아야

요즈음 언론 톱뉴스로 떠오르는 것이 있다. 바로 공무원 연금개혁 문제다. 정치권과 정부에서는 골머리를 앓고 있는 것이 사실이다. 양쪽 모두 냉정하게 생각하여야 한다. 현재 내가 조금 손해 본다해도 국가 앞날을 위해 양보할 줄 알아야 한다. 우리는 내 손자·손녀를 생각해야 한다. 지금 어린 손주들이 성년이 되었을 때는 노인을 3명이상 보살펴야 한다는 통계가 나왔다.
정부는 누구인가? 정부는 국가운영조직이 아닌가? 공직인이 정부인 셈이다. 운영은 누가하는가? 공무원들이 조직운영 요원이 아닌가? 퇴직 후 조직에서 나오면 아무것도 아니다. 현재 공직자가 파업하고, 소요하고 하면, 정부는 어떻게 되겠는가? 투쟁만이 살길은 아니다. 공직은 한 차원 위로 격상하여야 한다. 국가, 정부, 지방자치단체 공무원들은 시민과 국민의 기둥으로서 재산과 생명을 보호할 의무를 가진 사람들이다. 국민의 세금으로 살아간다는 것도 항상 잊지 말아야 한다. 국민이 잘 살아야 공무원 급여도 향상된다. 현직 공무원은 지금 당장 손해가 있다하더라도 양보하고, 이해하며 국가 시책에 따라야 한다. 칼질하는 사람들도 하고 싶어서 하겠는가? 미래의 국가 운영을 위해서 어쩔 수 없이 하는 것이 아닌가?
김대중 정부시절 1998년 IMF 외환위기 당시는 연금지급을 안하기 위해 전국 공무원 4000여명을 임용결격, 당연퇴직이라는 이유로 30~40년씩 근무한 공직자를 한꺼번에 면직시킨 일도 있다. 그 후 물론 2000여명은 복직하였으나 2000여명은 연금수혜를 못 받고 퇴직금도 못 받고, 퇴직 급여에 해당하는 금액을 보상금으로 수령하였다.
공무원 연금을 운영하는 관리공단은 무엇하고 있는가? 어떻게 운영하기에 매년 적자라고만 하는가? 한심스러운 일이 아닐 수 없다.
정부는 현재 공무원들에 대해 하후상박을 실시해 하위직 공무원들에 대한 급여를 30% 이상 대폭 인상하는 특단의 대책이 수반돼야 한다. 그리고 공무원 부정에 대하여는 엄격하여야 우리나라가 '불안전 공화국'이라는 누명을 벗을 수 있다. 단돈 만원만 받아도 징계하여야 한다. 그리고 공무원들은 항상 나보다 못한 서민들을 생각해서 근무에 충실해야 할 것이다.

☐ 지방선거 승자와 패자

# 지방선거 승자와 패자

**┃객원기자 칼럼┃**

6·2지방선거 당선을 두고 치열한 접전을 펼쳤던 후보들의 당락이 갈리고 당선자들은 1일 취임식과 함께 공식 업무에 들어갔다. 또 선거 분위기에 휩쓸렸던 시민들도 자신의 자리로 돌아가 열심히 살아가고 있다.

하지만 선거법 위반 여부를 놓고 승자와 패자 간 고소·고발이 여전한 것을 보면 아직 싸움이 끝나지 않은 느낌이다. 또한 새로 취임한 자치단체장이 펼치는 정책과 사업, 인사문제 등으로 인해 공직사회도 한동안 술렁일 게 뻔하다.

새 술은 새 부대에 담아야하는 것처럼 새로 입성한 사람들이 열심히 일할 수 있도록 물러날 사람은 물러날 줄 알아야하고 새 사람은 인과 덕으로 포용할 줄도 알아야한다. 더욱이 승자는 주민들의 마음을 읽고 헤아리는데 노력해야 할 것이다.

승자는 가까운 사람들의 이야기만 믿고 정책을 결정해서는 안 될 것이며 소수의 쓴 소리에 귀를 기울이고 소외된 한 사람을 위해 배려할 줄도 알아야한다.

영원한 승자도, 영원한 패자도 없다. 4년 전 지방선거에서 낙마한 염홍철씨가 다시 대전시장에 당선된 것만 봐도 민의가 어디로 흐를지는 아무도 예측할 수 없다.

한번 승리했다고 우쭐할 것도, 한번 졌다고 실망할 것도 없다. 또 승자와 패자는 언제든 뒤바뀔 수 있다.

누구나 2년 후, 혹은 4년 후 주민을 위해 다시 일할 기회가 올 수 있을 것이기에 승자는 늘 겸허한 마음으로 패자에게 따뜻한 미소와 함께 손을 내밀어야하고 주민들과의 약속을 잘 지키는데 노력해야 할 것이다.

/이수영 객원기자

□ 택시 카드결제 이용 불편

## 택시 카드결제 이용 불편
### 불친절 사례 많아 개선 필요

대전지역 일부 택시에서 카드요금 결제와 관련해 불친절하게 대하는 사례가 있는 것으로 알려져, 택시 서비스 개선이 필요하다는 지적이다.

가양동 모 여고 학생은 "최근 학교 앞 까지 택시를 타고 와, 카드로 요금결제를 하려하자 운전기사가 꺼려했으며 카드결제가 잘 안되서 두번 긁는 과정에서 불친절하게 대했다"며 불편을 호소했다.

이에 대해 이 학교 교사는 "아침에 교문에서 등교 지도를 하다 보면 학생들이 카드결제가 안 된다고 호소해와 택시비를 현금으로 대납해 주는 일이 종종 있다"고 말했다.

이에 대해 여고생 한모(16)양은 "택시를 이용하다보면 카드결제를 하게 되는데 택시 기사분들이 좀 더 친절하게 대해주시면 좋겠다"고 당부했다.

이수영 객원기자

중도일보

**W**eekend 객원기자

# 지붕없는 버스 승강장 "진땀나요"

## 대전 전체의 31% 676곳 달해… 무더위에 승객 고충, 시설보강 시급

### 방음·청룡장표지 달라 일부 노선 훈선 초래

155만 대전시민의 발인 시내버스의 승강장 중 무게 승강장이 676곳 전체의 31.7%에 달해 장마와 폭염 속에 승객들이 고충을 겪고 있다. 무게승강장 설치 지원없는 승강장으로 기둥형태의 노선안내판에 햇가리개 비치하거나 햇볕가림이 가능하게 하고 유일 짓도 없다. 폭염 속에 무더위와 비를 피하기 위한 시설 확충이 시급하다는 지적이다.

27일 대전시에 따르면 5월말 현재 대전시 내 시내버스 승강장은 총 2134곳. 이 중 유게승강장 1458곳 나머지 676곳(31.7%)이 무게승강장이다. 구별로는 유성구 206곳, 서구 87곳, 중구 73곳, 대덕구 66곳의 순이다.

무게승강장은 예산 등 여러 가지 여건상 '무게' 시설을 하지 못하고 있지만 '여건 상황을 고려한다고 해도 시내편의 시설이 갖춰져야 한다'는 지적이 높다. 무게 승강장을 이용하는 시민들 대다수 무게승강장을 이용하면서 볼편함과 거부감이 이에 따른 만든 민원도 높고 있기 때문이다.

시민 한모(65·중구 오류동)씨는 "차라리 내가리게 중도일보 승강장에서 우성쪽

■ 대전시 무게승강장 설치 현황

| 구분<br>시설별 | 계 | 동구 | 중구 | 서구 | 유성구 | 대덕구 | 비고 | 개소 |
|---|---|---|---|---|---|---|---|---|
| (2013년 5월말 현재, 단위 : 개소) | | | | | | | | 100% |
| 승강장 | 2134 | 433 | 339 | 483 | 568 | 311 | | 100% |
| 유개 | 1458 | 227 | 266 | 396 | 324 | 245 | | 68.3% |
| 무개 | 676 | 206 | 73 | 87 | 244 | 66 | | 31.7% |

으로 가는 버스를 자주 이용하는데 무게승강장이어서 버스 기다리기가 매우 어렵다"고 어려움을 털어놓았다.

시민 김모(44·중구 문화동)씨는 "무더위 속에 기둥조차 없는 무게승강장에서 20분 내지 30분씩 기다리다보면, 대전시 관계자들도 이들은 승객들의 불편을 도대체 알고나 있는건지 참가 치밀어 오를 때도 있다. 대중교통 이용활성화를 위해서라도 무게승강장에 대한 시설 보강이 뒤따라야 할 것"이라고 말했다.

또한 시내버스 자체 방송안내와 정류장 표지가 달리 승객들에게 혼선을 주는 것도 있다.

차내 방송은 대전정부청 인근이라고 나오는데 정류장표지는 플롯리스 동네정점 이라고 표기되어 있는가 하면, 둘사이 한 정류장을 바로 옆 5m정도에 휘어미터가 있는데 그 보다 옆이 100m 가량 떨어져 있고, E마트를 알려주는 표지와 방송이 나오고 있다.

무게승강장에서 버스를 기다리는 승객, 주변에 기둥 조차 없는 상황에서 한여름 땡볕에 버스를 기다리는 일은 고역이 되지 못해 노약자들은 건강까지 해칠 수 있는 상황이 되고 있다.

중앙로의 시내버스 무게승강장에는 항상 벤치의 일반자동이 정차되어 있어 버스를 타기 위해서는 승객들이 정차된 차량 사이로 이리저리 뒤따라야 하는 형편이다. 시내버스 승강장과 건널독과의 거리가 일을 조로 작지 않아 시내버스 이용에 불편이 크다는 지적도 있다.

시민 한모씨는 "시내버스 승강장에 불편을 주는 요인들이 적지 않은데도 관계 당국이 '나몰라라' 하는 것 같아 아쉽다"며 "관계당국도 예산 확보 등 나름의 어려움이 있겠지만 시내버스는 시민의 발인 만큼 우선적으로 투자하고, 시설보강이 이뤄져야 할 것"이라고 말했다.

한편 대전시 관계자는 "승객들의 불편을 알기에 매년 50 ~ 60곳에 무게승강장을 설치해 무게승강장을 줄여가려 노력하고 있지만, 단체지주 등과 일부 자체로 장소가 협소해가나 상가민원이 제기돼서 유게 승강장을 설치하지 못하는 경우도 있다"고 설명했다.

이수영기자

□ 열린 시정 참여자치 2

## 중도Life
중도일보　　1998년 4월 3일 금요일 제10008호

## 열린시정 참여자치

　　대전시에서는 시청자응답안내 즉, ARS를 지난 91년부터 전국 최초로 운영하고 있다. 시청에 직접 나오지 않고도 가정과 직장에 있는 전화로 하고 싶은 말을 할 수 있는 시민의 소리를 24시간 접수하고 있는데 개설 초에는 많은 이용이 있었으나 요즘은 이용도가 낮은 편이다.
　　이용은 국번없이 120번을 누르고, 100번과 우물정자(#)를 누르면 안내음성이 나오게 된다. 그에 따라 하고 싶은 말을 하면 자동녹음되어 건의한 사람에게 회신까지 해주며, 이외에도 생활정보, 민원안내, 주택복권당첨번호, 극장프로안내 등을 해주고 있다.
　　7대 광역도시 중 서울 다음가는 5백37.7k㎡의 넓은 면적을 갖고 있는 대전시. 깨끗하고 잘 정돈된 시가지, 특히 신시가지인 둔산이 있어 대전은 이름있는 도시로 발전할 전망이 크다. 특히 상반기 중 대전정부청사가 대전둔산으로 입주하게 되면 대전의 획기적인 발전과 인구증가는 가속화될 것으로 기대된다. 그러나 우리 대전시민은 발전과 인구집중현상만 추구할 것이 아니라 따뜻한 마음으로 대전을 찾는 외부인에게 좋은 인상을 심어주어 스쳐가는 대전이 아니라 머물고 싶은 대전이 되도록 가일층 노력해야겠다.
　　이제 강한 의지와 역경을 딛고 일어선 15대 김대중 대통령시대가 활짝 열렸다. 우리 대전시민들은 이 어려운 IMF 체제에서 서로서로 도와주고 아껴주고 사랑하며 「알뜰」또 「알뜰」로써 이 시대를 극복해야만 한다.

이수영〈대전광역시 공보관실 홍보센터〉

□ 충청권 기반 정당, 시민은 왜 등을 돌렸나!

| 디트뉴스 | 충남디트 | 칼럼 | 맛 | 독자세상 | 세종 |

천안 공주 보령 아산 서산 논산 계룡 금산 연기 부여 서천 청양 홍성 예산 태안 당진 세종 충남

**칼럼**
자유기고

## 대전·충청권 기반정당, 시민은 왜 등을 돌렸나!

이수영 전 대전시내버스운송사업조합 전무이사

이수영 | yibido@hanmail.net

승인 2012.04.14 14:26:02

충청권에 기반을 둔 과거의 정당은 정당정치 속에서 그런대로 충청인을 위해 기여와 노력을 해온 게 사실이다. 그런데 이제 자유선진당의 운영은 어떻게 될까? 안타까운 마음 뿐이다.

이수영 대전시내버스운송사업조합 전무

'창'과 '심'이 주도한 자유선진당은 끝내 원내교섭단체도 못 꾸려보고 이번 4.11총선에서 참패했다. 대전·충청권 지역정서를 대변하던 자유선진당이 이제는 대표까지 낙선해 그저그런 군소정당으로 전락했다. 그래도 몇몇 뜻 있는 인사들은 지역정당이 있어야 하지 않겠는가 반문하며 아쉬워하고 있는 것도 사실이다. 그러나 과연 이 시점에서 지역정당의 생존과 가치가 필요한 것일까? 우리 모두 다시 한 번 신중히 생각해 보아야 할 일이다.

이번 4.11총선 결과를 보면 지역정당으로서의 신뢰가 완전히 무너졌다고 할 수 있다. 대전·충청인의 민심을 똑똑히 보았다. 그동안 지역정당 정치인들의 행태가 너무나도 자기 밥그릇만 챙긴 것 같은 느낌이 들며 지역주민을 위해서는 과연 얼마나 노력했는가 하고 되묻고 싶은 심정이다.

이번에 낙선한 의원들께서는 깊이 깊이 반성하고 또 각성하면서 재도전의 기회를 삼아야 한다. 물론 소수정당으로써 말 못할 애로도 많았겠지만 내부의 분열과 대전·충청인을 위해 일하는 태도를 보여 주지 못했다.

우리 대전 유권자들은 어리석지 않았다. 이제 분명한 선택을 한 것이다. 지역당이라고 몰아주던 구태의연한 과거의 선택이 아니라 골고루 나눠준 것은 참으로 잘 한 것이라 생각이 된다. 이번에 당선된 19대 국회의원들은 당선의 기쁨보다는 왜 나를 시민들이 선택해 주었는가를 깊이 생각하고 항상 겸손한 마음으로 주민의 작은 소리를 하나하나 들어야 한다.

특히 초선으로 여의도에 입성하는 의원들은 초심의 깨끗한 정치를 위해 당과 사적인 이익보다는 오늘도 하루하루를 어렵게 살아가는 일용직 근로노동자와 민초들의 마음을 잘 헤아려야 한다. 서민들의 입장에서 생각하고 일해주길 재삼 또 재삼 당부하면서 기대해 본다.

## ☐ 대흥·향촌APT 관리과장

내가 시청에서 면직된 지 바로 1년여 후에 나는 어느 지인의 소개로 (주)대흥 향촌APT 관리과장으로 재직하였다.

APT 관리업무는 전혀 모르던 나는 모든 것이 새로웠다. 어려움이 뒤따랐고, 동대표들의 텃새에 나는 견디기가 참으로 힘이 들었다. 관리계약은 대개 2년 계약으로 만료가 되면, 다시 위탁 받기 위해 갖은 노력을 다 하여야 하였다.

더욱 나는 공직에서 물러난 지 얼마 안 되는 시기라서 전혀 알 수 없는 업무로 용역회사 일이 어려웠다. 그런대로 배워가면서 열심히 한다고 하였으나, 도저히 견디지 못해 2년여 만에 그만두고 대전시 문화원연합회 대전시지회 사무처장으로 옮기기로 하였다.

## ▢ 전국문화원연합회 대전시지회 사무처장

 나는 공직으로 복직하기 전 1여년 동안 전국문화원연합회 대전시지회 사무처장으로 근무했다.
 대전에는 5개 문화원을 총괄하는 연합회가 있다. 여기에서는 문화사업 이외에도 각종 전래사업을 발주 지원하는 업무였는데, 그때는 대전시 관광지를 소개하는 문화해설사 사업도 우리 연합회에서 관리하였다.
 또한 내가 근무하면서 처음 시작한 사업이 정월대보름축제이다. 맨 처음 서구를 시작으로 시작된 것이 지금도 시행하고 있다.

## ☐ (주)다노 관리이사

이제는 공직에서 완전히 정년퇴직하였다. 쉬기에는 나이 관계도 있고 하여 통역회사인 (주)다노에 관리이사로 취업하였다. 관리이사란 사실 영업이사로써 등기이사가 아니므로 대표이사의 심부름꾼이나 다름이 없었다.

법원의 소송건 해결, 경비, 청소부 관리와 아울러 다른 건물의 위탁을 받아야 하기 때문에 위탁받기란 그리 쉬운 일이 아니다. 그래도 영업이사로써 관청과 여기저기 돌아다니면서 건물관리를 하기 위한 영업을 하였다.

신축건물의 관리를 위해 갖은 노력을 하고 다녔으며, 기존 건물을 관리회사를 우리 회사로 옮기게 하는 작업은 더욱 더 어려웠다. 동대표들과 싸워 치료를 받은 적도 있으나 재미있는 일도 가끔은 있었다.

□ 한국예총 대전시지회 홍보실장

行友·기행문

### 내 고향 동백정의 향수

이 수 영 (한국예총대전광역시지회 홍보실장)

서해 바다 물결치는 비인만 서면 마량리의 동백정! 동백나무와 숲과 정자, 그리고 바닷가의 정취가 어우러진 동백정. 500년 묵은 아름드리 동백나무 80여 그루의 풍경이 장관을 이룬다.

나는 서천군 비인면 칠지리 태생이다. 내가 초등학교에 다니던 시절 원족(소풍)을 동백정으로 갔을 때 너무나도 아름다워 지금껏 잊지 못하고 있는 풍경은 지금의 동백정과는 전혀 다른 모습이었다.

바닷길도 없어졌고 중국도 보이지 않으며 중국에서 우는 닭소리도 들리지 않는다. 내가 본 그때의 동백장은 분명히 작은 섬이었으며 바닷길을 신발을 벗고 건너갔던 기억이 난다.

지금은 어떻게 된 것일까? 그 후 화력발전소가 세워졌고 어느 대학교의 별장 등 많은 개발이 되어 옛 정취는 찾아볼래야 찾아볼 수도 없고 그렇게도 탐스러웠던 동백꽃 송이송이는 이제는 공해가 찌들어 꽃은 피었으나 탐스럽지도 않고 꽃송이마저 작아져 가는 형태로 변해버렸다.

45년전 소풍갔을 때 몰래 동백꽃 한 송이를 꺾어 양은 빈 도시락 속에 감춰서 집에 가지고 와 한 달 이상을 꽂아 놓고 보던 그 어린 옛날의 추억……

나는 한국예술문화단체 총연합회 대전시지회 홍보실장으로 2년 1개월 동안 근무하였었다. 나의 사무는 대전예술지를 발행하는 일이었고, 회장의 시, 축사를 작성하는 것이었다.

그때만 해도 대전에는 예술의 불모지라고도 했는데 대전문화예술 분야 발전에 기여하기 위해 힘을 기울였다. 지금은 없어졌지만 대전의 큰 행사인 '한밭문화제' 대보름문화축제 등을 주관하였고, 대전문화예술의 밑거름이 되었다.

## ❏ 선거부정감시단

나는 국회의원선거, 대통령선거, 지방단체장선거 등 3번에 걸쳐 선거부정감시단으로 활약하였다.

제일 애로사항은 숨은 부정을 발굴해내는 것이다. 이는 참으로 어려웠다. 내부의 제보가 없으면 아무리 선거부정감시단의 맹활약도 어려움이 있다는 것을 말하고 싶다.

# □ 가을이 오면

■ 행우문예·수필 ■

## 가을이 오면…

나는 가을을 좋아합니다.

가을은 자연이 人間에게 주는 가장 큰 사랑의 결실이 있기 때문입니다.

나는 어린 초등학교 시절 우리 집터에 있는 감나무에 주렁주렁 매달린 그 빨간 감을 그저 바라만 보고 한 개도 못 따먹었습니다

그렇게도 따먹고 싶은 감이었는데…

그것은 우리가 살고있는 초가삼간 집터가 저희 부모님 소유가 아니었기 때문입니다.

그감은 매년 집터의 소유자가 따갔습니다. 그 후 우리는 바로 옆마을 성북리로 이사를 했습니다.

지금도 살아계신 저의 아버지께서는(90歲) 새마을주택으로 넓은 대지에 새로 지은 집으로 이사하자마자 집주변에 감나무만 5그루를 심었습니다.

이 감나무입니다.

나는 진갑이 넘은 지금도 매년 가을이 되면 이 감을 따먹기 위해 고향에 갑니다.

금년에도 내년에도 이제 앞으로 몇 년이나 더 가서 따먹게 될려는지는 나도 모릅니다.

그래서 나는 유년시절(국민학교때. 지금은 초등학교)에 살던 바로 옆마을과 집터는 평생 가지 않을 것입니다.

그런데도 꽃이 피는 봄에 동백정과 여름 피서지인 춘장대해수욕장 갈 때 눈길이 돌려지는 것과 이따금씩 꿈에 보이는 것은 그래도 내가 태어난 곳이기 때문으로 생각됩니다.

□ 대전도시철2호선 건설방식 시민투표를

**대전일보**  2013년 5월 31일 금요일  제19565호  25

# 대전도시철 2호선 건설방식 시민투표를

대전시가 지금 가장 큰 고민인 도시철도 2호선 건설문제로 여기저기에서 말이 많은 듯 하다. 요즘 심심치 않게 언론에 보도되는 것을 보면 대전시에서는 도시철도 건설이 지하철도로는 도저히 지난하여 할 수 없으니 이제는 두가지 중 한 가지 방법을 선택하여 줄 것을 홍보하라는 것 같은데 그것은 바로 '고가냐?, 노면이냐?' 하는 것이다.

아마도 언론 보도에 의하면 대전시에서는 고가를 추구하는 듯하다. 더욱이 노면으로 할 경우에는 예타를 정부로부터 다시 승인받아야 한다니 승인의 여부도 불투명한 상태이고 보면 대전시로서는 걱정이 안 될 수 없을 것이다. 그래서 고가를 주장하는 것이 아닌가 싶다.

우리 대전은 100년 아니 1000년 후 인구 수천만 명 시대로 대한민국 제2수도로 탈바꿈할 것이다. 그러므로 대전의 도시철도 2호선 건설은 관계자와 전문가 몇 명이 탁상공론으로 주민의 여론을 무시하고 생각대로 건설하여서는 절대로 안 된다. 더욱이 천문학적인 혈세로 건설되는 비용예산액은 1조 3617억이 소요된다.

다소 늦더라도 착실하고 세밀한 계획으로 추진하여 쾌적하고 편리한 도시철도로 건설하여야 한다.

한편으로는 공사비도 전기소요도 많고 비용도 많이 들고 지하 흙을 파면 흙 뒤처리가 문제 되어 답답한 지하 콘크리트속의 지하철보다는 시원스러운 고가나 노면으로의 건설도 나 개인적으로는 괜찮다는 생각도 들지만 이것은 오로지 이용하는 대전시민의 몫으로 시민 다수의 여론이 가장 중요하다고 본다. 특히 철도 주변의 환경을 잘 조성하여 맑고 시원한 철도로 건설함으로써 마치 여행길 같은 느낌을 주는 도시철도로 만들어져야 하겠다.

구간도 대전의 교통과 환경을 고려하여 소외된 지역 없이 지금의 진잠을 출발하여서 대전사거리와 대동 5거리, 중리 4 거리, 정부청사를 거쳐 충남대 유성온천의 구간도 타당성은 있으나 좀 더 연구하여 소외된 지역 없이 재조정함이 어떨까? 추후 3호선 건설까지 생각하여야 한다.

철도건설사업은 한 두 사람의 욕심과 내가 건설하였다는 그 업적을 후세에 남기기보다는 더 고민하고 면밀히 검토, 대전시 관계자나 전문가는 빠른 시일내에 자진 참여하는 시민을 대상으로 선택방법을 시민투표로 결정함이 타당하다고 본다. 이수영〈전 대전광역시 시내버스운송사업조합 전무이사〉

## 질경이처럼 살아온 나

☐ '에움길' 인생으로 살아왔다

 20대 젊은 청춘시절 울안의 158일 중에서 그 해 봄 3월 27일 대전 목동 하늘도 제한된 곳에서 바라볼래야 볼 수도 없고 돈짝 같은 하늘만 바라보면서 지내던 세월이 젊은 인행의 출발이 한구석에서 고민과 번뇌로 아침은 오고 밤이 되면 잠을 청하던 그 세월 1970년대 초 어느 날 아침 중앙복도 사각스피커에서 들려오는 그 노래소리는 왜 이다

지도 처량한지… 서라벌 옛 노래소리 나의 젊은 삶 이렇게 썩어만 가는 것일까?

　성공을 하여 보겠다고 잠시 마음을 잘못 먹은 댓가가 이렇게 심하고 혹독한 벌로써 이렇게 당할 줄이야…. 지금은 오직 독보에 그날만을 기다리면서 나의 마음은 오늘도 조급하고 지루하고 답답할 뿐이다. 지금 이 세월 이것으로 인해 먼 훗날 30년 후인 1998년 6월 30일자로 35년 여간의 공직생활에 크나큰 별이 하늘에서 땅으로 떨어질 줄이야 생각이나 했으랴!

　이제 내 人生도 올해로써 70년생 지는해 저녁노을 벗처럼 저 찬연한 빛…. 이제 나는 항상 몸과 마음을 단정히 하고 지난일을 가급적 잊어버리고 새로운 마음으로 여생을 살아가려고 한다.

　특히 남에게는 마음을 상하게 하는 말을 하지 않을 것이며 좋은 말로 칭찬과 웃음으로 진솔된 마음가짐으로 살아가고자 한다.

## ☐ 모든 문제를 나와 자문·상담을 하면

　나는 천성적으로 사람보는 '눈'이 낮무당이라고 자부한다. 그러기에 여기에 나열하지 못할 수많은 인생경험과 34여년간의 공직생활 중 얻은 지식과 현대의 자료로 종합분석 특히 풍부한 추상력과 예민한 상상력, 神氣같은 예측력이 발달되어 있어 여러분들의 어려운 문제라든가 앞날의 사건 발생 여지문제 등에 대하여 나에게 자문을 받고 실행을 하면 거의 문제나 실패가 없을 것이다.

　특히 비정상적인 행위를 하고저 하면 1년 후에 아니면 30년 후에라도 일어날지 모르는 사건을 예측하여 철저하게 대비 강구하여야 한다. 정치문제, 선거문제, 사업문제, 이성문제 등 그러나 약간의 비정상적인 방법에 의해서라도 추진하고자 하는 것에 대하여는 훗날 문제가 발생될지 모르기에 사전에 철저한 대비책만이 살 길이다.

　괜찮겠지 하는 안일한 생각은 훗날 큰 망신살이며 큰집 가는 일이 생길지도 모른다. 이런것들을 사전에 예방하고 대책을 미리 생각하고 실행 전에 철저한 대비책이 필요한 것이다. 모든 행위는 상대성으로부터 이루어진다. 단독은 밝혀지기가 어렵지만 그래도 밝혀진다. 생각지도 않은 엉뚱한 곳에서 일어난다. 사소한 것에 중점을 두어야 한다.

　나는 법에 저촉되지 않는 한 언제든지 무료로 상담, 자문하여 줌으로써 귀하의 앞날에 환한 웃음을 함께 할 수 있는 마음에서이다. 또한 나는 각계각층의 상담역 십여 년과 특히 암울한 비행청소년과 학생을 위한 법원위탁보조위원과 노인권익위원으로 활동하며 인생멘토로 이제 마지막 여생을 살아가려 한다.

　사람의 수명과 운명은 이미 태어날 때 정해져 있다. 그런데 기도나 수도(修道)를 하면 수명이 길어져 장수하는 것이 아니라 정신적 위안과 병마에서 탈출해 보겠다고 기원하는 것이다. 그러므로 모든 인간들이 해결하고 풀 수 있는 것은 "사랑"으로밖에 해결할 수 있다.

이 세상에서 가장 큰 에너지는 사랑밖에 없다. 사랑이 있어야 아량도 이해도 용서도 할 수 있다. 나는 사람을 첫 대면하는 순간 3초 이내에 그 사람을 파악한다. 단 한 말한마디로 그의 성격, 출신, 지금까지 걸어온 인생관 등을 어느 정도 알 수 있다. 상대방의 심리를 꿰뚫어 상대방에게 조언과 영향을 줄 수 있다.

## ☐ 부정상담사

우리나라 직업의 종류는 2015. 2 현재 11,480개라고 한다. 나는 '부정상담사'라는 제2인생의 직업을 갖고저 한다.

모든 사람은 부정과 비리 속에서 살아간다. 똑바로만 걷는 사람은 별로 없다. 그러면서도 나의 부정과 비리는 잘 말하지 않고 감추려고만 한다.

그러나 비리와 부정을 이미 저질렀다면 숨기지 말고 그 대책을 빨리 강구하여야 한다. 이것을 해결하기 위한 상담을 해주는 것이 나의 '부정상담사'의 역할이다.

모든 부정과 비리에 대하여 나와 자문하고 상담을 하면 일에 대한 대책, 앞으로의 일어날 상상, 예기치 못할 예상, 30년 후라도 밝혀질 것인가? 아니면 영영 묻혀질 것인가?

극 비밀에 1:1로 상담하여 해결하고 마음 편히 살길 위함이다.

## 🔲 불신과 신뢰의 늪

　불신은 둘로 갈라놓지만 신뢰 즉 믿음은 하나로 뭉치게 한다. 우리 사회와 정치는 신뢰성이 있어야 하는데… 그렇지 못한 것이 지금의 현실이다.

　이렇기에 나는 하루에 TV방송 드라마를 7편 이상과 뉴스 종편에서 방송되는 시사평론 등 하루 8시간 이상 시청, 청취한다. 라디오와 TV 동시 청취할 때가 많다.

　지금의 나…

　1940년 시대 미개의 시대였다. 그 후 2000년 시대, 문명의 시대로 변천되어 살아가다가 초고령화(100세 시대)에 갈 것이다. 또한 나는 20대 초반부터 공직에 발디뎌 중견까지 30여년 넘게 공직경험과 찬바람의 사회경험으로 당신의 인생에 훌륭한 조력자가 될 것이다.

　당신 인생의 빨간불이 켜졌을 때는 쾌히 인생상담의 조력자가 되어 줄 것이다.

## ☐ 노후생활 준비는 30대 젊은시절부터…

　인생은 3단계로 구분된다고 본다. 즉 30세까지는 부모와 함께 배움의 시대, 60대까지는 자립의 직업적 경제활동, 90세까지는 소일하며 즐거운 황혼인생의 노년시대로 이루어지는데 앞으로는 평균수명보다 더 오래 살기 때문에 100세 이상의 장수시대 초고령화시대가 눈앞에 왔다. 그러므로 인생 노후준비가 절대로 필요하다.

　특히 노후에는 돈 없으면 살아가기가 매우 힘이 든다. 이제 소비는 노인층에서 해야 한다. 경제의 기초는 소비이다. 그러므로 노인들은 매월 "흐름성 있는 경제"를 유지하여야 한다. 고정자산은 부동재산일 뿐이다.

　과거에는 어린이 중심경제에서 이제는 노인중심경제로 바뀌어 가고 있다. 노인이라 함은 65세 이상을 말하는데 이때가 되면 사실상 모든 경제활동이 중지된다. 그러나 중단되어서는 안된다. 무슨일이든 해야하고 아침을 먹고는 집을 나가야 한다.

　점심은 밖에서 먹어야 한다. 외출한 아내를 점심 달라고 전화하지 마라. 그리고 너무 간섭하지 말아야 한다. 아내에게 자유를 주어야 한다. 남자는 늙으면 더더욱 어린아이처럼 되고 잔소리가 많아지고 화를 잘내고 소심하여진다. 또한 쓸데없는 걱정까지 하게된다. 그러므로 소일거리가 있어야 한다.

　가정생활에서도 점심 정도는 챙겨먹을 줄 알아야 한다. 간단한 빨래도 내 자신이 다 할 줄 알고 또한 하여야 한다. 그래야 편안하다. 집에 있지 말고 밖으로 나가야 한다. 소는 움직이면 '똥'싸고 사람은 움직이려면 돈이 필요하다.

## □ 통행금지 시절

우리나라는 1945년 8월 15일 일제강점기로부터 해방직후 통행금지라는 제도가 있었다. 통행금지는 밤 12시부터 새벽 4시까지 4시간이었다. 그 후 1982년 1월 5일자로 일부 해안지방을 제외하고는 전국에 통행금지가 해제되었다.

그때 우리 국민들은 기쁨과 환영 반 우려 반 속에 벌써 30여년이 지났다. 통행금지시절 그때는 밤 11시 30분이 되면 예비 싸이렌이 울리고 12시가 되면 완전 통금싸이렌이 울려 비상차량 이외에는 사람과 차량의 운행이 완전 정지되어 있다.

그때 재미있는 이야기들이 많다. 한가지는 경찰과 싸우는 것은 술을 많이 마시고 길 옆에 웅크리고 앉아있는데 경찰이 통행금지 위반이라고 파출소로 연행을 하면 내가 왜 통행금지 위반이냐? 나는 아니다. 나는 움직이지 않고 가만히 앉아 있었다라고 소리치던 시절…

그때는 통행금지에 적발되면 직결처리되어 과태료를 물게도 했고 훈방도 있었으며 야간열차에서 내리면 손바닥에 고무인을 찍어주기도 했다. 또한 그 시절 무렵 중·고생의 교복도 자율화 되었으나 몇 년 못가서 문제점이 많아 다시 중등생의 교복착용으로 환원되었으며 나도 중등생은 반드시 교복을 입어야 한다고 주장한 바 있다.

지금 생각해보면 우리나라 60년대에서 현대에 이르기까지 발전과 변화 속에서 특히 기억에 남는 것은 산아제한 즉 가족계획사업을 관에서 주도하여 아기 즉 자식을 못 낳게 했다. 그러나 지금은 한자녀 더 갖기 운동을 펼치고 있으니….

지금 생각하면 현재 10대들에게는 알지도 못하는 말은 절미운동,

논두렁콩심기 운동, 소주밀식, 동네입구에 있는 상여집 없애기 운동, 집안 싸리문 옆에 놓은 요강 안 내놓기 운동 등 참으로 생소한 단어들이 많았다.

## ▢ 비정규직의 서러움
― 소유욕이 너무 강하면 무너진다

비정규직이란 임시직원을 말한다.

임시직원을 해보지 않은 사람은 그 서러움을 잘 모른다.

(지금도 일용직, 상용직)같은 일을 하면서도 대우는 정규직보다 급여는 반절도 안 된다. 사무보조원의 경우 본인이 기안했어도 본인도장을 못 찍고 정규직원의 도장을 찍어 결재를 올리곤 한다. 옛날 공직사회에서는 그랬다.

1월 1일날 발령했다가 그 해 12월 31일날 해임하곤 한다. 그것도 예산이 없으면 발령도 못한다.

매년 이렇게 서러움을 받으면서 근무하고 있으니 정규직 되고 싶은 생각이 간절하다.

그래서 나도 임시직에서 정규질을 하기 위해 갖은 수단과 방법을 가리지 않고 정규직만 된다면 조금 부정한 방법이라도 하려고 한 것이 사실이다.

그래서 그때 시험 때 서로 짜고 부정한 방법으로 시험에 합격한 것이 평생에 이렇게 될 줄이야 생각이나 했으랴!

## ☐ 목적을 위해서는 서슴없이 달려온 길

새로운 물건을 담기 위해서는 기존에 있는 물건을 때로는 버려야 한다. 그 버려야 하는 고민과 아픔, 아쉬움이 크다. 사람들은 어떠히 목표가 결정되면 그 목표를 이루기 위해서 많은 노력과 행동, 수단, 방법을 가리지 않고 이루려고 한다. 그러나 이제는 그러한 시대가 변해가고 있다.

청렴과 진실은 어려서부터 하여야 한다. 올바른 대통령과 장관을 하기 위해서는 어린시절부터 바른길로 인도하여야 하는데 이는 부모와 사회의 책임이다. 또한 본인 자신의 마음도 가장 중요하다. 모든 것이 부정한 방법으로 이루면은 언젠가는 밝혀져 인생에 큰 낭패를 볼 수가 있다.

요즈음은 고위직 임명시 청문회를 보면 잘 알 수 있다. 과거의 비리는 한달 전 아니 1년 전 30여년이 지난 것도 밝혀진다. 사람은 정직과 순리적으로 살아가야 할 때가 이제는 도달했다.

나는 나의 단 한 번의 부정적인 생각으로 목적을 이룬 지 1년 6개월 후에 발견되어 첫번째 인생의 큰 실패를 했고, 그 일로 두번째 30년 후에 다시 그 일이 발견되어 중년인 52세에 직장을 잃은 크나큰 실패로 변하였으니.

나는 나의 인생살이에서 직업 공무원과 금전운은 불행한 인생행로 였다고 말하여본다. 35년간의 공직생활 그것도 5급(사무관)까지 승진하여 근무하여 왔는데 퇴직을 2번씩이나 당하고 복직을 2번이나 하는 등 기어이 정년퇴임은 하였으나 그 파란만장한 일들….

한때는 국가에 대한 원망의 배신감으로 가득 차 있기도 하였으며 지금도 이해 못할 안되는 부분을 남겨놓은 채 이제 인생 70을 맞이하였다.

## ☐ 삶은 참혹한 전쟁터

'惡'은 양심을 부추기지만 '善'은 양심을 악화시킨다. 나는 이 말을 주장하는 사람이다.

사람들은 모두 긴 오랜 세월보다 단기간과 짧은 시간을 좋아하고 복을 누리고 돈을 많이 많이 갖고 싶어 하기에 투기를 하고 복권을 사고 KTX와 비행기를 타고 어디든지 가려고 한다. 또한 세상이 어렵고 불황일수록 한탕주의로 변하며 그저 터벅터벅 걸어서는 가지 않으려 한다.

걸어서는 하늘을 날아갈 수 없기 때문이라는 것을 알기 때문이다. 빨리 가다가 사고가 나도 빨리 가려고 한다. 이러한 마음을 다스려야 한다. 그러기에 사람들의 욕심이 끝이 없다고 한다.

지금 살아가는 현대인들은 지나간 사람들의 역사를 잘 아야 한다. 먼저 간 조상, 선배들의 남기고 간 발자취도 잘 기억하여야 한다. 과거를 모르면 발전이 없다. 실패를 알아야 한다. 선인들의 인생발자취는 현대를 살아가고 있는 이들에게 반드시 거울이 되기 때문이다.

## ☐ 질경이처럼 살아온 내 인생(忍生)

나의 행복도 내 불행도 모두 내 자신이 만드는 것이 아니라 이미 운명이 정해져있는 그 목적의 길을 모르고 달려가는 것이라고 생각한다. 이제 나는 미움  도 원망도 다 잊어버리고 아무리 노력하여도 안되는 것은 안되기 때문에 운명이 주어진 길을 가려한다. 나는 재주도 싸움할 줄도 모른다. 그러기에 타고난 그대로 살아가야 하기 때문이다. 그러나 가급적 사람은 이것만은 지키고 살아야 한다.

일부러 죄를 짓지말고 남을 위할 줄 알고 겸손하고 덕을 쌓고 탐욕과 화냄을 덜하고 잘못된 생각을 하지 말고 그저 부족한 것에 만족하고 웃는 얼굴로 부드러운 말로 남을 칭찬만 하여주고 세상일은 순리와 도리에 맞게 살아가야 한다.

억지인생(人生)으로 살아가지 마라. 웃어른을 공경하고 아랫사람을 사랑할 줄 알아야 하고 어려운 이웃에게는 늘 따뜻한 정을 베풀 것이며 항상 내가 지운 선과 악은 나에게 다시 돌아온다는 것을 생각하면서 오늘 하루도 후회없이 살아가야만 한다.

특히 남을 미워하기보다는 내가 참회하는 마음을 갖고 하루에 한번씩은 나를 생각하면서 이제부터는 천천히 나홀로 아름다운 마음으로 살아가야 하겠다.

## □ 人生에 '빨간불'이 켜졌을 때

사람이 살아가다보면 인생길에 빨간 신호등이 켜질 때가 한두 번 아니 3번 이상도 누구에게나 올 수가 있다. 이런 때 마음을 잘 먹어야 한다. 그렇다고 人生을 포기하겠는가? 이것을 견디지 못하면 포기하여 즉 자살에 이른다.

나도 자살을 생각해본 적이 딱 한번 있다. 나에게는 빨간불이 크게 두번 있었는데 그 첫번째는 총각시절 예상군 모가면사무소(5급을 지금의 9급 공무원 당시) 근무 당시 시험 무효로 면직당하고 입건되었을 때이고 또 한번은 대전시청 공보실관 근무 5급(사무관)공무원으로 근무할 당시 1998년 김대준 정부시절 IMF의 공무원 구조조정 당시 갑작스런 면직 통보를 받은 것이다. 나는 이때 내무부 앞에 가서(지금은 안전행정부) 자살을 기도하려 했다.

그러나 하지 못하고 꿋꿋하게 법정투쟁으로 대응하여 끝내는 다시 복직하여 2005년 6월 말일자로 정년퇴임은 하였으나 연금이 해당이 안 되어 일시불로 수령하고 그 돈으로 현재 살고 있는 집을 장만하여 연금보다는 못하지만 그래도 월세로 겨우겨우 이어가고는 있으나 항상 조바심과 그럭저럭으로 생계유지는 하고 있으니 다행이라 생각하며 죽으라는 일은 없다는 것을 다시금 느낀다.

빨간 신호등은 人生의 중단을 일러주는 것인가? 삶의 70이 되니 젊음은 가고 능력도 힘도 없어지는 것은 生의 순리인가! 받아들여야 한다.

인생의 정지 신호등의 제일 먼저 경제활동이 중단되니 사회생활이 좁아지고 거의 멈춤단계까지 이루어지며 앞날의 살아갈 것이 걱정이 앞서 우울 중세까지 나타난다. 다음으로 몸에 병마가 찾아와 기력이 떨어지고 눈이 침침해지며 음식을 잘 먹지도 마시지도 못하여 취미생활이 정지되니 생의 즐거움을 잃어가게 된다.

그리고 정력이 급강하하여 모든 욕구가 없어지며 세상의 아름나운 꽃을 보아도 무의미하게 느껴지는 현실로써 이제는 이 세상에서 그 존재의 가치가 필요 없고 있으나 마나한 인간으로 살아가는것이 세상의 순리이기에 그것을 받아들이고 이제 어디론가 가야할 시기가 다 된 것이 아닌가 싶다. 영원한 비행기를 타야만 하는가?

## ☐ 人間관계의 巨利(거리)

인간관계의 거리는 과연 어디까지가 가장 적당할까? 사람들의 거리는 부(富)와 권력에 따라 다르다고 할 수 있다. 권력이 있는 자에게는 가까운 거리를 유지하고 싶어하고 아무리 친형제자매지간이라도 못살고 별 볼일 없으면 멀어지는 것이 요즈음 세상의 행태이다.

권력이란 사실상 서민을 위한 권력을 가져야 하는데 권력자들은 그렇지 않고 오직 통치의 수단과 명령 또한 권력을 위한 권력을 갖고 있으며 '더 높은 곳 더 많은 권력'을 손에 쥐려고 한다.

그렇다면 人間의 권력과 거리는 과연 얼마나 되어야 적당한 기준으로 삼을까 말이다. 부모와 자식간의 거리, 직장 상·하 동료 간의 거리, 친구와 이성간의 거리 등 모두 각각 다르지만 공통된 것이 있다면 인간사회생활의 거리는 똑같아야 된다고 생각한다. 그래야 진정한 민주주의의 안전거리 기준이 될 것이다.

모두가 평등하고 일정한 거리가 유지되어 자유와 행복권을 갖음으로써 유전무죄 무전유죄라는 말이 이 땅에서는 사라져야 하며 人間 모두 평등한 인간거리로써 평행선을 가야하며 너무 가깝지도 멀어서도 안 되는 거리로 이 세상을 살아가야 하겠다.

## □ 잊고 싶은 사연과 남기고 싶은 말

무관심 속의 행복이란? 과연 무엇일까? 이루지 못한 사랑이 더 가슴아프고 애틋하게 생각하듯이 우리는 과거에 매달려서만은 살아갈 수 없기에 나는 이제 모든 과거는 잊어버리고 생각하지 않기로 했다.

타인을 원망하면서 미워하고 증오하면서 살아온 세월… 나의 잘못은 생각치도 않은 채… 나에게도 잘못도 있건만… 그저 지금에 만족하고 욕심을 버리고 이대로 살아가는 것이 편안한 것 같다. 용트림을 쳐야 이루어질 수 없다는 것도 잘 알고 있다.

젊은 세대들이여 절대로 "부정한 방법으로 성공과 출세를 하려고 하지 마라" 그리고 남에게 절대로 해를 끼치면서 살아가지 마라.

이 두 가지는 쉬우면서도 참으로 어려운 일이다. 할 수 있을 것 같으면서도 할 수 없는 것이 이 두 가지이다. 나는 상대방에게 절대로 이런 말을 안 한다.

'이 사람아'라는 말과 '자네'라는 표현 말이다. '이사람아'는 상대방을 편잔하는 말로 들리고 '자네'는 상대방을 하대하는 말처럼 들리기 때문이다. 그리고 글자 중에는 '결'자를 제일 싫어한다. '결격'이라는 상처 때문인가보다.

## 실버시대의 눈과 귀

□ 새로운 얼굴들과의 만남에서

나는 2005년 6월 말로 대전시 사업소인 한밭도서관을 끝으로 이제는 공직생활에서는 영원히 물러나는 정년퇴임을 하였다. 조촐하게 정년퇴임식도 하였으며 축하의 메세지도 받았다. 그때 내 나이 60이 되었으니 이제는 마땅히 할 일도 없고 갈 곳도 없어 몇 달 간을 집에서 쉬다가 서구청에서 실시하는 서구의 변동과 괴정동 지구의 거주자 우선주차제 지도원으로 저녁 7시부터 밤 11시까지 4시간을 근무하는 일을 하여 보았다.

그것도 10개월밖에는 못한다는 서구청의 규정 때문에 10개월을 근무하고 나니 또 할일이 없다. 그저 놀기엔 사실상 경제적이나 모든 것이 아쉽고 일할 능력은 넘치고 욕망과 열정은 있으나 근무할 곳이 없다. 이렇게 어려움이 봉착해올 때마다 나는 김대중 정부를 원망하였고 공직생활 35여년을 했음에도 연금 없이 어렵게 살아갈려하니 그놈의 IMF가 그저 한없는 원망으로써 나는 불만 속에서만 살아갔다.

특히 모임에 나가면 우리 공직자 퇴직 출신들은 재미로 연금이야기만 하고 그 이야기만 나오면 나는 속이 상하고 신경질이 날 정도로 듣기가 싫었다.

그 다음해는 선거철이 다가왔다. 중구선거관리위원회에서 모집하는 선거부정감시단에 4개월 동안 근무하니 또 갈 곳이 없다. 또 쉬었다가 12월에 선거부정감시단을 2번 하고 난 후 그 다음해에 3월 1일부터는 서구 변동에 있는 자동차 정비학원에 다니기로 하고 학원에 등록하니 월 31만원씩을 받아가면서 기술을 배웠다.

그때 자동차 정비학원생은 약 200여명의 각계각층의 사람들이었는데 21살부터 65세 이하인 사람들이었다. 북한에서 탈북한 새터민도 있었고 남녀노소 심지어는 부부가 같이 다니는 사람들도 있었다. 6개월 동안 정규교육이었다. 그 후 나는 타일학원, 꽃꽂이 학원, 방수학원 등을 다니면서 모든 경험을 다 하였고 나중에는 초등학교 꿈나무지킴이도 해보았고 고등학교 배움터지킴이를 70이 되도록 6년간이나 근무했다.

　이제 내 나이 70이 넘으니 모든 일에 의욕이 생기지 않아 하기가 싫어진다. 왜 그럴까? 이제 나도 나이들어 늙어만 가는가보다. 인생후반 60세부터 여러 가지 생활로 늦게 배운 기술, 그러나 하나도 써보시도 못하고 필요 없는 기술을 습득은 하였으나 제대로 배운 것은 사실상 하나도 없다.

　인생황혼기에 그저 사람들과 어울림의 한마당이라고 생각하면 좋을 것 같다. 인생황혼기에 사람들의 만남과 우정과 이성에서 그래도 자동차정비학원 다닐 때의 사람들의 만남은 내 인생사에서 가장 멋지고 즐거웠다.

　그때 어느 학원생의 재미있는 인생이야기의 뜻은 지금도 이해 못하는 그 말들을 다시 생각해 보면서 지나간 추억의 한 페이지로 장식하련다. 지금도 무슨 말인지 잘 이해 못하고 해석할 수 없는 말들, 매미는 겨울에 울지 않는다. 사랑에는 경계가 없고 욕망에는 규칙이 없다.

　그러나 지금 이 시대를 살아가는 우리들은 해서는 안 될 일들을 서슴없이 자행하고 있는 현실이라고 말하는 그는 그도 왜 잠시 그 대열에 서있으려고 하는 것이다. 이것은 나의 '삶'의 윤활유요 지루의 욕망입니다. 또한 人生마지막의 촛불처럼 타는 본능으로 다시 가보고픈 마음이다.

## ☐ 노인들의 마지막 희망

어르신 70세 이상 노인들의 바램을 알아보았더니

- 그저 건강하게 살아가면서 경제적 여유를 제일 먼저 손꼽았으며
- 다음으로는 마음이 맞는 남·여 친구와 취미생활을 같이하고
- 여유로운 시간을 보내면서 살아가길 원했고

그러나 금년도 어느(2013년) 기관에서 노인들을 대상으로 조사한 바에 의하면

1. 노인 전체의 45%가 경제적 어려움을 호소했고
2. 외로움과 고독이 20%로써 고독사(자살)가 년간 1,500여명
3. 사회적 소외감과 건강은 10%뿐이었고
4. 특히 70세 이상 일하는 노인은 겨우 3.1%로 나타났다고 한다.

노인들의 不安을 해소하기 위해서는 노인복지대책과 일을 원하는 노인들에게는 일자리를 주는 것이 복지이다.

## □ 지도자는 따스한 봄을 기다리는 민초를 생각하자

우리나라 몇몇 대통령들은 막강한 권력으로 부정을 일삼아 슬픈 역사를 남기었다. 대통령은 강한 권력자이다. 죄지은 사람도 죽일 수도 있고 살릴 수도 있는 사면권도 갖고 있다.

법을 개정할 수도 있다. 단, 여당 국회의원이 다수일 때 가능하지만 야대 여소이면 그것도 조금은 어려움이 뒤따르게 마련이다. 여대야소도 어려움이 있는 것은 마찬가지이겠지만 대통령이 마음먹은대로 잘 안되는 것이 요즈음 정치인 듯하다. 오죽해야 故 노무현 대통령은 대통령 시절 대통령도 못 해먹겠다고 하여 방송에 오르내리기도 한 적이 있다.

우리나라 대통령 다수는 불운의 생을 마치었다. 광복후에 초대 대통령이신 이승만 박사도 4.19 혁명으로 하야하는 불운을 겪었고 그 후 18년간 장기집권한 故 박정희 대통령도 비서실장의 총탄에 맞아 죽었으며 영부인 육영수 여사도 북한의 간첩 문세광의 총탄에 맞아 비명에 돌아가셨고 전두환 대통령, 노태우 대통령 등도 흰 옷 입고 법정에 나란히 서서 법의 심판을 받고 감옥살이도 하고 백담사로 귀향가는 불행한 일들이 있었다.

그러나 그만 끝나려 하나 했던 지도자들의 불행이 2009년 4월과 5월 시끄러웠던 세월 노무현 전대통령의 검찰소환, 부부가 동시 소환되는 일, 1억짜리 시계를 부부가 2개나 선물 받고 그 시계를 버렸다고 진술하고 10억, 50억, 100억의 돈을 챙겼다 하니 이처럼 세상을 시끄럽게 하고 전국의 노사모 회원들의 얼굴을 제대로 볼 수 있을까? 우리나라 대통령들도 선진국인 미국처럼 퇴직 후에 미국의 대통령처럼 고향에 가서 농사도 짓고 대학강의도 다니고 편안하게 쉬면서 욕심없이 살 수는 없을까? 그렇게 많은 돈이 왜 필요할까? 대통령 후에는 국가가 평생 보장해주는데 말이다. 노무현 대통령은 본인은 물론 부인, 아들, 딸 조카사위까지 온 집안 식구가 연루되어 검찰소환에 이어 구속까지 이르는 시기인 2009년 5월 23일 토요일 노무현 전대통령은 대통령을 그만둔 지 1년 3개월만에 스스로 목숨을 끊고 자살을 택하였으니 역사의 기록으로 남게 된 것이다.

자기 고향인 경상도 봉화마을의 뒷산에 있는 부엉이 바위에서 몸을 던졌다. 수행비서도 모르는 사이였다. 이러한 사태이니 오죽했으면 우리 국민들의 목소리는 대통령을 외국에서 수입해오자는 농담 섞인 말이 다 하였는가? 언제까지 이런 비극이 되풀이 되려나 청렴결백한 대통령, 진정 국민을 위하고 서민만을 위한 통치권자는 없을까?

나는 생각한다. 대통령직이 권력과 권한이 너무 많아 이러한 현실이 나타나는 것이 아닌가 하는 의구심도 있다. 물론 통치를 하기 위해서는 대통령은 막강한 권력을 갖고 있어야 한다. 권력이 없으면 힘이 없기 때문에 아니된다.

그러면 여기서 우리나라 과거에 성범죄와 도둑질한 사람들은 어떻게 하였는가를 잠시 살펴보기로 하자. 우리나라는 예로부터 체면을 대단히 중요시 했음은 우리가 모두 다 잘 아는 사실이다.

도둑질한 자에게는 죄인의 이마에 도(盜)자를 새겨 평생토록 얼굴을 들지 못하도록 하였으며 또한 백성의 재물을 착취하거나 뇌물을 받은 관리들에게는 팽형(烹刑)으로 죄를 다스렸는데 이는 커다란 가마솥에 부정한 사람을 집어넣었다가 꺼내주기는 했던 벌이었다. 부정을 저지른 죄인이 가마솥에 들어가면 물을 붓고 끓여 죽이는 것처럼 불을 때고 하다가 풀어주었는데 이 팽형을 당한 관리는 살아도 살아 있는 것이 아니다.

그것은 평생을 집밖을 벗어나지 못하게 하였기 때문이다. 이러한 체면에 관한 형벌이 미국에도 전파되어 미국에서는 특히 성범죄자에게 '매간법'으로 다스려 성범죄자들을 집단수용하는 곳도 있고 족쇄를 채우고 전자발찌를 채우고 하는 것이 이미 오래 전부터 시행해오고 있다. 그러므로 미국 국민으로부터 큰 호응을 받고 있다고 한다.

## ☐ 근대 최고지도자들의 풍자 한마당

우리나라 국민들과 네티즌들은 참으로 영리하고 그때그때 시대의 인물의 풍자를 너무나도 잘 나타낸다. 특히 근대 우리나라 최고 지도자분들을 재미나게 풍자한 것을 하나하나 살펴보면 딱 맞는 말로 표현해 놓은 듯 싶다.

어느 분을 지칭하여 물가에 내놓은 어린아이 같다고 했으며 또 한 분을 가리켜 골목강아지라는 표현과 함께 또 한분은 주막강아지, 또 한분은 진돗개 같다고 표현했으며 또 한분 ㅇㅇ라고 표현한 분도 있었다.

내가 생각해보아도 지금 풍자한 다섯 분의 얼굴모습과 행태와 아주 잘 맞는 적절한 표현이었다고 나는 생각된다. 이렇듯 역대 지나간 최고지도자들의 풍자는 별로 호의적인 것이 아닌 것이라 생각되어 참으로 안타까운 일이 아닐 수 없으니 앞으로의 지도자분들은 더 좋은 상징의 표현으로 풍자하여주길 기대한다.

첫 번째는 아슬아슬하고 조마조마하여 우리가 마음 놓고 살 수 없다는 뜻인 듯 싶고, 그 다음은 목에 힘주고 독재적으로 골목을 지키다가 나타나면 물어 잡아간다는 뜻 같고, 그 다음은 나설 곳 안 나설 곳 무불간섭으로 나타나 조금 경망스러운 뜻이 담겨져 있는 것 같으며, 그 다음은 인고의 세월로 인동초처럼 살아왔기에 진돗개처럼 한 번 물면 놓지 않는다는 뜻과 고집이 세다는 뜻이 아닌가 싶다. 또 한분은 이것도 아니고 저것도 아니고 술에 물 탄 듯 막걸리에 뜨물 탄 듯 아무런 무의미로 해온 뜻으로 생각되는 분도 있었으니 그 이상은 독자 개개인이 다른 생각으로 다시 한 번 생각해볼 일이다.

## ☐ 버리지 않으면 얻지도 못한다

정치인은 아무나 될 수 있으나 정치는 아무나 할 수 없다. 정치는 반드시 올바른 사람과 덕이 있는 사람이 하여야 한다. 거짓과 욕심이 가슴속에 가득차 있는 사람은 정치를 하여서는 안된다. 특히 '왕'은 하늘에서 내려준다는 말이 있다. 이렇듯 우리나라 역대 정치자에 대하여 재미있게 풍자해 보기로 한다.

1. 외국에서 돈 빌려와 겨우겨우 가마솥을 장만하였으나 쌀이 없어 밥을 짓지 못해 구걸하다가 결국은 독재라하여 하야하고 말았으니
2. 보릿고개 없애려고 횃불 들고 밤낮없이 새벽종을 울리면서 도로 뚫고 통일벼로 어렵게 농사지어 겨우겨우 밥을 해놓으니 본

인은 먹지 못하고 내·외가 총탄에 쓰러지니

3. 지어놓은 밥 먹어보자고 솥뚜껑 열려다가 손만 데고 말았으니

4. 그 밥을 일가친척 모두 불러다가 배불리 먹고나니 남은 것은 29만원과 누룽지뿐…

5. 누룽지라도 먹으려고 물을 부어 혼자 퍼먹으니 쇠붙이는 왜 먹었는지 알 수 없으며 흰옷 입고 둘이 나란히 서있는 모습은 지금도 우리 눈에 선하게 보인다.

6. 그래도 남은 것이 있나하고 솥단지 박박 긁다가 구멍난 솥을 엿으로 바꾸어먹으면서 실명제 해가면서 큰소리쳤으나

7. 또다시 빈손으로라도 다시 한번 해보자고 금모으기 외치면서 퍼주고 또 퍼주어 평화상을 받고보니 신용카드 마구써서 경제파탄 날로 늘어 IMF 얻은 터에 신품전기밥솥 다시 구입하여 문화생활 하려다 구조조정 한파로 수많은 실업사태 실업자의 한탄 속에 수백 명의 자살과 가정파탄 노숙인생, 나도 그중 한 사람으로 자살기도 하여 보다가 끝내는 하지 못하고 공공근로로 연명하니…

8. 전기코드 맞지 않는다고 이것도 못해먹겠다고 투덜대며 불평불만 늘어놓다가 낙향하여 제 명대로 살지 않고 자살로 하직하니 노란손수건만 남겨놓았네.

9. 그러나 나는 밥짓는 데는 달인이라고 큰소리 뻥뻥 치며 국민 신임 받았으나 물려받은 전기밥솥 코드를 찾지못해 외교로 신임코저 이리 뛰고 저리 뛰고 끝까지 뛰었으나 말년인생 본인만 잘살겠다고 사저구입 망신살에 지금도 찾지 못하고 세월만 가

는구려…

10. 많은 남자 제치고 대한민국 최초 여성대통령으로 당당히 당선되어 18년간 살던 집에서 나온 지 33년 만에 다시 돌아가니 감개무량하여 혼자 먹는 아침밥상 외로운 생각으로 고집불통 밀봉인사말도 많으나 측근들의 낙마사태 그래도 괜찮으나 외국 가서 대변인의 여성추행사건은 국가 망신시켰으니 그네 뛰어 멀리보고 다각다변 인재모아 어린아이 달래가며 평화통일 대박 이룩하여 춘추전국시대 태평성대 이루시길 두 손 모아 비나이다.

## ☐ 역대 지도자들의 부정으로 슬픈 역사

우리나라는 일제강점기 36년을 끝으로 1945년 8월 15일 해방이 되었으나 남북으로 갈리고 6·25 한국전쟁을 치루었고 이러한 가운데 이승만 초대 대통령은 독재정치로 인해 4·19 민주학생의거로 대통령직을 하야하였으며 그 후 5·16 군사혁명으로 정권을 잡은 박정희 대통령은 부하에게 총맞아 서거하는 불운의 대통령이고 영부인 육여사도 간첩 문세광에게 8·15 광복절 행사 당일 총에 맞아 운명을 달리하니 대통령 내외가 총에 맞아 세상을 떠난 일이 이 지구상에 몇 나라 지도자가 있을까?

물론 망명하는 대통령 일가족도 있긴 하다. 이어 전두환 대통령과 노태우 대통령의 흰옷입고 나란히 법정에 서서 재판을 받은 그 모습은 지금도 눈에 선하다. 두 대통령의 옥살이 백담사로의 귀향길의 불운한 지도자다.

이어 김영삼 대통령과 김대중 정부시절의 우리나라 외환위기와 국가부도위기로 IMF로 인해 대량실업사태 전 기관과 직장의 구조조정으로 살길을 잃고 거리로 나온 방황하는 노숙자들의 시대도 있었다.

그 후 조금 안정되는 듯하다가, 노무현 대통령은 물가에 놓은 3살된 어린아이처럼 아찔아찔한 순간 노무현 대통령이 직접 말한 "대통령도 못해먹겠다"는 말을 서슴치 않았다. 그러던 중 정권이 바뀌자 끝내는 비리에 검찰수사를 받게되자 자살로 생을 마감한 노무현 전 대통령의 자살소식이 들렸다.

전직대통령들의 이러한 슬픈 역사는 이제는 더 이상 없어야 할텐데, 자살 선택은 최후의 판단이며 참으로 어려운 것이다.

## ☐ 우울증 직전까지

우울증, 참으로 무서운 병이다. 불안하고 초조하며 그리고 누구를 원망만하면서 고독과 상상으로 매일매일 기와집을 짊고 원한에 칼을 품고 살아가는 것이 우울증세이다.

특히 사람들과 말하기도 싫고, 혼자 있고 싶고, 그 좋아하던 음악도 싫고, 모든 것이 그저 싫어지고 그러면서 누군가를 죽이고만 싶고 원망에만 가득 차 있다. 어떻게 해야 할 것인가? 술을 마시면 사고칠 것 같고 술을 마시지 않으면 더 우울해지고 그래서 나는 술을 자주 마시곤 했다. 집에서 밖으로 나가지도 않고 혼자 10여일 간을 있어도 보았다.

1998년 7월 1일부터 15일까지 나는 대문도 안 나갔다. 그 마음을 가다듬고 그 해 8월 20일부터 대전시 지하철건설본부에 공공근로사업장에 나가 일을 시작했다. 하루 일당이 24,000원이었다. 이것이라도 해야 우울증에서 벗어날 것 같아서 나는 열심히 다녔다. 그러면서 나는 국회로 법원으로 계속 법정투쟁하면서 하루하루를 보내고 그때 김대중 정부 시절인데 김대중 대통령을 죽일 수만 있다면 죽이고 싶은 마음이 간절하였다.

정부를 원망하고 IMF를 오게 한 지도자들을 원망하면서 IMF로 그 수많은 실업자 속에 나도 한사람으로 변신되었으니, 자살하는 사람들, 거리에는 수많은 노숙자들, 고개 숙인 남자들이 양산되었다.

## □ 삶의 시기와 종말

人生의 시작은 탄생이요 生의 종말은 죽음이다. 탄생도 죽음도 내 마음대로 하지 못하는 것이 人生길이 아닌가?

삶은 행복한 길, 험한 길, 그저 평탄한 길로 크게 3가지로 구분을 할 수 있다. 그러나 대다수의 사람들은 험하고 어렵고 괴로운 인생 삶을 살다가 간다. 행복하고 편안한 삶을 살다가 가는 이는 별로 없다.

어렵고 험한 인생길을 가야만 한다. 이 험한 길을 극복하지 못하면 자살을 결심한다. 이 험한 人生길을 시기로 한 번 나누어 볼 수 있다.

제일 먼저 성장기이다. 이는 태어나서 20세까지는 반드시 부모 또는 보호자가 필수적으로 필요한 시기이다. 이때가 참으로 중요한 시기이다. 다음으로는 생의 준비기인데 20세에서 30세까지라고 볼 수 있다. 이때 모든 것이 결정되어야 하며 人生의 준비가 완료되어야 한다.

또한 세 번째로는 번성기인데 이때는 30세에서 60세까지로 보는데 이때는 모든 것이 번창하여야 하며 이루어가야 한다. 결혼도 금전도 출세도 이 시기에 이루어져야 되는데 이것이 황혼기의 주춧돌임으로 人生살이의 중요한 핵 심장부의 시기라고 볼 수 있다. 이 시기에 자칫 잘못한 마음을 먹으면 平生동안 고생하며 살다가 그저 이름 없이 사라져버린다.

넷째로는 60에서 70으로 노년기인데 이때가 되면 모든 일에서 물러나게 되고 힘이 없어지고 의욕마저 없어지고 돈도 벌리질 않아 이제는 쓰면서 살아야하는 시기임으로 이제는 사색에 잠기고 추억으로 살아가야하며 잘못하면 건강을 잃게 되고 우울증에 시달리다가 갖은 성인병에 걸리게 된다.

다섯 번째는 인생의 황혼기인 70~80까지인데 이때가 되면 인생을 모든 것을 하나하나 정리하여서 살아가야 되는데 가능한한 주위에 베풀면서 살아가야 한다. 그러나 다 쓰지 말고 조금은 남기고 가라.

끝으로 80 이상이 되면 대부분이 혼자 살아가야하는 운명에 도달함으로 나 혼자 살아갈 수 있도록 건강해야 하는데 그렇지 못하면 시설 보호소인 요양원에서 지내게 된다. 이것이 人生 삶의 전부인 것을.

## ☐ 새로운 "삶"을 추구하는 실버세대

　노인들의 행복과 복지는 국가가 책임져야 한다. 그리하면 부정부패가 다소 줄어들 것이다. 인간은 앞날이 불안해서 부정한 짓을 할 수도 있다. 잘살지 못하면 저장강박증이라는 것이 생긴다. 소비를 하지 않고 그저 쌓아놓으려 하는 중세 말이다.

　노인복지가 잘되면 사회의 부정부패가 완전히 줄어들 것이다. 지금 이 시대에 살고 있는 모든 사람들은 특히 우리나라 사람들은 돈과 출세만이 가장 성공인이고 만능이라고 한다.

　人間보다도 돈이 먼저다. 돈만 있으면 다 된다는 시대이다. 그러므로 곳곳에서는 부정부패로 인해 사회는 썩어가고 있는 것이 아닌가? 안전불감증 이런 일을 없애야 한다. 이것은 국가만이 할 수 있고 정부에서 공권력만이 할 수 있다. 그리고 지금부터라도 젊은이들의 마음이 결집되어야 하며 지도급 인사들과 회사 대표자는 아래 사람들의 말을 잘 경청하여야 한다.

　2014년 4월 16일 인천에서 제주로 향하던 배를 운항하는 청해진해운의 세월호 참상을 보면서(그 배에 탄 승객476명 중 승객 300여명의 사망과 실종사건이다. 이 사건은 고등학생들의 수학여행으로 어린학생들의 희생이 컸다.)

　우리나라 국민들은 다시 한 번 느껴야 한다. 슬퍼만 하지 말고 그 거대한 선박이 침몰하는데 해양경찰의 구조의 손길은 어떠하였던가. 보도에 의하면! 초동대치 미흡, 혼선, 혼란 등으로 끝내는 구조도 제대로 못해서 그 임무를 다하지 못한 이유로 해양경찰청의 해체까지 이르렀다.

그런가 하면 충남 아산의 쌍둥이 빌딩 7층건물은 준공 20여 일을 앞둔 채 설계대로 시공을 안해 한 채의 건물이 15° 기울어져 붕괴직전 모두 철거하는가 하면 참으로 한심스러운 일이 아닐 수 없다.

지금부터라도 우리 국민들은 모두가 각자 위치에서 남보다 잘하는 것이 중요한 것이 아니라 내가 잘하는 것이 중요하다는 생각을 갖고 맡은바 위치에서 잘 하여야 하겠다.

## ☐ 계속되는 대형참사의 비극

물론 사고는 일어날 수도 있다. 천재는 어쩔 수 없으나 인재는 막아야 한다.

아침 첫차를 타고 출근을 하다보면 이시간에 남들은 운동하느라 야산에 오르고 하천길을 뛰고 걷고 있을 때 나는 첫차에 몸을 의지하고 출근을 하노라면 첫 차타는 사람들의 모습을 본다. 어제 저녁 피로가 아직도 풀리지 않았는지 잔뜩 찌그러진 얼굴로 웃음꽃을 피운 사람은 찾아보기 어렵다. 이렇듯 억지로 마지못해 일을 하면 자기가 맡은바 그 일에 소홀하게 마련이다.

모든 대형사고나 조그마한 사고도 소홀과 방심에서 온다. 작은 불씨가 대형산불을 일으키듯 괜찮겠지 하는 방심에서 일어난다는 뜻이다. "약자가 살인 낸다"는 말이 떠오른다.

근래 일련의 대형사고의 참상을 살펴보면 물론 국가재난구조관리 시스템의 문제점도 있지만 책임자의 방심과 책임의 의무를 먼저 다하지 않은 것이 더욱 더 그러하게 만들었다. 설계대로 시공하지 않아 대형 건물의 붕괴사건, 세월호 침몰의 참상, 천안함 사건, 대구 지하철 화재 등 이 모든 사건들을 면밀히 검토하여 보면 미리 막을 수 있는 '인재'라고 볼 수 있다.

　우리 국민의 정신문화가 기본도 안 되고 있는 듯하다. 특히 일선책임자와 오너들의 마음이 가장 중요하다고 본다. 국가에만 너무 의존하지 말고 내가 잘해야겠다는 생각을 갖고 우리 모두는 지금 내가 하고 있는 일이 가장 소중하고 중요하다는 마음의 자세를 갖고 각자의 일터에서 일하자. 남을 탓하지 말고 내가 잘하면 된다.

## □ 인생 70이 오니

자기 분수를 모르고 살아가는 사람을 가리켜 수학을 배우지 않은 사람이라고 한다. 이제 나도 나의 처해진 분수를 알고 뛰지 말고 걸으면서 주어진 환경 속에서 아버지와 할아버지로만 살아가야 할 인생….

이성의 벽도 허물어지고 의욕과 힘도 없어지고 가는 시간 가는 순서 다 없어지니 남여 구분 없이 부담없는 좋은 친구로써 즐겁게 지내다가 어디선가 부르면 가는 것이 마지막 인생길인데 그러려니 사실상 돈은 필요하다. 죽을 때까지 내가 써야 할 돈은 꼭 있어야 한다. 돈 없으면 매우 서럽고 어렵고 노인대접 받기 어렵다. 그래도 조금은 남기고 가면 좋으련만 그렇지 못하니 어쩔 수 없지 않은가?

우리나라가 오만 원권 발행된 지 올해로써(2014) 5년째 총 9억장 45조원이라 한다. 그런데 유통 안되는 돈이 72%라 하니 나머지 돈은 다 어디에 숨었나. 은행에도 없고 하늘로 올라갔나 마늘밭에 파묻었나?

자식, 손자 주려고 현금으로 집에다 꼭꼭 금고속에 놓아두었겠지. 집안에 현금 쌓아놓지 못한 친구들이여. 서러워하지 마라! 없는 사람들이 더 많으니까?

## ☐ 경청만 하자

평범할 때의 도움은 금방 잊어버리지만 생에 가장 어려울 때 도움을 준 사람은 平生 잊지 못한다. 모든 사람들이 이 세상에 태어난 후 젊은 시절 목표를 정해놓고 그것을 향해 달려가고 있지만 그러나 그 목적지에 달성하지 못하고 중도에서 예기치 못한 일로 인해 실패하고 아니면 저 세상으로 가는 사람들이 그 얼마나 많은가?

인간들은 목적과 종착역 가기전에 겪은 슬픈 사연 속에 살아가고 있다. 늙은이들은 젊은 청춘들의 마음을 잘 알지만 노인경험이 없는 젊은이들은 늙은이의 마음을 알리가 없다. 나이들어 70이상이 되면 그 옛날 화려했던 경력도 학벌도 퇴색되고 몰골마저 추해지고 행동도 느리고 공포심과 자존심은 더욱 강해지는데…

인정과 존경을 받고싶어하나 돈이 없으면 그렇지도 못하고 건강은 악화되고 내 주위의 사람들은 하나 둘씩 쓰러져 저세상으로 가고 있으니 나도 병마에 시달리다가 언젠가는 멀리 가겠지…. 늙으면 말이 많아지게 되니 가급적 말을 줄이고 지금이라도 덕(德)을 쌓고 가급적 남의 말을 주로 경청만 하자.


## ☐ 웃고 삽시다

웃는 것만큼 탁월한 보약은 없다고 했다.
마음의 즐거움은 양약이라 했던가?
그런데 웃을 일이 있어야 웃지라고 반문할 것이다.
전에는 TV프로에 '웃으면 복이와요'라는 코미디 프로가 인기였던 시절도 있다. 이렇듯 웃음은 건강에 좋은것만은 사실인것 같은데 우리나라 사람들은 남의 칭찬과 웃음에는 인색하다.
인생 70을 사는 동안 잠자는 시간은 27년이고 근심걱정으로 보내는 시간은 7년인데 비하여 웃는시간은 겨우 48시간뿐이라고 한다.
이제 70이 넘어서라도 웃으면서 살아가자!
하루에 10번 이상 말이다.

## ☐ 그녀 APT의 오전(1)

생의 40대 후반과 50대가 되면 조금은 한가하고 경제적 여유도 생긴다. 남편의 지위가 높아져서 밤늦게 귀가하고 아침 일찍 출근하고 아이들은 고등학교 또는 대학교에 다니니 모든 것이 소홀해지고 공상 속에서 이제 나는 혼자된 느낌까지 들면서 한가해진 오전 10시경 그녀 APT의 초인종이 울린다.

마치 기다렸다는 듯이 반가이 문열어 주는 그녀는…

## ☐ 그녀 APT의 오전(2)

대구에서 올라온 남친과 오후 내내 같이 있다가 저녁 때 일찍 태연하게 집으로 돌아와 그 다음날 아침 남편이 출근하자마자 남친 있는 곳으로 또 달려가니…

마치 굶주린 사자처럼 달려드는 그에게…

중년인생 마음 잘 가다듬고 살아가야 한다. 이러다 보면 남의 자식도 내 자식, 내 자식도 남의 자식인 세상이 되는가?

이래서는 안된다. 도덕과 윤리에 어긋나기에 나는 절대로 안된다고 강한 어조로 말한다.

## ☐ 지금부터는 걸어서 가자

바쁘게 움직이는 사람은 슬퍼할 시간도 없듯이 나는 한걸음으로 70 평생을 달려오면서 살아온 것 같다. 가정생활도 모두 잊고 바쁘게 살아온 지난 세월들.

나는 공직 재직시 공직의 대선배이자 나의 작은아버지로부터 공직 첫발을 내딛을 때 이런 말씀을 나에게 해주셨다. 공직인이 되면 예의 바르고 오직 가난하게 살더라도 청렴해야하며 특히 남보다 5분 먼저 출근하고 5분 늦게 퇴근하라는 말씀을 나에게 해주셨다.

그 말씀을 나는 가슴 깊이 새겨놓고 공직생활 36여년 성상을 아침 8시면 출근을 했고 퇴근은 거의 밤 10시 넘어서 했다. 국·공휴일은 물론 일요일도 거의 출근하여 근무하여 왔다.

이제 내 나이 70을 맞은 오늘 생각해보니 지금부터라도 천천히 뒤도 돌아보고 좌우도 살피면서 어느곳에 얽매이지 않고 누구의 지시를 받지 않고 평범한 삶으로 살아가고 싶다.

젊은시절부터 지금까지 지시받으면서 살아온 날들이 그 얼마였던가 어언 50여년 간을 직장에 얽매여 남의 눈치를 보면서 때로는 식사도 제대로 못하고 가기 싫은 곳도 가야했고 먹기 싫은 술도 마셔야 했으니 나 이제부터라도 내마음 내 뜻대로 나 홀로 천천히 남은 여생을 살아가고 싶다.

나이가 많으면 사실상 직장생활도 어렵게 된다. 모든 감각이 둔해지고 말도 느려지고 행동은 말할 나위 없이 더 느려지기 때문에

남한테 피해가 가고 심지어 걸음걸이도 느슨해지고 눈도 침침하여 20~30m전방의 사람은 누구인지 잘 알아볼 수도 없게 된다.

이제 이쯤되면 소비해가면서 살아가야 하는데 그렇지 못한 환경에 처하면 대단히 서글프다. 이제는 人生길 70이 되니 한해 한해가 다르고 그 화려했던 옛 시절 추억의 그리움만 쌓이고 힘도 경제력도 사라져가니, 언젠가는 나에게도 떠나야 할 시간이 천천히 다가오는가!

# 네 번째 묶음

# 사회에게 말한다

— 거리에 있는 공중전화박스 —

잘못된 관행은 과감히 고쳐야 한다. 관행을 전통이라 할 수 없다. 전통은 아름다운 문화이지만 잘못된 관행은 없애야 한다. 이 내용은 사회에 대한 고발성과 시정성을 나열한 것이다.

## 깊이 생각하고 멀리 보자

☐ 재주보다는 아름다운 바보로 살자

바른말은 해서도 안 되고 안해서도 안 된다. 그러나 올바른 말은 해야 한다. 권력이란 세월과 같다. 한번 지나가면 잡기가 힘들다. 그래서 한번 잡으면 놓지 않으려고 하며 올라가려고 하기 때문에 기어이 꺾인다.

지금 현대인들은 모두가 다 그저 급하고 욕심이 많고 나중 일은 생각지도 않고 그저 현실에 따라 즉석에서 대답하고 결정하고 그래서 피해도 많고 이혼율도 많고 다투는 일도 많으며 고소, 고발사건들도 많다.

즉 참을성이 없다는 말이다. 거울속에 있는 내 얼굴을 자주보고 좀 더 깊게 차분하게 생각하다가 실행에 옮겨야 한다. 입에는 꿀을 바르고 다니면서도 가슴에는 항상 원한의 칼을 품고 있으며 종업원이 주인 행세하고 있으며 어떻게든지 더 잘살아 보려고 하는 것은 좋으나 너무한 것 같아 한숨이 나온다. 젊은이들이여 비정상적으로 살지 말고 정상적으로 살아가야 하는데 그렇지 아니하니 어떻게 하여야 한단 말인가? 모든 것은 천천히 생각하면서 충분히 논의한 끝에 결정해야 한다.

즉 답을 피하고 항상 우회전 하면서 많은 생각과 고민끝에 미루다가 상대방이 막판에 오를 때 결정하여 대답해도 늦지 않다.

앞만 보고 뛰지 말고 좌우를 살피면서 걷고 올해 못하면 내년에 한다는 인내정신으로 살아가야 한다. 성급한 성격은 신뢰성이 없어보이고 실패하기 쉬우며 사실상 이런것들이 말로는 쉬우나 행동과 실천하기에는 너무나도 어렵지만 그래도 가급적 이렇게 해야 한다. 다시 말하면 도마뱀이 되지 말고 능구렁이가 되란 말이다.

## ☐ 존경받는 어르신이 되어야 한다

사람은 누구나 나이 들면 나의 존재가치가 점점 없어져 가기에 고독상으로 변해간다. 이제 우리나라도 고령화 사회라고 한다.

고령화 사회란 65세 이상 노인인구가 전체인구의 7%이상일 때를 말한다. 현재(2013 기준) 노인인구는 600만 명이나 된다. 국가에서나 각 지방단체에서도 실버사회보장제도에 대한 사업이나 관심은 많으나 아직은 미흡한 것은 사실이다. 인간은 '생로병사' 모든 사람은 언젠가는 늙고 병들면 죽는다. 의술과 생활수준이 높아지면서 노인들의 수는 늘어만 가는데 이에 맞는 노인들의 사회보장제도가 시급한 실정이다.

노인이라 하더라도 일할 수 있으면 일해야 되고…. 이제 노인들은 국가가 책임져야 한다. 예전에는 경로효친 사상이 충실하여 노인들이 대접을 받았지만 이제는 자식들의 마음에만 기대할 수밖에 없고 늙으면 추하게 되고 행동하기도 어렵고 하여 자칫 천덕꾸러기일 수밖에 없다. 그러나 우리 노인들 스스로가 노력하여야 한다.

노인이 어르신 대접을 받으려면,

첫째, 말을 함부로 하지 말아야 하고 젊은이에게는 칭찬을 하여 주어야 한다.

둘째, 반드시 내 나름대로의 취미활동을 하여야 한다.

셋째, 타인에게 가급적이면 베풀어야 한다. 나이가 80 넘어서도 움켜쥐려고 하지 말고 베풀면 존경 받는다.

넷째, 청결을 유지하자. 어린 손자 손녀들이 할아버지 할머니 냄새 난다는 소리를 들어서는 안 된다. 옷도 자주 갈아입어야 한다. 여유가 되면 신제품으로 새로운 옷을 입자.

다섯째, 모든 행사에 참여해라. 모임이 있으면 빠지지 말고 참석하여 새로운 정보와 지식을 얻고 새로운 얼굴과 만남을 가져야 한다.

나이 들어 어르신이 되면 모든 것이 귀찮아지게 마련이지만 그래도 활동하여야 한다. 세상에 늦은 것은 하나도 없다. 지금 바로 시작하면 된다. 그리고 이 순간이 내일이 될 수 없다. 나중보다는 지금 지갑을 열고 베풀어라.

나이들면 모두 노인이지만 어르신은 아니다. 어르신은 어르신 다워야 한다.

□ 요양보호시설에 계신 노인들…

　나부터도 할 수 없이 아버지께서 돌아가실 때까지(2013. 12. 2) 향년 95세 2년여 간은 시설 요양원에 모셨다. 참으로 슬픈 일이지만 어쩔 수 없었다.

　나는 괴롭고 죄스럽게 생각하고 또한 이것이 현대판 신고려장이 아닌가 하는 생각도 들었지만 그러나 현실이 그렇고 연로하시고 특히 7년 전부터는 앞 못 보는 부모를 모시기 위해서는 누군가 한 사람이 24시간 내내 옆에 있어서 시중을 들어야만 하는데 그럴 수 없으니 요양원에 모신 것이다.

　젊은이들은 꼭 요양원에 한번쯤 가보아야 한다. 특히 중고생들은 견학을 해야 한다. 생의 마감날만 기다리는 것처럼 느껴지는 극노인들의 생활상을 꼭 보아야 한다. 애처로움으로 눈시울이 뜨거워지고 그저 어떤 희망도 없이 하루하루를 무의미하게 살아있는 목숨 죽지못해 살아가야하는 그 모습으로 자신의 거울을 삼아야 한다.

　늙은 人生에 처절한 그 모습을 보는 청소년의 가슴마다 느낌은 다 다르게 생각하겠지만 나는 여기서 중학교 이상 젊은 청소년들은 꼭 한번쯤은 요양보호시설에 견학하기를 적극 권장하는바 크다.

## 🗋 노인과 어르신의 차이

우리는 어르신이 되어야 한다. 노인은 많으나 어르신은 없다고들 한다. 이는 노인은 그저 나이 많아 늙으면 모두 다 노인이다. 그러나 어르신은 어른다운 저세술과 마음, 행동 모든 것이 모범이 되어야 진정한 어르신이 될 수 있다.

젊은이들은 노인을 싫어한다. 그러나 어르신은 좋아한다. 어르신이 되려면 내 주장만을 내세우지 말고 말을 적게하고 관용하며 용모는 항상 단정히 하고 올바른 말만 하여야 한다.

또한 신지식을 배워야 하고 가능한 한 남을 위해 베풀어야 한다. 돼지보다는 암탉이 좋다. 나중에라는 말은 돼지가 하는 말이다. 노인 권익은 보장되어야 한다.


## 🗋 자살을 생각하는 사람들

자살행위는 나만 생각하고 본인의 이기주의와 타인에 대한 배려, 책임성 등이 없는 사람이 하는 최후 극단적인 행위이다.

나는 오늘 아침 이 신문기사를 보면서 착잡한 심정으로 펜을 잡았다. 80~90년대에는 일본과 미국이 자살률 1, 2위라는 말을 들었는데 2010년도 오늘에 이르러 우리나라가 OECD(경제개발협력기구) 국가 중 제 1위라 하는 보도를 보았다. 그 중에서도 충남과 대전이(2010년 기준) 1, 2위인 최상위권이라 하니 참으로 안타까운 일이다.

지금 우리 경제 발전은 가속화되어 경쟁이 심하고 상대적 빈곤감과 욕심의 충만 그리고 실직으로 일자리가 없어져 이러한 현상이 일어나고 있는 것이다.

이 보도에 의하면 하루에 평균 35명 정도로 1년에 12,800여 명이 자살에 이른다고 한다. 특히 20, 30대의 젊은이들이 가장 많으며 또한 인터넷을 통한 동반자살과 농촌노인들의 외로움에 의한 자살, 암투병, 심장질환 등 병으로 인한 것 순위 등으로 나타났다.

그중에서도 특이한 것은 1999년 1년과 2010년도에는 우리나라에서 유명인사 즉 전직 노무현 대통령과 대학총장 등의 비리에 싸인 자살행위와 사회지도층과 또는 국민배우라고 불리웠던 최진실과 그의 남동생 탈렌트 최진영 남매의 갑작스런 자살소식 그리고 모델 김모 등 여자 아나운서 등등과 그러나 생산근로자들의 생존에 관한 자살은 안타까웠다.

심지어는 성폭행당한 피해여성의 자살로써 억울함을 호소하였으며 이 모든 것이 신뢰성이 없는 사회, 희망이 없는 사회, 거짓이 만연하는 사회라고 원망도 하였다.

지금 판검사도 못 믿을 사회 판사한테 무시당했다고 주장하는 피해여성의 유서에서 현금 오천만원을 인출해 놓았으니 실력 좋은 변호사를 선임하여 대응해 달라고 한 유서내용. 이런 것들은 지금 현대사회에 대한 무엇을 의미하는 것일까?

판사가 법정에서 혼잣말이라고 주장 하지만 늙으면 죽어야 한다고까지 했다. 우리 모두 한번쯤 깊이있게 생각해 보아야 할 일이다. 나는 어렸을 때 판검사라면 사람도 아니고 神격처럼 우상의 선망이었는데 요즈음은 지식층의 판검사들의 행태는 한심하기 짝이 없다.

부산의 모 판사는 음주운전으로 창피를 당하고 서울에 모 판사는 지하철에서 성추행으로 망신을 당하는 등 참으로 안타깝고 한심스러우면서 지식층의 인사들 정말 왜들 이러시나 모두 반성의 여지가 있다.

이러한 사건과 자살로 인해 우리나라 사회에 엄청난 충격을 준 후로 2008년 9월 이후 한달 동안에 무려 1,700여 명이 자살하는 등 일시적인 유행처럼 충동적인 자살이 증가했다고 보도되기도 했다. 이러한 현상이 나타남에 따라 국가와 충남의 어느 시에는 자살방지예방대책위원회를 만들었다고 했다.

사실은 나도 1998년 9월경 자살을 생각해본 적이 있다. 하려고 했다. 그러나 하지 못했다. 그때 하지 못한 이유는 큰 아들이 대학시절인데 아빠 자살하려면 저와 같이 내무부 옥상에 가서(지금의 안전행정부) 뛰어내려 같이 하자고 했다. 아들의 진심어린 만류에 나는 참고 지금의 이 자리에 서 있는 것이다.

자살. 참으로 어떻게 생각하면 쉬우나 아무나 할 수 없는 위대한 사람만이 할 수 있다고 본다. 생각이 많은 사람은 자살을 할 수 없다. 단순한 욕심이 있기에 하는 행위라고 말할 수 있다. 우리의 생명은 부모로부터 물려받은 귀중한 몸이다. 그러므로 어떠한 이유로도 정당화될 수 없고 미화되어서는 안된다.(2013. 여름)

## □ 사람은 자신을 닮은 자식을 낳는다

우리네 인생들은 부모로부터 내 몸을 물려 받았다. 그러므로 효(孝)를 다하여야 한다. 그렇다면 孝란 무엇인가? 간단히 말해 자식의 도리를 하는 것이 진정한 효이다. 그러면 도리(道理)란 무엇인가?

이는 부모님에 대한 존경심과 사랑의 마음이다. 이렇듯 효란 어렵고 멀리 있는 것이 아니라 가깝게 있다. 아주 쉽다. 항상 부모님께 감사한 마음을 갖고 존경하고 조그마한 것이라도 부모님께 드리고 하는 것이 진정한 孝인 것이다.

맛있는 음식과 용돈을 많이 드리는 것도 孝이지만 마음을 편안하게 해드리는 것이 가장 큰 효도이다.

특히 젊은이들은 부모님을 존경하고, 부모님에 대한 뜻을 따르고 정성껏 섬기고, 항상 예의바른 행동을 하는 것이 진정한 효도이니, 친구들과 싸우지 말고 이웃과 사이좋게 지내며, 술을 많이 마시지 말고, 재물을 탐내지 말 것이며, 게일리하지 않아야 한다.

## ☐ 돈 많은 者와 권력 있는 者

금력과 권력은 참으로 좋은 것이다. 부자와 재털이는 쌓일수록 더럽다는 말이 생각난다. 부자들은 탈세와 부적합한 행동을 서슴없이 하는 경우가 많다. 또한 권력은 人間을 지배하고 통치할 수 있다.

재복(재물)과 예술성은 원래 선천적으로 어느 정도 날 때부터 타고난 뒤 그 바탕 위에서 노력해야 된다고 생각한다.

나는 원래 타고날 때부터 재복 없이 타고난 것 같다. 지금까지 살아오면서 다른 돈을 벌어본 적이 없고 그저 주어진 월급에 의존하면서 그 적은 돈으로 살아왔기에 지금까지 이렇게밖에 살지 못하고 있다. 길을 가다가도 단돈 5,000원 짜리 한 장 주워보지도 못했다. 1,000원 한번 주워본 적은 있다.

내 눈에는 '돈'이 보이질 않는다. 재산증식의 기회도 전혀 주어지지 않았다. 나는 이만큼이라도 사는 것이 내 아내의 재복이 아닌가 싶다. 아내는 돈에 대하여 밝고 돈이 따르는 듯하다.

비굴한 예로 고스톱을 가끔 쳐도 열 번 치면 아홉번은 잃는다. 참으로 묘한 일이다. 돈은 내 몸에 따르지 않는다. 또한 권력이 있는자는 권력을 남용해서는 안된다. 권력 앞에는 우리네 서민들은 어쩔 수 없다.

돈과 권력이 없으면 고생하면서 살아간다. 모든 것이 그림에 떡이요, 바라보는 영상일 뿐이다. 두 가지를 모두 가진 자들이여 아니 한 가지라도 갖은 자들이여, 이 세상을 500년 아니 천년을 살 것같이 행동하지 말고 1년 후에 죽을 것이다 라고 생각하면서 오늘을 살아가길 바란다. 그러나 빈곤의 상처는 아물기가 어렵다. 특히 한밤중에 달 보고 혼자 짖는 개는 그냥 내버려두어도 된다.

## ☐ 미래의 '삶'은 바다자원

이제 머지않아 우리 인류는 바다의 자원으로 '삶'을 살아갈 것이다. 바닷물을 이용하여 전기를 생산할 것이며 바닷물을 이용한 자동차운행, 바다 물고기에서 추출한 음용수를 한 수저만 먹어도 며칠을 살 수 있는 시대가 올 것이다.

그렇게되면 먹을거리가 걱정이 없는 시대로써 문화생활만 추구하게 되고 여행과 향락에 빠지며 인간의 수명은 150세 이상 될 것이고 인간의 몸도 아픈 곳을 잘라내고 새로이 정비하듯 새것으로 바꾸어 끼는 시대가 꼭 올 것이다.

그렇게 되면 인간들은 어떻게 될 것인가?

풍류와 게으름으로 사건 사고가 더 성행할 것이며 향락과 퇴폐가 만연하여 국가마다 핵을 보유하려 할 것이며 문화전쟁 향락전쟁으로 인류는 벌레가 생성하여 인간을 죽이게 될 것이다.

## ▢ '마지막'이란 말을 쉽게 쓰지 말자

우리네 인생사에는 생각한 대로 말한 대로 되는 일이 많다.

옛말에 이런 말이 있다. 말이 '방정'이라고 말을 함부로 하면 그대로 된다는 뜻이다.

가급적 말은 함부로 하지 말아야 하며 좋은 생각을 많이 하여야 한다. 무생명체에게도 미워하고 욕하면 금방 썩어버린다는 말이 있다.

"나는 이제 마지막이다" "이것이 너에게 마지막으로 말한다" 등 이런말을 자주하지 마라. 그리하면 정말로 마지막이 될 수 있다.

이러한 말로 바꾸어 말하여 보라.

"내가 할 이야기는 여기까지입니다."하며 또는 "내가 준비한 내용은 여기까지입니다."라고 말하며 "더 이상 할 말이 없음으로 다음에 또 준비하여 말씀드리겠습니다."라고 하면 될 것이다.

## □ 민초와 통치자

인권과 자유 참민주주의 나라 미국은 법대로 하여 우리나라는 인정과 정으로 살아가며 영국은 보수적이라고 한다. 우리나라 역사속의 인물들 중 통치권자의 처절한 죽음을 보면 참으로 한심하다.

또한 근대뿐만 아니라 과거 시대에도 왕이 처참하게 삶을 마감하고 심지어는 주민들에게 돌멩이로 맞아 죽었다는 기록도 있다. 근대사의 통치권자의 망명 또는 감옥살이 등과 다를바가 그 무엇이겠는가?

권력과 금력은 참으로 좋은 것 같은데 우리네 민초들은 그것이 무엇인지를 모르고 살아간다. 민초란 선하게 살아가는 질기고도 질긴 생명력을 가진 잡초에 비유한 말이다. 이러한 민초를 구두발로 밟고 칼로 베어도 내년 봄이 오면 다시 싹이 튼다. 그러나 민초들도 통치권자의 마음을 헤아려야 하며 통치자는 민초의 마음을 어루만져 주면서 아픈 곳을 치료해 주어야 한다.

통치권자란 나라나 지역을 도맡아 다스리는 사람을 말한다. 그렇다면 통치권자는 누구인가? 대통령 한분일까? 하여간 민초는 힘이 없다. 그러기에 칼과 구두발에는 베이고 밟히지만 모진 비바람과 추운 겨울 뜨거운 태양 아래에서도 잘 견디어 살아가고 있다.

민초는 힘(力)이 없다. 힘(力)이란 주먹이 세고 발길질을 잘하여 남에게 폭력이나 행사하는 것은 힘이 아니다. 권력과 금력이 힘이다.

이러한 힘을 민초들은 갖을래야 갖을 수가 없다. 아무리 노력하여도 안되는 것은 안되기 때문이다. 그러나 언젠가는 권력도 금력도 내려놓고 가는 것이다. 지금 이 시간에도 권력층이나 금력가에 속하는 훌륭하신 분들은 우리네 같은 민초들의 심정을 가슴 깊이 파고들어

선거 때만 되면 풀뿌리 민주주의를 하겠다 서민을 위한 정치를 하겠다고 말로만 떠들어대지 말고 평소 항상 서민 즉 민초들의 마음을 읽을 줄 알아야 한다.

## □ 한반도 平和를 위한 민초들의 역할

우리나라는 4개 강대국과(미·중·러·일) 함께 꾸준히 성장 발전하고 있다. 그러므로 어떻게 보면 단점도 있지만 장점이 많은 것 같다.

우리 5,000만 민족이 살아가고 있는 한반도의 지속적인 平和를 위해서는 우리네 민초들이 해야할 역할은 과연 무엇이겠는가? 크게 나누어보면 그저 평범한 이론과 논리로써 5가지 정도로 나는 구분하여 설명드리고자 한다.

한반도 주변 정세는 어느 때는 매우 심각하고 불안하기까지도 하였다. 그러나 그럴 때마다 우리 국민들은 동요하지 않고 잘 참고 견디어 왔다. 전쟁을 원하는 국민은 하나도 없을 것이다. 우리 국민 모두 평화통일을 원하고 있으나 그 평화통일이 말로는 쉬우나 체제나 국민성 경제력 등으로 종합 분석하여 볼 때 그리 쉽지 않다고 볼 수 있겠다.

남북이 분단된 지 어언 70여 년이 지난 오늘날 이제는 완전히 한세대가 지나가고 있다. 이제는 우리 한반도에 전쟁이 발발되면 거의 다 죽는다는 것을 남북한 동포가 다 잘 알고 있기 때문에 전쟁을 일으켜서도 안 되고 하여서는 더욱 더 안된다.

그러므로 우리네 민초들이 해야할 일은 다음과 같다.

첫째, 5천만 우리 국민이 하나로 뭉쳐 단결된 힘을 보여주어야 한다. 그래야 경제가 발전되고 북한이나 외국에서도 우리를 깔보지 못한다.

둘째, 정부의 대북정책을 믿고 따라야 한다. 그러기 위해서는 민초들은 지도자를 잘 선택한 후 지도자에게 큰 힘을 실어주어야 한다.

셋째, 참다운 민주주의를 실현할 수 있는 인물 中心의 지도자를 뽑아야 한다. 지도자는 중산층 이상보다 민초를 위한 정책을 펴 나아가야 하기 때문이다.

넷째, 주위의 종북세력과 좌파 인물을 색출하여 척결하기 위해 철저한 신고정신을 가져야 한다. 또한 이적 성향을 가진 자는 반드시 중형으로 다스려야 한다.

다섯째, 우리 국민 모두는 자기분야에서 열심히 일하면서 소득을 높이고 살의 질과 즐거움을 갖기 위해 우리는 '핵심생산인구'로 변신해야 한다.

이외에도 우리네 민초들이 해야 할 역할이 많지만 나는 이런 것들이 하나하나 이루어지고 행하여질 때 한반도 평화는 오래오래 지속될 것이라고 믿어 의심치 않는다.

# 생각에도 싹이 튼다

☐ 악(惡)하면 미래(未來)가 없다

우리나라 속담에 "인사만 잘해도 굶지 않는다."는 말이 있다. 이는 우리나라가 예(禮)를 중시하고 인사성을 대단히 중요하게 강조한 말이 아닌가 싶다. 사실상 人間이 惡에 바치면 못할 말이 없다. 막말도 나오고 내일은 없는 것처럼 행동한다.

그러나 이럴수록 참아야 한다. 함부로 말하면 來日이 없다. 떠날 때는 아무 말 없이 떠나야 한다. 특히 직장에서 해직, 해고시에는 속상하기 때문에 너무 흥분해서 격해지고 더욱이 술에 취하면 안할 말, 못할 말로 자기 자신을 추스리지도 못할 지경이 될 수도 있다. 그러므로 술을 마시면 안 된다. 이성을 잃기 때문에 자칫 잘못하면 큰 사고로 이어질 수도 있다.

물러가라면 그만한 상당한 이유가 있을 것이다. 그러므로 차분히 생각해보고 무조건 우선 참아야 한다. 人間관계는 평소에도 중요하지만 특히 떠날 때가 더욱 더 중요하다. 물러날 때 정말로 인내하여야 한다. 막말은 절대로 하지 말아야 한다. 아무 말 없이 그저 조용한 이

별에 인사는 미래가 있다.

## ☐ 당신의 말뜻과 부부애

우리가 어린 시절 즉 1950년대와 60년대 때만해도 여보, 당신이라는 말은 잘 쓰질 않았다. 지금도 우리는 여보와 당신의 깊은 뜻을 잘 알고 불러야 한다. 여보, 당신은 반드시 부부지간만 불러야 한다고 나는 주장한다. 그 뜻은 여보는 남편이 부인을 부를 때 하는 말로써 '여(같은 여 如), 보(보배 보 寶)' 字이다. 나의 아내는 다른 여자보다 앞서 나와 같은 귀중한 보배의 사람이라는 뜻이 담겨져 있다.

한편 부부 사이에 최대 높여 부르는 말로써 부인이 남편을 부를 때는 당신(當身) 즉 당연할 당(當)字와 몸 신(身)字로 내몸이 당신에게 합쳐서 한 몸으로 이루어진다는 그 깊고 깊은 뜻을 가진 말이 당신이라고 할 수 있다.

그러므로 반드시 부부(夫婦) 사이에만 불러주어야 할 것으로 생각된다. 아울러 부부 행복이란 아주 작고 평범한 것이라고 할 수 있다. 추운 겨울에 손을 녹여주는 애틋한 사랑처럼 아주 작은 것이 만족의 미소가 곧 행복인 것이다.

사랑스런 아내를 쳐다보며 뜨거운 국물을 마시며 시원하다고 말하는 남편과 저녁식사 시간을 함께한 아내의 만족한 미소가 진정 행복감이요, 따뜻한 군고구마를 사서 아내의 입에 넣어주면서 따뜻할 때 먹어보라고 하는 남편의 말에 아내는 진실한 행복을 느끼는 것이지, 수백만 원대 아니 수천만 원대 하는 밍크코트나 명품가방을 사서 비서나 운전기사에게 전해 받은 아내는 명품의 만족은 있겠지만 진정한 행복감은 아마도 느끼지 못할 것이다.

## ☐ 이름(姓名)의 중요성

나는 사람들의 이름을 굉장히 중요시 한다. 즉 이름은 그 사람의 자체를 나타내고 또 그 사람의 사주를 놓고 짓기 때문에 이름을 보면 그 사람의 운명을 알 수 있다고 하겠다.

그러나 만약에 남이 내 이름을 통해서 나의 운명을 알 수 있다면 얼마나 기분이 나쁘고 자존심이 상하겠는가? 마치 벌거벗은 몸을 상대에게 보여주는 것과 같은 것이라 할 수 있다.

그래서 옛날에는 본명 대신 아명(兒名)을 사용도 했고 성인이 되어서는 자(字)나 호(號)를 지어 부르고, 벼슬을 한 사람은 시호를 지어 주기도 하여 본명을 감추었으나 지금은 다르다. 이름으로만 그 사람의 운명을 판단하기에는 너무 어렵다. 출생의 시와 연령 등을 合하여 운명론을 결정하기 때문이다.

아명이란 어린 아이 때 부르는 이름을 말한다. 이름의 중요성은 현대에 사는 우리들에게도 절대적이라고 할 수 있다.

옛날에는 여자들은 이름을 못 가졌다. 그저 언년이, 아가씨, 마님, 꽃임이, 이쁜이 등등 하다가 시집을 가면 고장의 이름을 따서 어디댁(예 : 청주댁, 순천댁) 등으로 불리웠다. 호적에는 김씨, 이씨 등으로 기재되어 있다.

## ☐ 전당포를 아시나요

지금 이 시대에 사는 젊은 세대들에게는 아주 생소한 단어 '전당포'이다. 옛날에는 대전시청에서도 '시립전당포'를 공무원들이 근무하면서 운영한 적도 있었다. 즉 사업소 중의 하나였다.

전당포란 내가 갖고 있는 값비싼 귀중한 물건을 잠시 맡기고 돈을 빌리는 곳으로써 물건값의 절반 정도를 쳐주었다. 또한 약속기일이 6개월 이상 넘으면 맡아있는 전당포 주인이 임의 처분하기 때문에 전당포 주인들은 많은 돈을 벌었다고 한다.

1960년대~80년대까지만 해도 대전에서도 성황리에 영업이 잘 되어 영업장도 곳곳에 많았다. 그런데 요즈음은(2013 기준) 보기가 어렵다. 이제는 서서히 잊혀져가고 없어져가는 하향사업의 하나로 변해가고 있는 '전당포'이다.

## ▢ '사'자 人間들의 직업관

우리나라 사람들은 '사'자를 싫어한다. 이는 아마도 죽음을 뜻한다는 것에서 유래되지 않았나 싶다. 그래서 심지어 건물의 층도 4층 표기는 영문으로 'F'자로 표기한다. 그리고 또 한 가지는 빨간색 볼펜을 잘 쓰지 않는다. 이제는 그렇게 하지 않아도 될 성싶다. 빨간 글씨면 어떻고 청색 글씨면 어떠하랴. 4층이라고 표시하면 어떠하겠느냐는 말이다. 모든 것이 생각의 차이가 아니겠는가?

그런데 '사'자를 갖은 직업은 다 봉사정신을 가진 좋은 직업이라고 생각된다.

목사는 현대사회를 살아가는 인간들의 정신적 지주이며 의사는 인간을 재창조하는 신(神)적 존재라고 말하고 싶다. 또한 판사는 인간생활 속에서의 질서, 법을 판단하는 인간의 평등한 기둥이며 교사는 2세 양성을 위한 교육의 대들보이며 이외에도 '사'자의 직업은 아름다운 천사와 같은 직종이라고 본다.

특히 인류를 아름답게 만드는 이·미용사, 간호사, 심리사, 보험설계사, 영양사, 요양보호사 등등 많은 직종은 우리에게 도움을 주는 직종이다. 그런데 이러한 직업을 가진 판검사가 부정하여 국민들에게 망신당하고, 목사가 부정한 행동을 하고, 교사가 장학사로 승진하기 위해 부정한 방법으로 수억대가 오고가다 적발되어, 자살 또는 수 십 명이 구속되고, 변호사가 변호사 법 위반으로 입건되는 사례 등 우리 사회는 언제나 꽃피고 아름다운 따뜻한 봄날의 사회가 오려나!

## ☐ 우리나라 후손의 미래는

시내버스를 자주 利用하는 사람이 버스를 가장 걱정하고 불안해한다. 그러므로 가난한 민초들은 정치자들에게 기대하는 것이 많고 한편으로는 不信하고 걱정하고 욕하는 것은 내가 그 사람들을 선택하였기에 더 하는 것이며 이것이 정부의존증이다.

내 자식은 내가 낳고 키웠기에 더 애정이 간다. 남의 자식에 대해선 걱정을 안 한다. 우리나라 미래는 어떻게 될 것인가에 대해선 아무도 모른다. 걱정 안해도 된다. 걱정할 필요도 없다. 또한 우리민초들이 걱정한다고 해결될 수도 없고 할 필요도 없다.

어느 책에서 나는 이런 구절을 읽었다. '걱정'에 대하여 걱정해서도 안될 일이면 걱정할 필요가 없다. 걱정해서 될 일이면 아예 걱정을 하지도 마라. 이 말은 걱정 그 자체를 하지 말라는 소리이다. 어쨌든 지금 우리나라에서는 반정부세력이나 반국가적인 행위가 득세해서는 안 된다. 또한 무상을 좋아해서는 안 된다. 백억 이상을 갖은 자도 무상으로 준다하면 좋아한다. 이래서야…

일하지 않고 그저 국가에서 공짜로 밥먹여 주기를 바라서는 더욱 더 안된다. 이제부터라도 노인들도 생산적인 일에 참여하여야 한다. 우리나라 핵심생산 인구는 자꾸 줄고 노인인구는 늘어만 가는데 어찌하겠는가? 초고령화사회 80세 이상 평균수명시대 앞으로 90세 이상이 될 것이다.

80~90년 후에는 1,500만 명이 줄어 인구 3,500만 명이 될 것이라는 통계도 발표되었다. 활동할 수 있는 노인인구는 활동을 시키고 기초노령연금을 지급하여야 한다.

그래야 생산성이 높아지고 경제가 활성화 된다. 움직여야 돈을 쓰게 되어있다. 노인들은 지갑을 열지 않는다. 왜 그럴까? 그것은 노인도 미래가 보장되어 있지 않기 때문이다. 장례도 국가에서 치러주어야 한다. 노인들이 마음 놓고 활동하고 돈도 쓰년서 살아가는 사회가 바로 복지사회이다.

## 🗋 부모님께 효도하는 지혜

옛날 어느 농촌 사는 부부가 늙으신 홀시어머니를 모시고 사는데 시어머니와 불화가 잦아 빨리 돌아가시기를 원했고 다툼이 잦으니 아내와 어머니의 중간에서 좋은 생각을 해낸 것이다.

어느 날 아들이 시장에 가서 밤 한말을 사가지고 와서 아내에게 하는 말이 어머니와 다투는 날이 얼마 남지 않았다. 그것은 어머님께 이 밤을 매일 아침밥 지을 때 3톨(개)씩을 밥솥에 쪄서 아침식사 하신 후 간식으로 드시게 하시면 병이 와서 일찍 돌아가신다는 말이 있다. 그러니 아마도 내년 봄쯤은 돌아가실 거라고 말하였다.

그 말을 들은 아내는 매일 열심히 아침밥을 할 때마다 더 일찍 돌아가시라고 5톨(개)씩을 쪄서 매일 꼭꼭 간식으로 드렸다. 그러하니 더 늙으신 시어머니는 좋아지고 건강해지셔서 동네에 돌아다니시면서 내 며느리가 이렇게 잘해준다고 효부라고 칭찬하고 다니니 며느리도 마음이 변하여 시어머니와 다투지도 않고 잘 지내면서 오래오래 잘 살았다는 이야기가 있다.

이렇듯 부모님에게 효도하는 지혜를 다시 한 번 생각해 보아야 한다. 며느리한테 시부모는 6번째라고 한다. 사실상 며느리의 주장이 강하면 아들도 마음대로 못하는 것이 요즈음의 세상이다. 그러나 오늘날 늙으신 우리 부모들도 자식에 대한 이해와 배려로 어려움을 주어서는 안 된다.

　노인이 되면 모든 것이 '나' 자신 스스로 해결하려 노력하고 나 홀로 천천히 생각하며 모든 일을 잊어버리고 남한테 대우받을 생각을 하지 말고 서운한 생각하지 말고 모든 것을 그저 빨리 포기하면 근심걱정과 미운마음도 없어진다.


### ☐ 돈 없으면 죽지도 말아야 하나?

　돈이 없어 부모 장례식도 못 치르고 도망치는 자식들, 우리나라 속담에 돈 없으면 제 할아버지 제사도 못 지내고, 없는 집 제사 돌아오듯 한다는 말이 있다. 그런데 실제로 돈 없다고 해서 3남매가 부모 장례도 안 치르고 시신을 종합병원 영안실에 그냥 놔두고 부의금만 몇 푼 챙겨가지고 도망치는 희귀의 사건이 발생해 세인들을 놀라게 한 사건이 대전에서 발생했다.

　2013년 10월 대전 서구 어느 종합병원 영안실에 안치되어 있던 어머니 장례식을 치르지 않고 3남매가(아들 2, 딸1) 밤에 도주하여 6개월째 방치되어 있었다.

　나중에 보도된 바에 의하면 병원비, 장례비, 기타 등 모두 합쳐 약 2천만 원 정도가 되는데 부의금은 그의 절반도 안 되어 도저히 장례를 치를 수가 없어 자식들 3명이 돌아가신 어머니 시신을 그냥 내팽개치고 그래도 부의금은 챙겨서 달아난 사건이다.

자식 3명이나 있어도 그 누구 하나가 장례 치를 돈이 없어 큰딸이 부의금을 갖고 도주했으니 경찰이 수사한 것이다. 조사 해보니 사실상 돈이 없어 그렇게 하였다고 진술하였다.

그리하여 어머니 시신을 자식들이 포기하여 무연고로 인정되어 구청에서 장례식을 처리하였으나 자식들은 입건되었다. 그러나 법원에서는 아들들에게는 무혐의처분을 내렸고 큰딸에게만 3백만 원의 벌금을 내는 것으로 일단락 되었다. 이렇듯 돈 없으면 참으로 안타까운 일로써 자식이 있어도 돈 없는 자식은 참으로 불쌍하다.

기초생활수급자로 혼자 살다 죽은 어느 할머니는 장례비 200만원을 요 밑에 놓고 죽었으며 10만원을 별도로 놓으면서 국밥 한그릇 사 잡수시라고 유언을 남긴 메모지도 남겼다고 한다.

## □ 날아다니는 암탉이 되어야 한다

현대사회는 경제사회이다. 공은 누구에게나 둥글고 상자는 사각이다. 특히 지금은 사랑보다는 돈이라고 생각한다. 돈이 있어야 원한의 복수도 할 수 있다. 돈 없으면 부모, 형제도 처, 남편, 자식도 버리고 돈을 향해가는 것이 지금의 현실이다. 이제는 사랑만으로는 살 수 없다는 뜻이다.

옛날에는 돈이 없어도 사랑으로 그럭저럭 살다가 죽었다. 돈을 향해 가는 시대 부모한테 효도도 우리세대가 이제는 끝인 것 같고 자식한테 효도 받을 생각을 하지 않는 것이 가장 현명한 우리세대, 참으로 안타까운 현실이다.

더욱이 다문화가족과 호주제 폐지 등으로 나는 53세 때 1998년 6월 김대중정부 시절 대전시청에서 강제면직 당한 후 6년 간의 법정투쟁 끝에 겨우 복직했다. 그러나 투쟁의 6년 동안 토막직업으로 많은 일을 해보았다. 그 중 하나가 공공근로를 해보았는데 그때 중·고등학교 페인트칠과 화장실청소 운동장 하수구의 준설작업 등등이 있는데 하루에 일당은 28,000원으로 생각된다. 공공근로이다.

그때 나는 느꼈다. 쏟아진 물은 다시 그릇에 담을 수 없으나 흘러가 버린 물로 다시 물레방아를 돌릴 수 있는 때가 지금의 시대라고 말이다.

사람이 막장에 닥치면 무엇이든지 할 수 있고 악에 받치면 본래의 힘에 100배 이상 발생하는 기력이 생긴다는 말이 사실인 듯하다.

## ☐ 채무보증에 대하여

옛말에 이런 말이 있다. 보증 서 주는 자식은 낳지도 말라는 말이다. 채무보증 그 얼마나 어려운 것인가?

보증. 가급적 해서는 안 된다. 그러나 어쩔 수 없는 처지가 있게 마련이다. 나도 젊은 시절 두 번 서 주었더니 두 번 다 내가 변상해준 경험이 있다. 심지어 월급 차압까지 들어갔었다. 그러나 다행히 여럿이 해결을 하여 그리 많은 돈은 아니었다.

오늘을 살아가는 젊은이들은 잘 생각해야 한다. 흔히 말하는 "오늘 우리는 만나지 않은 거야."의 그 말의 깊은 뜻과 같이 참으로 어려운 세상에서 살아가고 있는 것처럼 말이다.

젊은이들이여 마음가짐을 바르게 하며 때에 심지 않으면 거두지 못한다는 평범한 진리를 알고 살아야 한다.

## ☐ 우리는 세계를 지배하여야 한다

人生 황혼기에 멋지게 잘 살아가기 위해서는 청·장년시절에 모든 것을 조금은 절제하고 몸을 아껴야 한다. 그러나 '삶'과 '죽음'은 하늘의 뜻이라 했지만 건강은 사실상 내가 지켜야 할 것 같다.

너무나 가난했던 나의 유년시절 앞에서도 언급했지만 엄마젖을 못 먹어 배가 등짝에 붙어 숨을 쌕쌕거리다가 내가 보는 앞에서 죽어간 여동생, 입을 옷이 없어 속옷 내의에는 '이'가 많아 밤이 되면 이를 잡고 다시 옷을 입고 자던 일이 떠오른다.

하기야 내가 1969년 군대생활을 할 때도 '이'는 있었다. 교복도 단 한 벌뿐이라 자주 빨아 입지도 못하고 집에 오면 갈아입을 옷이 없고 어머니는 남의 옷을 얻어다 입고 다니셨으며 그때는 옷이 왜 그다지도 비싸고 귀했는지…. 그래도 나는 명절이면 어머니가 손수 해주신 한복바지는 입어보았다. 검은 솜바지인데 댓님도 매고 했다.

지금 우리가 살아가는 이 시대에는 물건들이 너무 풍족하다. 옷도 너무 많다. 시장에 가보면 천 원짜리 옷도 아주 좋다. 와이셔츠도 오천 원, 넥타이도 이천 원짜리도 좋은 물건이다. 나는 이런 와이셔츠와 넥타이 이천 원 사천 원짜리를 입고 매고 다닌다. 그러므로 이 시대에는 부자는 부자대로 가난한 사람은 가난한 사람대로 다 살아갈 수는 있다. 이것은 바로 지금 70, 80세 되신 어르신들의 피와 땀의 고생과 노력의 그 댓가이고 결실로써 지금 후손들이 이렇듯 잘 살고 있는 것이다.

특히 지금 노인세대 70, 80, 90세(2013년 기준)의 고난의 땀은 말할 수 없다. 이승만 정권에 이어 故 박정희 대통령의 새마을 운동 정신으로 지금 우리나라는 이렇게 부강한 나라가 되었으나 정신과 노인복지는 세계 240여 국가 중 하위이다. 왜 그럴까?

1940년생부터의 노력과 피와 땀의 결실 우리 후손들은 반드시 알아야 한다. 나는 누가 뭐라해도 새마을운농정신이 도시와 농촌을 골고루 경제발전을 이룩하였다고 주장하는 바이다.

특히 쌀과 보리만을 생산하는 농사일을 탈피하고 가축의 축산장려 과수의 확장생산, 특수작물의 재배로 우선 내수경기가 회복되었고 단지를 조성하여 그 고장의 기후와 토질에 맞는 작물을 재배하여 수출에도 힘써 경제를 발전시켰으며 농촌의 마을 안길 넓히고 농촌문화발달 교육성장 도시와 농촌의 교통 선진화 시책으로 1970년대의 경부고속도로의 개통은 우리나라 사업발전에 가장 큰 제일 우선의 원동력이었다.

## 기러기의 지혜를 배우자

□ 노년의 부부생활

오늘을 살아가는 우리는 행복의 기대 속에는 이런 말이 있다. 하루를 행복하려면 아침 일찍 이발을 하라. 일주일을 행복하려면 복권을 사라. 그러나 평생을 행복하게 살려면 어진아내를 만나야 한다. 생에 부부의 연을 맺어 40여 년 이상 오랜 세월을 같이 살다보면 장·단점이 많이 나타나 가끔 다투게 된다.

이웃나라에서는 인생 황혼이혼이 많다고 하나 우리나라에서는 그래도 그리 많지 않은 것이 다행스러운 일이다. 늙어가면서 힘없는 남편과 아내를 서로 불쌍히 여겨 잘 보살피고 특히 남편들은 내 아내를 더 불쌍히 여겨 많은 사랑으로 감싸주어야 한다.

젊은시절 다하지 못한 인생토론도 하면서 시간여유도 갖고 이제는 얼마 남지 않은 여생은 서로가 존중하면서 살아가야 하겠다. 그러기 위해서는 제일 중요한 것은 부부 서로가 지나친 간섭을 하지 말고 그저 내버려두어야 한다고 나는 생각한다.

그것은 즉 요즈음 노인층 부부들의 이야기를 들어보면 잔소리가 많아 아주 귀찮다고들 한다. 그래도 부부는 늙을수록 잠도 같이 자고 함께 한방에서 생활하여야 한다.

새벽에 잠에서 깨어나 잠든 아내의 모습을 보라. 어떤 생각을 드는지 이제 서로 모든 마음과 사랑을 한 번 더 느껴보면서 생의 끝자락에서 아름다운 노년의 부부는 그저 서로 아끼고 존중하며 대화는 많이 하되 남편이나 아내 모두 지나친 간섭을 하지 말고 자유롭게 행동하여야 한다. 가급적 여유가 된다면 같이 여행을 자주 하면서 새로운 것들을 보고 배우고 느끼면서 모든 일은 긍정적으로 생각하고 화를 내지 않고 작은 목소리로 대화하고, 특히 노년부부가 되면 각각 방을 사용하지 말고 한방에서 같이 잠도 자고 생활하여야 한다.

## ☐ 젊은이여 올바른 생각으로 살아야 한다

나는 내가 올바르지 않게 70평생을 살았다는 뜻은 아니다. 나처럼 고지식하게 살아온 사람도 별로 없을 것이다.

그런데 젊은시절 단 한번 생각을 올바르지 않게 먹고 행동한 것이 평생 살아온 人生과 35년간의 공직생활을 실패로 끝나게 한 '예'가 있어 여기에 이렇게 나열하면서 후에 남기고자 하는 것이다.

그것은 구차한 변명일지 몰라도 단 한 사람이라도 이해할 수 있을지는 모르지만 나는 유년시절 너무나 가난하고 배고팠고 임시직 공무원이 서러워서 정규직(일반직 행정5급을류)이 되려고 시험 컨닝한 것이 그 댓가가 너무 나에게는 혹독한 댓가를 치루었고 그것도 35년 후에 발견되어 53세의 중년에 면직당한 것이다.

그러므로 인간의 부정은 금방은 피하고 일부는 속일 수 있으나 언젠가는 밝혀진다는 사실의 교훈을 남겼고 영원한 비밀은 없다는 것을 새삼 느끼게 했으나 그 일이 내가 아닌 다른 3자로 인해 꼭 부정했던 일은 밝혀지는 것이다.

이 책을 읽는 지금 이 시간 독자 중에도 그릇된 생각을 갖고 있다면 그 마음을 당장 고쳐먹고 정직하게 살기 바라며 상대성 있는 일이라면 상대방을 설득하고 잘 이해시켜야하며 그래도 이해를 못하면 그 자리를 잠시 피하여서라도 하지 말아야 한다. 물론 경우에 따라 어쩔 수 없이 시행하는 수도 있으나 하여간 결과 그 책임은 행위자가 모든 1차 책임이 있다는 것을 명심하여야 한다

## ▢ 고양이의 슬픈 울음소리

새벽 4시에 들려오는 고양이의 애절한 울음소리는 무엇을 의미하는 것일까?

어떠한 문제가 생기면 나는 모른다고 모두들 다 발뺌을 하기 마련이다. 잘못을 안할수는 없다. 잘못하여 어려운 일이 생기면 빨리, 즉시 동료와 상사와 협의하고 의논하라.

요즈음은 무리하게 지시하는 상사는 없다고 한다. 전에는 무리하게 지시하는 즉 법규정에도 맞지 않는 일을 강요한 상사도 간혹 있었다. 그래서 어쩔 수 없이 시행하는 사례도 있었고, 나도 공직생활 중 잊지 못할 큰 2가지 일을 상사의 부당지시로 겪었다.

물론 다행이 잘 처리는 되었으나 곤혹을 치룬바 있다.

나는 공직생활 중에서 누구한테 20만원 이상 받아본 일이 한번도 없다고 자신있게 말할 수 있다. 물론 소액은 한두 번 받아 본 일은 있다. 그것도 안 되지만 그렇게 착실하고 검소하게 살아온 것만은 사실이다. 그래서 이렇게 조금은 어렵게 살아가고 있는가 보다.

공직 권력의 힘의 논리에서 힘을 가진 자들이 휘두르는 칼은 내가 생각하는 것보다 백배 이상 아니 천배 이상 참혹하고 잔인한 것을 나는 경험했다.

## ☐ 교육은 백년 후를 생각하여야 한다

2세 교육에 대하여 우리나라 부모들처럼 강한 나라도 드물다고 한다. 2세 교육은 반드시 잘 이루어져야만 국가성장의 원동력이 된다. 그러므로 교육정책은 변화자 자주 있어서는 안 된다. 백년 후를 내다 보아야 하기에….

나는 이렇게 생각한다.

현행 초 6년에서 5년으로 변경하고 중은 현행대로 하며 고등학교는 현행 3년에서 5년으로 대폭 늘리며 대학 4년을 3년으로 줄이고 대학원은 현행대로 아울러 의대, 로스쿨 등은 각각 5년으로 하여 고등학교만 졸업하여도 사회생활에 아무런 지장이 없도록 하며 각종 시험자격도 주어야 한다.

단 완전 전문직이어야만 하는 의사, 약사, 판·검사, 변호사 등등과 고도의 기술과 인술, 인간의 존엄성, 인권·후세교육을 다루는 교사 직종은 반드시 그에 해당하는 대학을 졸업하고도 일정한 자격시험을 거쳐 합격하여야만 할 수 있도록 해야 한다.

　기타 일반적인 직종은 고등학교 졸업으로 그 모든 자격시험을 치르도록 하여야 한다. 이것은 학력을 철폐하는 것이라 생각한다. 특히 실업계 고등학교에서는 각종 자격증을 반드시 취득할 수 있도록 하여야 하며, 대학입학은 자율화하되 졸업정원제를 정착화하여, 철저한 학점 취득으로 하여 언제든지 영구휴학으로 평생 동안 복학 가능할 수 있도록 문호를 개방하여야 한다. 이렇게 함으로써 편견 없는 사회와 대학을 선호하는 사회와 풍토가 사라질 것이며 안정된 사회가 이루어질 것이다.

　우리나라 70~80년대만 해도 얼마나 아들만을 선호했던가. 지금은 변하지 않았나? 이제는 아들, 딸 구분이 없어지지 않았는가 말이다. 지금부터는 고졸과 대졸의 차이가 없어져야 할 때이다.

　이런 현상은 모두 다 인간이 만들어내고 영국이나 우리나라처럼 경험주의 보수주의 성향으로 이룩된 것이 아니고 그 무엇인가. 서구처럼 현실과 합리주의로 발전하여야 한다고 본다.

　인간도 죽으면 그만이다. 살아있을 당시가 중요하고 그 중에서도 제일 중요한 것은 지금 바로 현실이다. 죽은 후의 세상은 인간은 모른다. 사후를 너무 생각하지 말아야 한다. 사후의 그 세계는 사후의 세계 그 나름대로 따로 있을 뿐이다.

## □ 학교생활 불안 0(제로)으로 만들자

학생들이 마음놓고 뛰어놀고 공부할 수 있는 곳은 배움의 터전인 학교이어야 한다. 학교생활은 인생사 80平生 동안 가장 중요한 부분의 16년간이다. 특히 초·중·고 아이들의 학교는 학부모와 학생들이 편안하고 안심할 수 있는 최고의 안전지대이어야 한다.

그러기 위해서는 학교와 학부모 특히 사회의 지도층과 부유층의 길은 관심과 배려가 있어야 하는데 나는 해당이 없다 해서 그저 관심조차 없는 것이 현실이다.

어린 새싹들이 자라면서 배워가면서 잘 자라야 이 나라를 이끌어갈 청소년들의 학교생활 학생들의 불안, 불만을 최소화하고 제로를 만들기 위해서는 정부와 사회의 관심이 적극적이어야 하며 학교시설이 현대화와 안정성 학교폭력 예방과 방지대책이 가장 중요하다고 하겠다.

어린 꿈나무에서 꿈을 이루는 학교생활로 배움의 중·고를 거쳐 이론과 학식을 배우는 큰 인물이 되기위한 대학생활까지 순조롭게 순항할 수 있도록 뒷받침이 잘 되어야 한다.

선생님은 스승다워야 하며 진실된 사명감을 갖고 수업은 물론이지만 생활지도를 열심히 하고 학생들을 내 자식처럼 대하고 잘 가르쳐야 한다. 그저 적당히 수업시간만 때우고 봉급이나 받아가겠다는 마음을 갖는 선생님은 선생이 아니며 지금 바로 교실에서 물러나 다른 직업을 택하여야 하고 특히 어린학생과 지적·신체적 장애인 학생을 상대로 성추행과 폭행하는 선생은 20년 이상 중형을 받아야 하며 죄질에 따라 상습적인 사람은 극형에까지 처벌하여야 한다.

특히 학교폭력은 하루 속히 근절되어야 한다. 학교폭력으로 인해 견디다 못해 자살하는 사례가 많으니 매우 심각한 사회문제이니 이제는 사회, 부모, 학교, 정찰, 정부에서도 적극 나서서 반드시 근절시켜야 한다.

나는 대전 가정법원으로부터 소년위탁보호위원으로 위촉받아 소년범죄예방 및 재발방지를 위한 상담과 선도를 하고 있는데 그중에서도 중학생의 범죄는 그지없이 안타깝기만 하다.

또한 나는 여고 배움터 지킴이로 다년간(6년) 봉사활동을 하면서 보고 느낀 것은 여고생들의 담배와 술, 이성 관계 등의 탈선방지와 선도 상담, 학교폭력예방 활동에 주력을 다하여 보았다.

그러나 특히 여학생들의 탈선예방과 방지대책은 학교와 가정뿐만 아니라 사회의 깊은 관심이 절실하다고 하겠다.

내가 학생들을 대상으로 설문조사를 해보니 학생들이 바라는 선생님들의 상은 다음과 같았다.

1. 학생 모두를 동등하게 아껴주고 사랑해주는 선생님
2. 인격을 존중해주는 선생님
3. 꿈과 희망을 주는 선생님

선생님들이 학생들에게 바라는 상은 다음과 같았다.
1. 용모가 단정한 학생
2. 공손하고 예의바르고 인사 잘하는 학생
3. 시간을 잘 지켜 성실하게 학교에 잘 등교하는 학생

## ❏ 기러기의 지혜 같은 젊은이

늦가을 높은 하늘을 바라다보면, 기러기떼가 편대(무리를 나누어 나는 것) 비행을 하는 모습을 볼 수 있다. 기러기는 시베리아 동부의 호수나 습지를 고향으로 삼고 산 넘고 물을 건너 가을이면 우리나라로 날아왔다가 봄이 되면 다시 고향으로 떠나는 조류이다.

기러기가 왜 V자 모양으로 날아가는가. V자 아래의 뾰족한 끝자리가 리더(대장)의 자리인데 맨 앞에 날던 대장이 지쳐서 편대를 지휘할 수 없으면 뒤로 가고, 뒤에서 날던 서열상 두 번째인 기러기가 앞으로 나와 리더의 임무를 대신 수행하는 방식으로 리더의 자리를 주기적으로 바꿔 날아간다.

하늘을 함께 나는 기러기 모양

이 리더는 앞에서 공기를 헤치며 속도를 조절하고 낮에는 태양을 보며 밤에는 별을 보고 등대 삼아 목적지까지 방향을 조절하고 길을 안내하는데 각각의 기러기들이 젓는 날갯짓은 바로 뒤에 따라오는 다른 기러기에게 바람의 저항을 막아주기 위해 V자로 날아간다. 이렇게 날면 개별적으로 날아가는 것보다 71%나 더 멀리 날아갈 수 있다.

무리의 편대에서 이탈하여 날아가는 기러기는 가장 많이 지친 기러기 옆에서 낙오하지 않고 목적지까지 날아갈 수 있도록 도와주기 위함이다.

 또 다른 기러기는 적으로부터 발생할 수 있는 위험을 감시하는 임무를 수행하기도 하고 이렇게 생존을 위해 목숨을 걸고 시베리아에서 한반도까지 만 4만킬로미터(서울-부산의 80배의 거리)를 서로 의지하면서 대장정(매우 먼 길)에 오르는 것이다. 기럭기럭 울음소리를 내는 것은 리더에 대한 응원, 앞서가는 기러기들이 속도를 유지하도록 힘을 북돋아 주고 열정적으로 서로를 응원하며 특히 구름이나 안개를 통과할 때, 밤길을 지날 때 편대비행을 유지하기 위해서 소리를 내기도 한다.

 더욱 놀라운 것은 기러기가 병에 걸리거나 사냥꾼 총에 부상을 입어 낙오하면 다른 두세 마리의 기러기들이 낙오된 기러기가 지상에 내려앉을 때까지 도와주고 보호를 하면서 낙오된 기러기가 다시 날 수 있을 때까지 아니면 죽음에 이를 때까지 함께 머물다가 다른 기러기 대열에 합류하거나 자신들의 대열에 따라 간다고 한다.

 젊은이들이여 이렇듯 기러기는 생존하기 위해서 지혜롭게 팀웍(Team Work : 협동작업)을 발휘함으로써 먼 거리를 성공적으로 안전하게 이동할 수가 있는 것처럼 기러기가 우리에게 주는 교훈이 매우 크고 다양하다.

 여러분은 무슨 생각이 드는가?

## □ 여학생 흡연 해결책

담배 피우는 여고생과 아니 여중생들. 여학교 화장실에 감추어져 있던 일회용 라이타와 성냥, 담배, 내가 1998년 하반기 모 여학교화장실 청소와 벽 페인트칠을 공공근로를 할 때의 일이다. 여고생들과 여중생들까지 담배 피운다는 말은 들었지만 사실 확인한 것은 처음이었다.

참으로 걱정은 되나 그리 걱정할 필요는 없다고 본다. 이유는 그러한 학생이 그리 많지 않기 때문이다. 그저 몇 명뿐이다. 나는 사회에 대한 심각성을 느끼진 않는다. 소수는 물의를 일으킬 수는 있으나 큰 재앙을 일으키는 일은 없다.

다만 당사자의 자신만이 해결할 수 있다고 본다. 그러나 다 같이 한번 생각해보고 연구해볼 필요성은 있다. 그러면 여기서 담배에 대한 이야기를 더해보기로 한다. 우리나라 담배에 대한 역사와 그 심각성에 대해 알아볼 필요가 있다.

담배는 임진왜란때 일본으로부터 우리나라에 처음 들어왔으며 (1590년대 쯤) 약이 없던 그때 당시에 담배를 피우면 두통과 배앓이가 없어져 큰 효과가 있다하여 아주 특효약처럼 여겨져 왔으며 그 후

광해군 초에 우리나라에서도 재배하기 시작하였다.

담배는 니코틴이라는 성분이 있어 중독성이 매우 강하여 한번 피우기 시작하면 금연이 그리 쉽지 않은 중독성을 지닌 기호품이다.

조선시대에는 차(茶)나 술 대신 손님에게 접대로써 담배를 권하였고 그때 당시는 담배값이 워낙 비싸서 담배를 '뇌물'로 사용하기도 했다. 숙종때 무인 서치는 이조판서에게 담배를 뇌물로 주고 감찰벼슬을 얻었다는 기록도 있으며 하여간 담배는 기호품으로써 연기나는 차(茶)라고 하였다. 연주(?)라고도 했다.

그러던 중 조선시대 인조임금이 담배를 못 피워 신하들의 담배연기에 질려 편전과 부모 윗사람 앞에서는 금연하라는 어명을 내렸다고 한다. 그 후에 윗사람과 부모 앞에서는 담배를 피우는 풍조가 없어졌다고 한다. 이러한 담배는 남성에게는 성기능 장애가 있으며 여성 특히 임산부에게는 태아에게 치명적인 악영향이 있다.

세계보건기구(WHO)에 의하면 담배로 인한 사망이 10초에 한명씩 죽어가고 있으며 우리나라에서 년간 4만 2천여 명이 사망하고 있다는 보고서가 나왔다. 이러한 현실로 볼 때 지금 이 시간에도 담배를 피우는 사람들은 하루 속히 담배의 굴레에서 과감히 벗어나야겠다.

# □ 학생흡연 "한번 생각해 볼 일"

大田日報　2001. 8. 20.(月)

## 독자마당

### 독자 여러분

담배여 맛, 그것은
참으로 미묘하고 달콤하고
시원하고 짜릿한 함께하여
시원한 물맛이 있다. 그
것만은 틀림이 없다. 내 생
각들이 빠져나오려는 말은 내 생
각이 아닌가 본다. 빼앗들이는 옳즈음
오늘의 이야기는 아니라. 그러나 요즈음
우리 청소년 가운데 흡연인구가
나날이 있어져 심각성이 되어진다.
오래된 신문을 보니 학생들의 흡연관계
기사를 교장선생님들이 직접 흡연실
에까지 앉지 내지 흡연대책교육까지 하
고 있다는데 대한 성적관계 또한 성공심
라 운영하는든 학생흡연에 대한 대책
을 해양활동을 찾는다고 했다. 그
러니 마침기에 청소년 흡연예방을 위

해 온갖 노력을 다하고 계신 학교의 교장
선생님과 관계자께 찬사를 보낸다.
그러나 학생의 흡연문제는 학교에서
주관한다고 될 문제는 아니라고 생각한다.
가정에서의 교육이 반드시 필요하다고 본
다.
가정에서 부모님들의 금연생활이 있어야
하겠다. 이야들 보는 앞에서는 되도록 담
배를 피우지 말고 재떨이 같은 것들을 만
들어 커지, 어린 꼬마들한테 예, 재떨이 가져와
라도. 재떨이 하는 것 이 말을 없애 버리자.
담배는 어른들 타인에게도 피해를 많이
있다. 특히 요즈음 같은 신축내에서 애호간
을 있고느 경우사도, 화장에 숨겨 놓은 담배
등에 대한 담배는 이렇게 여직일
들이 담배를 많이 피우는가 하고 혼자서
깨탄한 적이 있다.
나는 끝으로 청소년 특히 학생흡연에 대

를 가질시다, 흡연 청소년도 세월이 흐르면
어른이 되겠지만 그러나 어린 초등학생까
지도 흡연을 한다하니 우리모두 한번 슬
게 보이야 할 일이 아닌가 싶다.
내가 직접 눈으로 본 청소년의 흡연상
특히 여학생들의 흡연, 내가 지내테 거울
모여앉아그들 학교 공분도사실까지 하고
있더라. 피로에 뵈우들 하고 그속에 여학교
시 해체하면 좋았다고 됐다.

흡연단체를 지양하는 마음대로 
하면 오히려 더 피울 것이다. 전에 통틀이
지나치다 자유로운건가, 으히려 이용이 탕
지 않을까.

이무리 못마우어 해도 매를 사람은 매우
게 보인다. 발을 줄이도 담배는 마우는
한다는 걸이 있지 않은가.
예언기를 조주만에 담배가 있으면
심하고 기운이 없다고 하는 학생들의 흡
연은 최소화하려면 초등에서 제공되지 고
등학교에서는 흡인의 인문결로 교육하고
연구에를 지양함이 어려지가 우리모두 한
번 다들에 생각해 볼 문제이겠다. <한국
예출대전광역시지회 홍보실장>

## ☐ 학교폭력 그 예방은?

나는 갈마동 봉산초등학교에서 꿈나무지킴이 1년을 거쳐 대성여고에서 배움터지킴이로 6년여 간을 자원봉사로 활동하여 왔다. 자원봉사자라고는 하지만 사실상 월 몇 푼의 댓가 즉 수당을 받고 일해 왔는데 주 임무는 학생 학교폭력 예방활동 등이다.

초·중·고 모두가 학교폭력에 대하여 심각하고 사회적 관심이 크고 학생들의 자살 등으로 이어져 사회적 파장이 큰 것만은 사실이다.

학교폭력은 반드시 없어져야 하고 뿌리 뽑아야 한다. 나는 상습가해자는 엄한 벌로 다스려야 한다고 주장하는 사람이다. 그러나 가해자의 변명도 들어보아야 하겠지만 단순가해자는 용서를 하되 상습적인 가해자는 격리수용까지 하여야 한다고 강력히 주장한다.

피해학생의 사례를 나열하면 다음과 같다.

1. 학교 가기를 싫어한다.
2. 말이 없고 혼자 있기를 좋아하고 늦게 일어난다.
3. 옷이 가끔 바뀌어져 있다.

4. 단추가 떨어져 있고 옷이 더럽혀져 있다.
5. 물건을 자주 잃어버렸다고 한다.
6. 용돈을 자주 부모에게 요구한다.
7. 두려워하며 때로는 시무룩해하고 신경질을 낸다.

이러한 학교폭력에 대한 예방은 다음과 같다.

첫째, 자녀에 대한 부모의 세심한 관심도이다. 사소한 일 하나하나 물품훼손, 연필 한 자루 잃어버린 것, 옷의 훼손 등을 말한다.

둘째, 학교 선생님의 지대한 관심사이다. 오히려 부모님보다 더 어려워하고 허심탄회하게 털어놓고 말할 수 있는 것이 학교 담임선생님이라고 할 수 있다. 선생님은 반드시 담임선생님이어야 한다. 담임선생님의 지극한 사랑과 정성과 성의로 한 반의 30명 학생을 한 눈안에 넣어야 한다.

또한 담임선생님은 학생 하나하나가 연필은 몇 자루 가지고 다니고 가정환경과 가정경제 부모의 태도까지 다 알아야 하고 암기하여야 한다.

초·중·고 모두 반 학생은 30명으로 하여야 한다. 그리고 담임선생은 성격이 급한 선생님은 안되고 젊고 인자하고 세심하여야 한다. 이러한 담임선생님의 보람과 긍지를 심어주기 위해서 대우를 해주고 승진의 우대 또는 수당의 현실화 등의 댓가를 지불하면 담임선생의 기피를 하지 않을 것이다.

셋째, 상급관청 즉 교육청에서는 부모와 담임선생님의 특별한 사회적 교육이 자주 있어야 하겠다. 외부 전문 강사를 통해 수시로 학부모와 담임선생님의 학교폭력 발생사례에 대한 교육을 실시하여 그 예방대책을 강구하는 교육을 실시하여야 한다.

이렇게 함으로써 학교폭력은 부모와 학교의 담임선생님의 훌륭한 지도와 애정만이 해결할 수 있다고 본다.

## ☐ 상대방의 '호칭'

사람은 누구나 내가 존경받으려면 상대방을 존중하여야 한다. 이는 인간사회의 철칙이요 예의이다. 나를 알아주고 나에게 잘하여 주면 기분이 좋고 으쓱도 해지며 나도 상대방에게 잘하여 주고 싶은 생각이 든다.

그런데 우리네 사람들은 나는 상대방에게는 잘하지도 않으면서 상대방은 나에게 잘하기만을 바란다. 오히려 상대방을 헐뜯고 업신여기면서 자기는 최고이고 상대방은 아무것도 아닌 것처럼 말하는 사람들이 많다. 이런 것들이 하루빨리 없어져야 한다.

그러기 위해서는 상대방의 '호칭'을 잘 불러주어야 한다. 물론 '씨'도 존칭어가 아닌 것은 아니지만 그래도 우리 아직 한국사회에서는 '씨'보다는 직위 또는 그 사람이 제일 좋아하는 호칭을 불러주길 은근히 바란다.

그것을 쉽게 알려면 명함의 이름 앞에 있는 것이 나를 불러달라는 뜻이 담겨져 있다. 명함이 없고 잘 모를 때는 '사장님' 또는 '선생님' 등으로 호칭하여 주어야 한다. 실제 '예'를 들면 버스를 탈 때에도 운전기사분한테 기사아저씨라고 구태여 하지 말고 "기사님"하고 상냥한 목소리로 물어보면 상대방도 기분 좋게 응대하여 준다. 구태여 '기사아저씨'라고 할 필요가 없다.

　호칭을 제외할 수 있는 사람은 없다. 그러나 간혹 너무 친한 동갑내기 친구 또는 초·중·고 동기동창생도 여럿이 모인 곳에서는 호칭을 불러주어야 한다.

　선·후배 간에는 반드시 호칭을 사용하여야 하며 후배라고 해서 반말로 해서는 절대 안 된다. 호칭 중에는 가급적 과거경력에 의한 호칭 또는 현재 직위 아니면 '호'의 호칭도 괜찮다. '호'가 만당이면 만당선생님, '칠보'이면 칠보선생님이라고 하되, 반드시 호 뒤에는 선생님이라는 호칭을 넣어주어야 한다.

　내가 지금도 원로 한 분을 존경한다. 충남도의 군수를 몇 군데 지내셨으며 대전시에서도 중구청장, 서구청장 등을 역임하셨고, 지금의 도시철도인 초대 대전지하철 건설본부장과 퇴임하신 후 대기업의 부회장까지 지내신 원로인사 분이신데 그렇게 호칭의 직위가 많아도 전에 청장하셨던 "청장님"이라고 불러주는 것을 제일 좋아하신다.

　이렇듯 결론적으로 상대방의 호칭은 그 사람의 최종직위 아니면 상대방이 가장 좋아하는 호칭을 불러주는 것이 제일 아름답다. 상대방의 호칭을 잘 불러주어야 성공과 출세를 할 수도 있다.

## □ 도장과 싸인의 중요성

나에게 책임과 이행 변상까지 뒤따르는 서명이 도장과 싸인이다.

우리나라는 과거부터 도장(인장이라고도 함)을 사용해왔다. 요즈음은 도장을 찍을 때 한번 더 생각해 보라고 앞 표시가 없다. 그래서 찍을 때 요리저리 돌려보면서 한번 더 생각을 하게 된다.

전에는 도장의 앞에 표시가 되어 있었다.

그러나 지금은 직접 내가 싸인으로 모든 것이 다 통하는 시대이다. 심지어는 인감증명도 은행의 예금통장도 싸인으로 한다.

그래서 싸인을 쉽게하는 경향이 있다. 그러나 지금도 꼭 도장을 찍어야 하는 서류가 한 가지가 있다.

도장을 찍으려면 한번 더 생각하게 된다.

서류도 다시 한번 더 보게 되고 도장을 호주머니에서 꺼내는 시간이 있어 생각도 하게 되고 그래서 사람마다 도장 1개씩은 꼭 갖고 있으면서 중요한 서류에는 싸인보다 도장을 찍는 것도 좋을 성싶다.

도장을 찍을 때는 가급적 입회인이 있으면 좋다. 그래서 나는 내 아내와 아들 며느리, 손자, 손녀에게 이 도장을 선물한다.

## 요즈음 결혼식장 풍경

모든 것은 형식보다는 내용이 사실상 중요하다고 본다. 그러나 때로는 대중 앞에서 형식을 갖추어야 할 때도 있다. 결혼식도 하고 사는 것과 그냥 사는 것과는 천지차이다. 결혼식은 꼭 해야 된다. 이것은 형식이 아니라 매우 중요한 인생행로의 절차 중의 하나이다.

그러나 결혼식 날의 풍경을 좀 더 자세히 살펴보면 하객들은 그저 신랑신부의 부모한테 얼굴보고 인사하고 축의금 봉투 하나 내고 식권 한 장 받아 식사하고 가는 것이 고작이다. 이것이 현재의 결혼 풍속도이다.

결혼식은 신랑신부의 진정한 축하와 미래의 행복을 위해주는 것이 결혼식 그 자체이다. 그 식이 매우 중요하다고 본다. 결혼축의금. 나도 했으니 또 받아야 한다. 이러한 마음이다. 우리의 결혼풍속도 이제는 조금 바뀌어야 할 때가 된 것 같다.

대전에도 요즈음 결혼식장이 고급화 되어가고 부쩍 늘어간다. 음식뷔페도 고급화 되어가며 사실상 비싸다. 결혼식장 객석을 50~100석으로 줄이고 초청도 50~100명으로 하여 친구와 일가친척만 초대하고 뷔페음식도 반찬 가지 수를 대폭 줄이고 소규모적으로 해야 한다. 이것이 내용을 중요시하는 것이다.

축의금도 진정한 축의금으로 부담 없는 축의금이 되어야 하겠다. 그리하면 배달사고도 없다.

□ 애경사의 부조금

중도일보　　2002년 11월 9일 토요일 제 11421호

# 애경사의 부조금

가을을 맞이하여 결혼식이 많이 열린다. 그러나 반면에 애사도 많다. 환절기에는 사람들이 병으로 많이 죽는다. 그 이유는 왜 그런지 잘 모르지만 60여 평생 나의 삶의 철학으로 보면 이상하게도 환절기에 사람들이 많이 죽어가며 삼복더위나 엄동설한에는 인간의 죽음도 피하는 것 같다.

사람은 서로 어우러져 살아가기 위해 협동정신이 절실히 필요하다. 그러므로 또한 '부조'가 있어야 한다.

서로 돕는 취지에서 그 옛날 내가 어렸을 때에는 동네에 혼인이나 초상이 나면 집에 있는 계란이나 쌀, 보리, 막걸리, 잡곡 등을 보내는 것을 보았다.

그러나 이제 이 시대는 경제부국이 되는 산업사회이다. 산업사회는 돈이 최우선이다.

돈이면 무엇이든지 할 수 있는 '물질만능의 시대'이기 때문이다.

'돈', 참으로 좋은 것이다. 그러나 '돈'을 좋아하는 사람은 돈 때문에 망하게 되어있으며 망하지 않으면 돈으로 인해 고생, 망신살을 당할 수도 있다. 재복은 하늘에서 오는 것이지 결코 내가 갖고 싶다고 가질 수 없는 것이라고 본다. 많은 돈을 갖기를 우리 세인들은 원하고 나도 원한다. 그러나 그렇게 되지 아니하는 것이 세상의 이치이다.

우리나라 미풍양속중의 하나가 이웃과 아는 사람들에게 큰 일이 있을 때 도와주는 것, 그것이 곧 부조라고 생각한다.

'부조금'(扶助金), 사전에는 이렇게 해석되어 있다. 공무원 연금법상 공무원이 재해 또는 실직한 경우에 부조를 위해 지급되는 급여라고. 그러나 또한 사인(私人)과 사인사이에 길흉사(吉凶事)가 있을 때 축하금 또는 조위금으로 주고받는 돈도 '부조금'이라고 한다.

그렇다면 부조금은 우리 생활에서 떠날 수도 없고 또한 떠나서도 안되며 뇌물도 아니다. 그러므로 나는 이러한 제안을 하고 싶다.

차라리 안내장(청첩장) 하단에 은행계좌번호를 적어 놓으면 훨씬 편할 것 같다.

그리하면 최소한의 인사치례를 할 것이 아닌가.

물론 우편송금이나 다른 인편을 통해 할 수도 있지만 그것보다는 계좌번호로 송금하는 것이 이제는 공식적으로 활성화되어야 하겠다.

아마 누구나 거의 다 있는 일이지만 요즈음 토요일과 일요일에는 한두곳씩은 겹치는 혼사가 많을 것이다.

이러한 불편을 해소하기 위하여 '부조'를 미풍양속으로 알고 계좌번호를 생활화하였으면 하는 것이 나의 개인적인 생각이다.　이수영 〈대전시 서구 갈마동〉

## ▢ 정치인의 자세와 얼굴

누구를 위한 정치가인가? 선거 때만 되면 시민과 주민을 위한 머슴꾼이 되겠다고 떠들어댄다. 과연 그러한가? 정말로 웃기고 있다. 오직 본인의 출세임이 첫째이다.

이런 말이 문득 생각이 난다. 정치인과 선량한 시민이 동시에 한강에 빠지면 누구 먼저 구하느냐고 물으면? 정치인 먼저 건져내야 한다고 한다. 왜…? 그것은 깨끗한 한강물이 오염될까봐서라고 한다. 참으로 개탄스러운 말이 아닐 수 없다.

그리고 현대의 국회의원들은 여·야를 막론하고 그 지역의 대표인가? 전 국민의 대의기관인가? 나는 잘 모르겠다. 지역연고와는 아무런 관계가 없는 심지어 그 지역에 주민등록도 안 돼 있어 본인도 본인에게 투표할 수 없는 사람도 다른 지역에 전략 공천되어 국회의원에 당선되는 현 시대 과연 시민들은 '투표만 하는 기계인가' 말이다.

이런 정치인이 그 지역을 위해 진정 일할 수 있을까? 다함께 한번 생각해 보아야 할 문제이다. 국회의원이 그렇게도 좋은 것인가? 고급 승용차 타고, 큰소리 치고, 돈 벌고 하는 것이 국회의원인가?

나는 국회의원을 못해봤으니 알 수가 없다.

## ❏ 대전시장과 구청장이 해야 할 일

대전시장과 구청장은 시민과 구민을 위해 진정으로 일하는 단체장이 되어야 하겠다. 관료출신과 비관료출신, 소속정당이 서로 다르다. 그래서 손발이 잘 안 맞을 수도 있다.

그러나 일단 4년간 열심히 일해 달라고 시민과 구민이 선택한 시장, 구청장이 아닌가 말이다. 아직도 많은 세월이 남아있다. 그 영광의 얼굴들은 머리를 맞대고 연구하고 노력하는 모습을 시민에게 보여주어야 하며, 소속정당의 이익보다는 시민을 최우선으로 생각하여야 한다.

### 선거공신이라고 해서 지나친 대우는 문제다

물론 선거직이기에 선거 때 도와준 공신들을 대우해주는 것은 이해는 가지만 과거에 없는 자리까지 만들어서 대우해주는 일은 절대 없어야 하겠다. 선거에 이기고 지는 것은 선거캠프 운동원의 역할도 물론 중요하지만 나의 개인적인 생각은 그렇지 않다고 본다.

아무리 운동원이 똑똑하고 열심히 잘해도 안 되는 수도 있고 그저 보통으로 움직여도 잘되어 당선되는 일이 있다. 이는 그때 당시의 바람몰이, 즉 여론이 가장 중요하며 다음은 본인의 인격과 인품이고 이어 소속정당이라고 생각한다. 그러나 어쨌든 선거에서 승자가 된 광영의 현직시장과 구청장들이 아닌가?

그렇다면 과연 시민과 구민을 위해 어떠한 일을 해야 하는가? 그것은 바로 시민의 기초, 기본 생활문제 해결이다. 150만 대전시민의 기본생활안정을 위해 생활편의 행정이 제일 중요하다.

**생활편의 행정이 최우선 돼야**

이것은 바로 환경문제이다. 쾌적한 환경을 위해 공해방지대책, 시민기초생활복지, 의료혜택, 이면도로에 방치되어 있는 쓰레기 처리 등이 신속하게 해결되어야 히겠다.

다음은 안심하고 마실 수 있는 수돗물의 공급이 원활히 잘 되어야 한다. 대전시의 상수도는 표면상 드러난 문제는 없다. 하지만 차후 나아가야 할 방향은 대전시민이 수돗물을 그냥 바로 마실 수 있도록 더욱 더 연구하고 노력해야 할 것이다.

다음으로 제일 어려운 것이 교통문제이다. 대전의 교통문제는 체증보다 오히려 주차난이 더 심각하고 어려운 문제이다. 주차장 시설 확충이 절실히 필요하다. 주차단속만이 최선책은 아니다. 이웃 간에 살인까지 나는 것이 주차문제가 아닌가!

시나 구에서는 공용주차장을 어느 정도 잘해 놓고 단속을 해야지, 단속만이 유일한 방법이냐 말이다. 즉 늘어나는 차량으로 이면도로의 주차문제 해결책이 없으니까 어느 구에서는 몇 년 전부터 거주지 우선주차제를 실시하고 있다. 그러나 대전은 아직 거주자 우선주차제는 이르다고 본다.

그러므로 시 또는 구에서는 공터나 유휴지를 매입하여 공용주차장 시설을 곳곳에 설치, 저렴한 주차비를 통해 현재 시급한 주차난을 해결해 나아가야 할 것이다. 이것만이 주차문제를 조금이나마 극복할 수 있는 해결책이라 생각이 든다.

다음으로 시에서는 시내버스 전용승강장을 시설해 놓았는데 잘 지켜지지 않아 우왕좌왕하는 시내버스는 버스 전용승강장이 아닌 도로

한 가운데서 손님을 태우고 내린다. 전용승강장에는 택시, 자가용, 심지어 2륜차가 서 있는 것이 허다하고 이로 인해 시내버스를 뒤따라 오던 차량들은 교통사고 위험 및 체증상태이다. 이것은 반드시 단속이 시급한 실정이다. 이러한 문제점들은 특히 중앙로와 시내 주요도로를 한번 순찰해 보면 단번에 알 수 있을 것이다.

다음은 실업대책을 강구하여야 한다. 대전에도 굵직한 국책사업을 유치하여 청년실업률을 없애야 한다. 일자리 창출만이 복지 대책이다.

### 300만 시대 열자

이제 우리 대전도 300만 시대를 열어가야 한다.

그러기 위해서는 대전의 도시기반시설 중 하나가 교통의 중침체인 교통망이다. 자자손손 살기 좋은 대전을 만들기 위해서는 지금부터 기틀을 다져 대전을 중심으로 한 인근 위성도시인 충청권을 1시간, 아니 30분 이내로 탈바꿈 시켜야 한다. 이러한 교통정책은 오로지 빠르고 안전한 도시철도가 주축이 되어야 하는데 이는 지하철보다도 지상화 되어야 한다.

현재 시급한 도시철도는 세종시까지 연결되어야 하며, 앞으로는 옥천과 신탄진, 서쪽으로는 금산, 또한 공주를 거쳐, 홍성에서 태안으로 이르는 도시철도의 기반을 구축하여야 하겠다.

이것이 대전시에서 하여야 할 일중의 하나이다. 이러한 기초기본 설계를 지금부터 시작하여 먼 훗날 아니 10년 이내에 이루어질 수 있도록 중앙정부와 협력하여 기초를 다짐으로써 대전은 대한민국의 중심도시로 바뀔 것이며 인구 300만, 500만, 1,000만명 시대가 이루어져야 한다. 이러한 일들이 지금의 현직시장 재직 시 골격을 갖추어야 한다.

대도시인 대전호의 신장을 10년 이상 책임 맡은 시장은 우리나라에서는 참 보기 드문 일이다. 관선을 거쳐 민선 2번에 이어 앞으로 더 잘할 수 있도록 하기 위해서는 이렇다 할 업적을 남겨야 한다.

그리하여 먼 훗날 우리후손들이 일 잘한 대전의 명품시장으로 길이길이 남겨져 천만 명 시대의 대전시민 이름으로 꽃피고 새우는 아름다운 공적비가 보문산 중턱에 우뚝 세워지기를 우리 150만 시민은 기대하여 본다.

— ≪디트뉴스≫-자유기고

## 다섯 번째 묶음

# 인생역 8번 출구

生은 수많은 역을 향해 질주한다. 달려가다가 人生 80이 넘으면 人生종착역에서 8번 出口로 나가야 한다.
모두가 떠나가지만 그래도 살아있는 그 순간까지는 뛰어가다가 나이 들어 숨이 차면 쉬어가면서 뒤도 돌아보고 천천히 걸어서 가자.

## 인생 종착역 8번 출구

인생길 구비구비 흐르다가 마지막에 도달하면 8번출구로 나간다. 이것이 인간 종착역인 것을…

우리 동양에서는 아홉수를 인생고비라 해왔다. 그래서 그 숫자가 나는 인생역이라고 말할 수 있다.

- 인간은 엄마 품에서 "응애"하고 태어나는 순간부터가 시작종이 울리는데 이 시점이
- 영일역(0)을 출발하여 온갖 부모사랑 받아오며 자라다가
- 초구역(9)을 지나면 앞으로의 삶을 위한 배움의 길로 들어서는 본격적인 인생여정
- 일구역(19)으로 향한다. 일구역부터는 의무와 책임을 다하는 성인의 성숙된 인간으로 살아가면서
- 이구역(29)에 진입하면 완전한 인간으로 가정과 사회의 한 구성인이 되어 살아가면서
- 삼구역(39), 사구역(49)의 바쁜 인생길에서 성공과 실패로 오르막길, 내리막길을 오르고 내리다가 인생 중반길에 들어서니
- 오구역(59)에 이르면 숨을 죽이고 잠시 쉬면서 뒤돌아도 보다가

○ 육구역(69)에 도달하면 인생 종착역에 거의 다 도달했으니 서서히 인생을 되돌아 보면서 지갑도 열어 베풀고 즐기면서 천천히 나홀로 살아가야 한다.
○ 이제 칠구역(79)에 도달하면 거의 다 하차 지점에 당도하였으니 이제는 기력이 떨어져서 힘이 없으니 마음만은 더 어려지고 바빠지는 듯 하나 몸이 약해 병마가 오고 괴롭고 외로운 시간이 된다.

그러나 대중에는 팔구역(89)까지 건강하게 살다가 종착역에 이르는 이도 있지만, 개개인의 신체에 따라 구구역(99)에서 하차도 하게 되고

그러나 모든 인생의 기피수명으로 부면 칠구역을 지나게 되면 그저 행복한 삶으로 생각하고 바쁘지 않게 항상 즐거운 마음으로 살며 나보다 나이가 적은 사람들과 어울려 지내면서 가급적 베푸는 마음으로 살아가야한다. 그러나 인간들의 이별(離別)은 새로운 환경을 낳는다. 그러하니 너무 슬퍼하지 마라.

# 옷은 단정히 입어야 한다

□ 내가 벌써 칠십 고희가 왔으니

가을이 되면 나무는 잎을 버린다.
가벼움을 위해서인가,
단순하게 살고 싶은 마음에서인가?
나는 이제 찬 겨울을 준비하는
가을나무처럼
탐욕도 버리고
집착도 버리고
욕심도 버리고
내 나이 칠순에 맞추어 살고 싶다.
여생을 고희답게
즐겁고
건강하고
아름다운 지혜로 살아가련다.

## ☐ 아버지께서도 영원히 떠나셨다

백수를 채우시지 못하시고
따뜻한 초겨울 음력 10월 30일(10.29기일)
먼 하늘나라로 가신 아버지!
살아계실 때 그렇게 고생하시느니
천국으로 가시는 길이 좋겠다는
불효의 생각도 해보았는데
막상 오늘 영원히 나의 곁을 떠나가시니
그 슬픔은 어디에 비할 바 없습니다.
아무런 병마도 없이
고요하고 깨끗하게
7일간 못 드시다  떠나시니
이제는 두 분 모두 가셨습니다.
아버지, 이제는 환히 눈을 뜨시고
영원한 안식처인 행복의 나라,
저 천국에서 안녕히 계십시오.

2013. 12. 2

## ☐ 죽은 후에 가야할 곳은

나도 언젠가는 갈 것이다. 사람은 누구나 다 가지만 살아있는 한 억척같이 살아야 한다. 누구를 미워하고 증오하고 칭찬도 하면서 때로는 사랑하면서 살아가는 것이 바로 인생살이다. 늙은 후에 청춘을 돌려달라고 소리쳐도 돌아가지 못하고 또한 돌려서도 안 된다.

나는 재물 '福'을 타고 나지 않은 것 같다. 내 이름으로 되어 있는 땅이라고는 내 고향 비인 칠지(사단)에 98평의 묘지 자리가 있는데 현재 부모님 묘소가 있다. 그래도 그 묘터가 있어 얼마나 다행인지 모른다. 내가 죽으면 그 부모님 곁으로 갈 수 있기 때문이다.

바로 앞에서는 환히 내려다보이는 서해바다 물결이 출렁대며 내가 어린시절에는 게와 바지락을 잡던 쌍도 앞바다 또한 지금은 바로 앞으로 장항까지 이어지는 해연도로가 나 있어 해안길을 달리는 젊음의 해안도로 옆과 뒤에는 그리 높지 않은 야산으로 아늑한 호연지기의 경관이 좋아 정말로 양지바른 명당자리임에는 틀림이 없다.

20여 년 전에는 없었는데 요즈음은 묘소가 많이 자리 잡고 있다. 내 생각에는 먼 훗날 아마도 이곳 주변에 휴양지가 개발되어 펜션, 호텔 등이 들어설 것으로 추정된다. 그러나 나는 죽은 후에 그곳으로 가련다.

## ❏ 가정의 행복

가정은 어린 자녀가 자라고 부모와 자녀 가족 모두의 인격이 이루어지는 교육의 근본이 되는 곳이어야 한다. 그러므로 가정교육이 절대로 중요한 것이다.

부모는 자녀에게 반드시 필요한 존재이어야 한다. 그러기 위해서는 부모의 애정과 유우머가 넘치는 가정을 이루어야 하는데 가족들이 행복과 웃음이 있고 낙천적인 성격을 갖도록 노력하여야 한다. 요즈음 아침저녁 드라마에서도 가정을 테마로 한 웃음 넘치는 드라마를 많이 방영하고 있다. 그렇다고 해서 가장의 부모가 너무 가볍게 행동해서는 안 된다. 또한 너무 과묵하고 무겁게만 해서도 안 된다. 특히 중고생을 둔 부모는 자녀에게 깊은 관심을 갖고 보살펴야 학교 폭력으로부터 빨리 예방할 수 있고 대처할 수 있다.

가정의 행복을 넘치게 하기 위해서는 어떻게 해야 될까? 그것은 오로지 가족간의 진실한 대화의 장이 마련되어야 한다고 본다. 그러므로 모든 문제를 대화로 해결해 나아갈 수 있다. 이것의 중심은 바로 가정주부 즉 어머니의 역할이 중요하다고 보겠다.

가족 모두 닫힌 문을 열게 하는 대화의 장…… 여기서 한 가지 예를 들면 하바드대학의 엘마게이츠(Eima Gates) 박사의 연구에 의하면 사람이 화를 내면 핏속에 독소가 생긴다고 한다.

화가 났을 때 침전물을 모아보면 밤색이 되는데 이때 만들어진 침전물을 쥐에 주사를 놓았더니 얼마 후에 쥐가 죽어버렸다고 한다. 이것은 화를 내면 신체에 독이 있는 것은 사실 증명된 것이다. 웃음이 넘치는 직장과 가정을 만들어야 하겠다.

## ☐ 옷은 언제나 단정히

옷은 언제나 품위 있고 단정하게 입어야한다. 특히 장소에 따라 되도록 다르게 입어야하다. 부득이한 경우에는 어쩔 수 없지만 가급적 되도록이면 말이다.

옛날에 어느 성인은 집안 안방에서 서재로 갈 때에도 옷을 단정히 갖추어 입고 넥타이 정장하고 부인한테 출근한다고 인사하고 서재로 갔다고 한다. 지금 그렇게 할 수는 없지만 사람은 옷 입는 것에 따라 행동이 달라진다. 정장을 하면 함부로 행동을 못한다.

이렇듯 축하할 결혼식장에 갈 때는 가급적 정장으로 참석하면 좋겠다. 운동복에 반바지 차림으로 참석해서야 되겠는가. 그러나 높은 산에 등산 갈 때는 흰 와이셔츠에 넥타이를 착용하고 산에 오르면 안 된다.

그러므로 옷은 개개인의 체형에 따라 계절에 따라 그때 그때 시의성으로 품위 있도록 갖추어야 하겠다. 파자마 바람으로 밖을 나갈 수야 없지 않은가 말이다. 의식주 중에서도 제일 먼저가 의(의복)가 아닌가 말이다.

□ 내 아내와의 인연

한번 맺은 인연은 평생을 해로하여야 한다. 요즈음은 이혼율이 많으나 그것은 좋은 것은 결코 아니다. 우리네 남자들은 내 아내를 아끼고 사랑해야 한다.

남자란 내 아내보다 남의 여인에게 눈을 돌릴 때도 있지만 그것은 스쳐가는 바람으로 보고 그 바람은 잠시뿐 내 아내가 가장 소중한 여인이다라고 항상 생각하여야 한다. 내 아내는 20대일 때는 애완동물이라고 한다.

30대에는 기호식품이라고 하며, 40대에는 없어서는 안될 가전제품이라고도 하며, 50대에는 가보이며 60대에는 지방문화재이고 70대에는 국가보물로 취급해야 한다고 한다.

이렇듯 귀중한 내 아내이지만 다른 여인을 비교하여 보면 20대에는 호두이고 30대 여인은 사과나 밤이며 40대에는 배와 같다고도 하고, 50대에는 감, 60대에는 모과 70대에는 홍시라고 풍자한 말이 있다. 이는 오직 말장난 잘하는 사람들의 재미있는 이야기를 적어본 것이기에 그저 웃고 넘기자.

## ❏ 혼자 사는 즐거움과 홀로 사는 외로움
― 남편과 애인

가정주부가 과연 애인이 필요한 것일까? 남편은 덮어주고 애인은 끌어안는다는 말도 있다. 그러나 사탕을 먹으면 입은 달지만 '빵'을 먹어야 배부르고 식사로써 살아갈 수 있다.

남편과 애인 둘, 모두 장단점이 있다고들 한다. 어느 여론조사기관에서 조사한 바에 의하면(2013년) 다시 태어나면 현재 남편과 결혼하겠느냐는 질문에 여성은 19%만 한다고 했고 남성은 지금 부인하고 결혼하겠다는 것이 48%라고 보도했다.

이것은 무엇을 의미하는 것일까? 그래서 아무도 몰래 애인을 갖고 있는 것일까? 요즈음 사회가 산업화시대이다. 직장에서 부부 모두가 따로 따로 일을 하면서 벌어야 가정 경제가 조금 여유로운 여가활동을 할 수 있는 시대이다.

옛날에는 남자 혼자 벌어서는 그럭저럭 살아왔다. 그러나 지금은 안된다. 부부 모두 경제활동 하는 것은 공감한다. 그리고 또 그렇게 해야 된다. 그렇다고 해서 다른 이성과 서로가 눈이 맞아 가정을 이탈하고 도리에 어긋나는 행위를 하여서는 절대 용납할 수 없다.

자칫 잘못하면 가정파탄 어린 아이들의 불행으로 이어지는 불륜행위를 해서는 안 된다. 요즈음은 방송드라마도 문제가 있다. 불륜드라마를 거침없이 방영하고 있으니 말이다. 방송을 좀 자제하였으면 하는 생각이다.

가정주부가 바람 피우는 것을 이해하는 사람은 천하에 없을 것이다. 그런데 단 한사람은 있다고 한다. 누구일까? 그것은 친정엄마, 오빠도 못하는데 친정아버지 단 한 사람만은 이해한다고 한다.

그 이유는 나 역시 아직도 이해하지 못하겠는데, 왜 그런지는 독자 개인이 한번 생각해 볼 일이 아닌가 싶다.

☐ 황혼 로맨스의 호박과 비애
— 병상 여인의 눈물 카톡 메시지

1년이나 남았다는 희망에 메시지를 전해드립니다. 새벽에 와 있는 한 통에 희망적인 러브콜 감사합니다. 우리의 사랑은 플라토닉 사랑이니까요.

헨리에 마지막 잎새가 있다면 장애모에 '스잔나'가 있지요. 마지막 남은 오동잎 하나를 보면서 나는 오늘도 새벽에 주님께 기도합니다. 이 세상 떠나는 그날까지 아프지 않게 해달라고 말입니다.

남들은 '삶의 현장'에서 최선을 다하면서 살아가고 있는데 나는 목숨이나 구걸하면서 하루하루를 보내는 숨 막히는 나의 마음은 그래도 먹고사는 데는 걱정이 없지만 먹지 못하는 음식이 너무 많아서요.

오늘도 핑그빛 바이올렛이 되시길 기도합니다.

*

기도 속에 그리운 사람들이 보고 싶네요. 선생님도 그리운 한 사람으로 남겠지요. 피아노 건반을 두드려 봅니다. 아무도 없어 들어 줄 사람도 없는데 목사님이 오시네요. 쇼팽의 즉흥환상곡 이 음악을 선생님께 보내드립니다.

나는 세상과의 싸움에서 이기고 말 거예요. 내가 잠시 대전에서 살아야하는 이유는 가을편지 속에 전해 드릴게요. 이 밤도 행복한 뉴 이어 달링 되세요.

나도 때로는 멋진 모습으로 우아하게 여자라는 이름으로 다가가고 싶을 때도… 그렇지만……. 나에게는 황혼에 로맨스그레이가 아니라 20대 청년으로 기억하면서 내게 주신 그 예쁜 사랑은 무지개처럼 피어오르는 사랑으로 가꾸면서 살아갈게요.

예쁜 꽃밭을 가꾸듯 사랑하면서 나를 지켜주는 또 한 사람으로 사랑이 되어주세요. 오늘은 더욱 더 멋지고 행복한 하루를 선생님께 드립니다. 세브란스병원측의 소견서에 따라 을지병원에서 암 환자들이 먹는 특수약이 섞인 진통제를 타가지고 왔어요.

혼자 있고 싶네요. 나 숙이는 씩씩하니까 잘 견딜게요. 선생님 건강을 위해 식사도 잘하시고 글도 열심히 쓰시고 축복 속에서 살아가시길 늘 기도 드릴게요.

사랑은 표출하는 것, 고백도 하고 미소도 짖고, 수줍어하는 것이 내가 사랑하는 것인데 그러나 자꾸만 무너져 내립니다. 예쁜 모습으로 보고 싶고 감사하신 선생님 앞으로 10년을 더 살게 해달라고 하느님께 기도해 볼게요.

선생님이 계시기에 이 가을은 외롭지 않았습니다. 눈을 감고 생각해 봅니다. 나를 사랑해 준 그 기억 속에서 선생님을 생각합니다. 나는 언제까지나 선생님 곁에 앉아 있을까? 죽음 앞에서 무엇을 약속할 수 있을까?

내 추한 모습을 보여주고 싶지 않고, 나에게는 주기적으로 찾아오는 이 고통 속에서 올해 가을이 마지막 가을이 될지도 모른다는 생각 했는데도 또 하나의 사랑 앞에 너무 아프다가도 아프지 않았으면 얼마나 좋을까 하는 생각과 내가 좋아하면 일을 저지르는데 그렇지 못하는 내 자신이 너무나도 슬픕니다. 선생님께도 좋아한다. 사랑한다 한 마디 말 안 하는 나는 이 사랑을 지킬 수 없어 선생님에게 상처만 줄 수 없어 못합니다.

어제 밤에는 잠이 안 와 수면제를 먹고 잠을 청했는데 시네마 필름처럼 돌아가는 나의 인생관……. 직장 일밖에 모르던 내가 이제 남은 건 고작 고통스러운 병, 이제는 나는 정리를 해 봅니다.

이 가을도 나를 사랑해 준 신생님이 계시기에 너무 행복했다고 그렇게 속삭이고 싶습니다. 오늘도 즐거운 출근길 행복하시라고 전해드리고 싶습니다. 그리고 건강하시길…….

오늘도 병상에서 선생님만을 생각하고 내가 보호해야 할 분처럼 느끼면서 왠지 눈물이 나네요. 선생님.

○ 올 가을 편지 속에 가을비가 많이 내리네요. 3일간 내리는 빗속에서 추워진데요. 쌀쌀한 바람, 옷 잘 입고 출근해요.
○ 오늘은 기쁜 소식을 제일 먼저 선생님께 전해드립니다. 미국에 계신 부모님보다도 먼저.
○ 서울세브란스병원 인박사님과 화상통화에서 줄기세포가 조금씩 살아난다고 하시네요. 다음 달 오면 자세히 보자구요. 새로운 길을 찾고 없으면 만들어 가자.
○ 선생님 우리는 머피의 법칙이 아니라 셀리의 법칙으로 저에게는 러브엔젤이 되어 주세요. 예쁜 사랑 바벨탑을 쌓으면서 전해드리고 싶네요.
○ 봄바람처럼 순한 에고이스트 같은 사랑으로써 아니 우리의 만남은 플라토닉 사랑일 뿐…….
○ 나의 몸은 올해 들어 더욱더 자주 주기적으로 아파오니까 짜증이 나고 서글퍼만 가네요. 몸이 건강하면 돈 벌 수 있는 일은

산더미처럼 쌓였는데. 나는 아직도 일에 대한 욕심을 버리지 못하고 헤매고 있으니 미련하고 어리석은 여자인가봐요.

물려줄 자식 하나 없는 내가 그 무엇을 그렇게 생각하는지, 그러나 지금 나를 사랑해주는 연인을 생각합니다.

27년 만에 찾아온 그 연인 오늘따라 그 분이 참으로 가여운 생각도 듭니다. 그리고 눈물이 납니다. 하필이면 왜 병든 나를 사랑하였을까?

몸이 아프니까 모든 것이 무너져 내리는데 나를 사랑해주는 부모님, 그리고 그 연인 주위에 모든 분들을 생각하면 자꾸 눈물이 흐릅니다. 황혼에 만나 내가 사랑하게 된 그 분을 그리워하면서 오늘도 나는 하루를 보내려 합니다. 내가 건강해야 행복한 웃음으로 웃으면서 그 연인을 내일 만나야 할 텐데.

그러면서도 이 아픈 몸을 안고 지금 새벽 2시에 '기(氣)'를 받아서 열심히 나는 일(작업)을 하렵니다. 이 세상이 끝난다고 해도……

○한 가정을 파멸시킨 나의 죄값으로 저는 평생 동안 독신주의자로 살아가면서 큰 병마까지 얻어 27년간 속죄하면서 살아왔는데, 이 나이에 27년 만에 찾아온 두 번째의 연인에게 나는 나의 건강보다도 연인의 행복과 화목한 가정을 이루도록 매일 기도하고 있습니다.

## ▢ 인생 마지막 연인에게

나는 공군 쓰리스타(중장) 아버지와 사업가 어머니 사이에서 무남독녀로 태어나 공구 중령의 여인으로 지냈습니다. 세계를 누비는 ○○항공사 스튜디어스로 근무하다가 외국여행사에서 퇴직하였습니다.

처녀시절에는 재미(캘리포니아) 미스코리아로 활동도 하였으나 부모님의 만류로 접기도 하였고 그 후 일에만 집중하다가 지금에 병든 몸이 되었습니다. 1년여 간의 짧은 사랑 속에서 사별로 끝내야만 했던 나의 첫사랑의 실패 속에서······.

27년 만에 지금 57세에 만난 2번째의 진실된 사랑···이런 사랑을 나의 부모님이 아신다면··· 나는···그러나 이제 내 생명은 1년 정도 남은 그것도 2차 수술이 잘 되어야 알 것 같은 마지막 가느다란 희망···나의 마지막 진실된 사랑··· 이제는 그 누구도 이해하리라 믿으면서 하느님께 기도합니다.

죄짓지 않은 순수한 플라토닉 사랑으로, 그러나 용서해 달라고 오늘도 기도하며, 그 연인의 가족과 그 님의 행복을 늘 기도합니다.

## 돌아보는 세월이 새삼스럽다

서천 동백회원

### ☐ 세계인구 70억시대

2011년 10월 현재 세계인구는 70억에 도달했다고 보도되었다. 그래서 70억 번째로 탄생이 추정된 신생아에게는 각종 혜택을 주었다는 언론 보도가 있었다. 그런데 상대적으로 우리나라는 인구가 줄어가고 있다하니 참으로 안타까운 일이 아닐 수 없다.

어느 언론보도에 의하여 앞으로 80~90년 후인 3000년도에는 우리나라 인구가 1500만 명이 줄어 약 3500만 명 밖에 되지 않을 것이라는 분석 보도된 바 있다.

영국의 어느 대학 교수는 한국의 가장 큰 문제는 인구감소 현상이라고 사설에 밝힌 비도 있다. 인구가 감소하년 잘 사는 것이 아니라 더욱더 못 살게 되는 것이다. 인구가 적은 나라는 사회적제도가 약육강식도 될 수 있으며 식민지로 변할 수도 있다.

인구가 많으면 공존상태가 이루어진다. 다 같이 잘 살며 생산이 늘고 경제활동이 활발하게 됨으로써 사람들이 행복하고 다양한 직업으로 첨단기술과 편리한 문화생활로써 모든 것이 풍요가 이루어지게 되는 것이다.

모든 것이 더 많은 생산으로 쌀도 지금의 배 크기인 콩알만하게 만들 수도 있을 것이다. 이제 우리는 '한 자녀 더 갖기 운동'을 펼쳐야한다. 여기서 각 가정의 자녀 생활태도를 살펴보면 한 자녀를 둔 가정의 아이는 모든 문제를 부모에게만 의존하고 부모 곁을 떨어지지 않으려는 습관이 있으며 둘을 둔 가정의 아이는 하나는 엄마. 하나는 아빠로 분리되어 있으며 그러나 세 자녀를 갖는 가정의 아이들은 스스로 행동하고 자립성이 있고 큰 아이가 동생을 살릴 줄도 알고 용돈도 아껴 쓸 줄 알고 형제자매끼리 상의하여 자립정신이 강하며 부모에게 의존도 덜하고 커가면서 내가 돈을 벌어 살아야한다는 자립정신을 일찍부터 깨어나고 일의 중요성을 알게 된다.

이렇게 각 가정마다 세 자녀 이상 갖게 하기 위해서는 정부가 앞장 서서 육아정책을 잘 이루어야 하는데 그러기 위해서는 육아정책의 효율성에 대하여 더 깊이 연구하여 시행하여야 하는데 그렇다고 해서 국가에서는 무조건 무상급식, 무상교육만이 최선은 아니다.

무상이 많으면 생산성이 저하되어 실업자가 많아지고 일을 하지 않으려고 하기 때문에 오히려 비정상적이고 국가가 위기에 처할 수도 있고 자칫하면 향락사회로 전환되어 가정과 국가가 파탄지경에 이를 수도 있다.

그러므로 무상복지 혜택이 다 좋고 옳은 것만은 아니다. 복지는 잘 선정하여야 한다. 인간은 누구나 100억이나 1000억을 갖은 사람도 누가 꽁짜로 준다고 하면 모두 다 좋아하는 것이 사람의 심리여서 나는 지불하겠다고 하는 사람은 하나도 없다.

이러한 것들을 예방하기 위해서는 우리 국민 모두가 열심히 일해야 한다. 일하는 것은 국민의 몫이요 일자리 창출은 정부와 대기업의 몫이다.

우리나라가 잘사는 나라 부강한 나라를 만들기 위해서는 국가목표를 잘 사는 한국으로 삼아 고도의 경제 발전 한국을 만들어야 한다. 전문가와 기업 정부가 삼위일체가 되어 연구 검토가 절실히 필요한 국가적 사명, 잘사는 나라 경제가 부강한 우리나라 건설이라고 할 수 있다.

## ☐ 고스톱이란?

고스톱을 치다 보면 재미있는 용어가 많다. 그중 하나가 '내일은 내일이다'라고 하는 말이 있는데 이는 '연사'가 없는 판에서 둘이 같이 치지 않으면 만약에 내 옆 사람이 선을 하면 내 아래 앉아 있는 사람을 모조리 다 '광'을 깔아주게 되는 것을 말한다.

이 다음판은 어떻게 될지 모르는 것이 고스톱판이며 인생의 앞날이다. 고스톱을 치다보면 머리가 좋아야 한다. '고'를 할 것인가, '스톱'을 해야 할 것인가?를 빨리 1초내에 판단해야 한다.

나는 놀이라고는 아무것도 할줄 모른다. 운동도 즐기지 않고 그렇다고 등산도 좋아하지 않고 담배도 술도 못 마시고 춤도 못 추고 할 줄 아는 것은 단 한 가지 고스톱일 뿐인데 그 놀이도 돈이 왔다 갔다 하기에 자주 할 수도 없다.

고스톱 놀이를 해보면 상대방의 성격을 잘 알 수 있다. 그래서 마음이 잘 맞아야 같이 놀이를 할 수 있다. 가급적이면 고스톱을 안 해야 한다. 그러나 늙어서 아니 젊은층도 저녁 모임이 끝나고 마땅히 할 놀이가 없으니 판을 짠다. 고스톱은 딱 4인이 좋다. 5인이면 너무 많다. 놀이를 하다보면 언쟁도 할 수 있다.

나는 지금부터 10여 년 전 내 회갑 날 내가 친구들을 대접하고 끝난 후 6명이 고스톱놀이를 하였는데 그때 어느 한 친구가 파토시켜 불미스러운 일을 지금도 잊을 수가 없다.

고스톱 용어는 무궁하다. 대통령을 지낸 사람과 정치 지도자의 이름을 딴 것을 이용하는가 하면 피바가지, 설사, 독, 초설 등등 나이가 많든 적든 손위사람이든 아랫사람이든 오가는 대화는 거의 반말도 많다. 이런 고스톱도 가급적이면 '스톱'하였으면 하는 마음도 든다. 다른 놀이는 없을까, 다 같이 한 번 연구해보아야 할 과제이다.


## ☐ 존경 받는 사람이 되자

'걸레도 너무 더러우면 버려야한다.'
 옛말에 이런 말이 생각난다. 아흔아홉 섬 가진 사람이 한섬 가진 사람한테 그 한 섬을 나에게 달라고 했다는 말, 그것은 한섬을 채워서 100섬을 만들겠다는 마음에서이다. 이처럼 부자인간은 욕심이 목에까지 가득 차 있다. 아무리 많아도 많다고 안 하는 것이 돈의 욕구이다.
 돈은 참으로 좋은 것이다. 그러나 잘못 쓰면 추한 것으로 변해 죽음에까지 이른다. 돈을 싫어하는 사람은 없다. 아무리 청렴결백하고 성인군자라 하더라도 말이다. 그러나 돈을 너무나 좋아해서는 안된다.
 돈을 너무 좋아하는 공직자는 정년퇴임을 못하게 된다. 또한 돈을 좋아하면 지탄을 받고 비굴하고 야비한 사람으로 낙인 찍힌다. 고위 공직자는 부정이 뒤따르고 하위직 아래 사람들을 많이 괴롭힌다.
 그러나 이와 반대로 사람이 너무 깨끗해서도 안된다. 맑은 물에는 붕어가 살지 못하는 것처럼 인간사가 고지식하고 통하지 않고 하면 상대하기가 참으로 어렵다. 그래서 중립주의 중립인간이 참으로 어렵다.

이제부터라도 젊은 여러분들은 중립적인 태도로 겸허히 다른 사람들을 칭찬하면서 살아가길 당부하는데 사실상 본인도 타고난 성격 때문인지 중립성은 그래도 잘 되는데 남을 칭찬할 줄은 잘 못한다.

나는 일찍부터(20살) 공직에 몸담아 오면서 그것도 공직의 일용식부터 상용직, 고용직, 행정서기보, 서기에서 다시 별정직 7급으로 특채 5급공무원(사무관)까지 승진하여 수많은 인간관계를 맺어오면서 군수를 4분, 시장을 13분이나 모셔 보았으며 회계, 건설, 총무, 공보 분야에서만 거의 공직을 마쳤다.

공직생활 중 내가 가장 인상 깊게 남는 것은 옛날에 대전시에는 3대, 5대 살살이라는 지칭을 받은 나의 상사들도 있었는데 그분들은 지금은 운명을 달리하셨고 살아계신 몇 분은 그래도 잘살고 있으며 내가 보기에는 그런대로 출세는 다 했다고 생각한다.

나는 많은 상사 분들을 모신 가운데 깨끗하고 청렴하고 하급직원을 잘 챙겨주시는 상사는 그리 몇 사람 보지 못했다. 그러나 내가 가장 존경하는 몇 분을 보면 고위직 공무원으로써 모범적인 서너 분은 있었다.

## ▢ 나의 부모와 나의 세대

인생 100세 시대가 드디어 우리나라에도 왔다. 인간수명은 150세까지 살 수 있다고 한다. 고령화시대 참으로 좋은 것인지 좋은 것만이 아닌지 그것은 잘 모르겠다. 2010년도 발표에 의하면 우리나라 평균수명이 80을 넘었다. 이제 앞으로는 노인들이 평균수명보다 더 오래 살아간다.

이로 인해 여러 가지 문제점도 나타난다. 우리네 자식들은 부모가 꼭 필요할 때가 지나면 부모가 있어도 되고 없어도 될 때가 온다.

또한 이 시기가 지나 자식이 성장하고 늙어 가면 나이 많은 부모가 오히려 귀찮고 속으로는 은근히 돌아가셔도 되는데 하는 생각을 하게 되는 때가 온다. 그것도 무병장수하면 괜찮다. 그러나 그렇지 못한 경우는 자식들이 참으로 힘이 든다. 그로 인해 가족관계 형제간의 우애, 경제문제 등 여러 가지가 복잡해지게 마련이다.

그래서 옛날 고려시대에는 '고려장'이라는 제도가 있었다 하는데 이것은 살아있는 늙으신 부모를 산에다 내다 버리는 제도이다. 참으로 인간으로서는 차마 하지 못할 일인데 그래도 했다 한다. 이제 우리네 현실은 현대판 고려장을 나는 '노인요양원'이라고 생각한다.

죽지 못해서 하루하루를 그럭저럭 살아가는 노인네…. 그저 쭈그리고 우두커니 앉아 있는 극노인들, 참으로 안타깝기 그지없다. 이제 우리나라도 인생의 종말을 본인이 알고 있음으로써 편안하고 아름답게 마칠 수 있는 '안락사'시대가 도래할 것이다.

그리하면 모든 사후정리를 자식들이 관여하지 않고 총관리하는 신종 직업회사로 '유품정리 회사'가 등장할 것이며 이는 사후 모든 것을 처리하는 것으로 장례식에서부터 유산, 유품처리 등 지금 상조회사와는 전혀 다른 업무를 관장한다.

예를 들면, 천사와 같은 아름다운 죽음의 애도와 고인의 명복을 비는 회사 또한 아름다운 죽음을 유가족과 함께 애도하고 고인의 명복을 빌고 유족들을 도우며 함께하는 회사 가칭 '(주)사미유애'와 같은 신종 업종이 등장할 것이다.

나는 4~50년 전에 이런 생각을 했었다.

내가 앞으로 돈 벌면 부산 앞 먼 바다에 해상Hotel을 건설하면 잘 될 것이라고 생각했었다. 이것은 1968년 부산에서 군생활 시절에 생각한 것이며 서울 근교에 유료 양로원을 건립하여 운영하면 돈을 벌 것이라고도 1970년대 초에 계획한 바 있으나 이제 나의 계획은 물거품이 되었고 그저 꿈에서 꿈으로만 이루지 못한 꿈이다.

## ☐ 새벽 달빛으로 출근하던 시절

나는 대성여고에 학교폭력 예방요원인 자원봉사 '배움터지킴이' 로 근무할 때이다. 그러니까 2010년 3월 2일부터 2015년 지금까지 6년간을 첫 시내버스를 타고 출근(6시)을 했다.

나의 승용차도 있지만 사실상 연료값이 너무 비싸 운행을 못하고 시내버스로 출퇴근을 하고 있는데 우리집에서 학교까지는 꼭 1시간 정도가 소요되기 때문에 새벽 5시에 일어나 준비하고 6시에 첫차를 타고 7시부터 근무가 시작됨으로 무려 하루에 10시간 내지 11시간 근무하였다.

학생들이 야간수업 종료가 밤 9시 40분에 끝나기에 그래도 이러한 어려운 여건 속에서도 오래동안 근무할 수 있었던 것은 이 학교 선생님들의 따뜻한 배려가 있었기 때문이다. 그러나 사실상 우리가 학교폭력 예방을 위한 배움터 지킴이 선생님들의 역할이 본업무의 폭력보다는 다른 업무로 퇴색되어 가고 있다.

특히 정문 경비실에서 출입통제 업무를 하고 있는 관계로 학교 교직원은 물론 학생들, 학부모, 일반인 모두 경비원 또는 수위로 알고 그렇게 대하고 호칭도 선생님이 아니라 경비아저씨라고 부른다. 또한 등하교시 교문이 아닌 학교 앞 삼거리 교차로에서 교통지도를 하고 있으니까, 우리 학교 학생들도 인사도 잘 하지 않는다.

이러한 일들을 하기 때문에 학교폭력 예방을 위한 교육업무는 뒷전으로 밀리고 멀어진 듯 했다. 나는 여기서 정부에게 한 가지 제안한다. 현재 전국의 배움터 지킴이 업무(대전에만 약 300여 명:중등교) 국가정책으로 시행하고 있다.(초등제외) 그러므로 지킴이 선생님들의 대우를 위해 '배움터 지킴이'라는 이름을 바꾸어 예를 들면 학교폭력 예방 상담관 또는 학생권익 보호위원 아니면 더 좋은 말로 바꾸어야 한다. 업무도 거리에서 등하교 교통지도는 하지 말고 학생지도만 해야하며 하려면 현직 선생님과 같이해야 된다.

특히 정문의 상근 근무는 하지 말아야 한다고 생각한다. 정문 근무를 하다보면 경비원 또는 수위로 변하여 과거에 어떠한 경력이 있어도 현재 이러한 사람과 무슨 상담을 하겠는가 말이다. 그러므로 근무체제를 완전히 바꾸어야 한다.

첫째로 : 학교와 지역사회 전문가와 연계를 통한 학교폭력을 사전 예방 및 근절이며

둘째로 : 학교 내에서 발생하는 폭력과 각종 일탈행위를 현장에서 차단하여야 하며

셋째로 : 주변의 청소년유해 환경에 노출된 고위험을 사전 방지하는 것과 아울러 협력적인 분위기를 조성해야 하는 업무와 임무를 갖고 있다.

이러한 근본 취지와는 달리 물론 학교의 사정에 따라 근무시간은 조금씩 다를 수 있겠지만 업무는 전국이 동일하여야 하는데 그렇지 않은 듯하다. 그저 학교 주변의 청소도 하고, 나무도 가꾸고, 꽃화단도 조성하는 잡일도 하고, 서예 및 한문글씨 연습 등 자기 취미 일 등을 해서는 안된다고 생각한다.

끝으로 현 '배움터 지킴이'의 가장 중요 업무는 학교폭력예방으로

임무에만 주력하여 반 전문적인 요원이 되어야 한다. 즉 순찰강화 폭력예방을 위한 학생상담 교내폭력 대책 협의 학생신상 파악 등 전문적인 요소를 갖추어 심각한 이 시대의 학교폭력에 조금이라도 사라질 수 있도록 획기적인 개선책이 절대 필요하다고 나는 주장한다.

그러기 위해서는 학교폭력 방지와 예방은 학생들과의 대화 즉 상담이다. 또한 모든 문제의 해결도 대화와 상담에서 이루어진다.

상담만이 가장 중요한 것이다. 현재 배움터지킴이 선생님들의 상담의 범위를 그 학생의 부모는 물론 담임선생님과의 의견교환 상담으로 확대하고 학생들이 찾아오는 상담이 아니라 직접 찾아서 찾아가는 상담이 되어야 한다. 또한 체제도 각 학교장의 직속으로 두고 명칭을 개명(예, 상담관 또는 위원)하여 지킴이 선생님들의 권위와 일할 수 있는 분위기를 조성함으로써 학생들의 표적 상담과 단체상담 애로상담으로 변해야 하며 이렇게 하기 위해서는 현 지킴이 선생님들의 자질 향상과 역량강화가 절실히 필요함으로 정부에서는 일정기간의 교육을 전면 재 실시하여야 하며 근무시간 근무기간도 조정되어야 한다.

특히 폭력예방에 대한 사항, 상담의 기법, 성추행 방지와 지킴이의 실천과 행동 근무수칙에 관한 모든 사항을 체계적이고 실질적으로 하여야만 한다. 이렇게 함으로써 그 사명감과 자부심을 갖고 일할 수 있을 것이다.

## ☐ 연금복권 당첨의 꿈

노후생활은 반드시 연금이 있어야 한다. 연금 수급자가 제일 부럽다. 옛날에는 늙으면 믿는 것은 자식밖에 없었다. 지금은 아니다. 이제는 오직 연금밖에 없다. 연금이 있어야 노후생활을 그래도 편안하고 안전하게 살다가 죽는다.

하늘을 마음대로 날아다니는 새와 넓은 강과 바다를 헤매는 물고기들은 생존을 위해 오늘도 사냥을 해야만 한다. 그러나 어항 속의 물고기와 새장 안의 새는 먹이를 위해 사냥을 하지 않는다. 이렇듯 우리의 인생사도 늙으면 어항 속의 물고기와 새장 안의 새가 되어야한다.

나는 연금을 타지 못하고 일시불로 수령하였다. 그때 당시 정부에서 연금으로는 안 되고 일시불로 전액 지급하라는 지침이 있어서 그러했다. 나는 모임에서나 어디서 공무원 연금이야기가 나오면 조금은 굉장히 기분이 안 좋다. 나는 그러니까 연금으로 내가 안 한 것이 아니라 정부에서 안 된다고 하여 못한 것임을 여기서 밝혀둔다.

과거에 대재벌 기업에서 연봉 2~3억 타던 사람들도 지금에 와서는 연금 월3백만원 타는 사람이 제일 부럽다고 한다. 재산이 20억 이상 있는 사람도 연금 받는 사람을 제일 부러워한다.

나는 이제부터라도 기어이 연금의 희망의 끈을 놓지 않고 1주일에 1, 2장씩 연금복권을 구입하고 있다. 당첨되면 월 3백 9십만원이 된다. 웃을 일이지만, 그만큼 절실하다는 의미이기도 하다.

□ 국민학교(지금의 초등학교) 동창생을 만나보니

어린 유년시절 그러니까 8살 아니 9, 또는 10살 때 국민학교(지금의 초등학교)에 입학하여 6년 간 같은 학교 같은 학급에서 공부하면서 지냈건만 이제 70이 넘어 만나보니 알아볼 수가 없었다.

그때는 한 반에 45명 또는 50명으로 한 학급은 2개 반 정도이며 전 교생은 약 450~500여 명에 이른다. 그 시절 특히 1950년대에는 6·25 한국전쟁 직후이어서 모두가 다 가난하게 살았으니 이런 말이 있었다.

○○○이 찢어지게 가난하다는 표현을 썼다. 이는 봄이 되면 먹을 거리가 없어 보릿고개라 하고 그저 초근목피로 연명하여 살아갔다. 먹을 양식이 없어 섬유질인 쑥과 나물만 먹어 변비가 생겨 변을 보지 못해 억지로 변을 볼 때 찢어져 피가 나고 심지어는 꼬챙이로 파내어

주기도 했다.

  이렇듯 풀뿌리와 산나물 소나무껍질로 음식을 만들어 먹어가며 연명했으니 지금의 세대들이 과연 그때의 일을 한번 상상해 보아야 할 것 같다.

  나도 학교에 다녀와서 또는 학교에서 오다가 하도 배가 고파 산에 가서 소나무 껍질을 벗겨먹고 목화 열매를 따먹고 보리를 구워먹고 허기를 달랜 기억이 지금도 눈에 선하다.

  우리 세대들은 초등학교를 14살 아니 15살 16살 때 졸업하여 50년 이상 반세기 동안 헤어진 후 그 험하고도 험한 격동의 60년사의 인생길로 달려오면서 이제 우리들의 나이가 70의 고개를 넘어 이제야 만나고 보니 유년시절 6년 간을 같이 공부하고 지냈건만 전혀 몰라보는 친우들이 많았다.

  그들의 생의 전선에서 제각기 다른 분야에서 돈을 벌어 잘살아 보겠다고 한결같이 달려온 인생들이여, 이제 우리들은 人生 목적지에 거의 도달하는 70이 넘었으니 그 어린 시절 개구쟁이의 모습 발가벗고 멱 감던 여름날의 추억의 모습은 어디 가고 이제 목과 손등은 잔주름뿐이며 특히 얼굴에는 검버섯이 피어 있고, 머리는 다 빠지고 대머리가 되어 있고, 귀밑머리 한 채로 뒷머리만 남아 있으니 행동과 말도 느려지고 작은 소리는 잘 안 들린다는 친구도 있으니, 이제 우리네 人生의 황혼이 온 것은 틀림이 없나보다.

□ 천당과 지옥은 과연 있을까?
— 이제 나도 나이 70이 되었으니 잠시 쉬었다가 가자

종교인들이 말하는 사후세상은 과연 존재하는 것일까? 人間은 잠을 잘 때 꿈을 꾸게 된다. 꿈은 神이 인간에게 준 가장 큰 선물이라고 한다. 과연 그러할까?

꿈속에서는 내가 날아다니기도 하고 죽은 사람과도 만나기도 한다. 현재 살아 있는 사람과도 의사소통도 하게 되고 사랑도 하게 되는 꿈을 꿀 때가 있으며 모든 물체가 화려하게 천연색으로 나타나기도 한다. 그렇다면 천당과 지옥 극락과 환생 이런 것들이 사후세계에서 과연 있는 것일까?

우리 지구상에는 약 70억 인구가 살고 있다. 그러나 우주 천체에는 수억 개의 별로써 은하계가 형성되어 있다. 우주에서 본 우리 지구는 쉽게 말해서 수천억 개의 별자리 중 한 개로 설탕가루 1개 정도 점에 불과하며 미세한 먼지의 부분으로 표시된다고 한다.

그렇다면 천체의 그 수많은 수천억 개의 별들 가운데 지구라는 별은 점 하나에 불과한데 다른 별과 태양계가 있다고 볼 수 있으며 다른 곳에도 생명체가 살고 있다고 해도 과언이 아닐 성싶다. 그렇다면 인간과 동물은 이 지구상에서 살다가 죽은 후 즉 사후의 세계에 대해서 우리 한번 조용히 생각해 보자.

이것은 아무도 모른다. 그러나 사실상 몰라야 한다. 사후의 세계가 있다 하더라도 지금이 이 세상 생존의 세계는 전혀 모르는 것이 마땅하다. 이를 알면은 그 세계에서는 큰일이 생길 것이다.

그것은 지구상에서 생존시 원수관계 또는 불편한 관계 연인관계 등

등 이런 것들을 전부 안다고 하면 사후관계는 영생할 수 없을 것이다. 그러나 불교에서 말하는 환생 다시 다른 동물로 다른 세상으로 신생하여 태어난다면 아무것도 모르고 다시 살아야 하니까 살아갈 수 없을 것이다.

그래서 종교를 모르고는 종교를 논하거나 평하지 말라고 했다. 그런데 나는 잘 믿기지 않는 것이 있다. 그것은 예수님을 믿는 목사님들의 설교 중에 하나인데 반드시 주예수를 믿고 교회에 꼭 다녀야 복 받고 죽은 후에 천당을 간다고 한다. 아무리 선하게 살아도 예수님을 믿지 않으면 천당에 가지 못한다고 설교한다. 그것은 하느님과의 계약 즉 약속이기 때문이라고 한다.

그러나 나는 그렇지 않다고 본다. 주 예수님을 믿지 않아도 착하고 어질고 남한테 덕을 베풀면서 살아가다 죽으면 천당이 있다고 하면 천당에 간다고 주장한다.

그렇다면 주 예수를 믿지 않는 사람은 전부 지옥으로 간단 말인가. 말이 안 된다고 생각한다. 교회만 다니면 교인이요, 조금 더 착실히 믿으면 신도요, 더더욱 믿어 세례를 받으면 성도로 칭한다.

그렇다면 성도는 과연 착하고 죄 안 짓고 바른길로 살아가는 것일까? 의문이다. 또한 人間의 수호신은 과연 있는 것일까.

나를 보호해주는 수호신이 있다면 과연 몇 명의 수호신이 나를 감싸주며 돌보고 있을까? 人間의 운명을 논하면 수호신은 있다고 본다. 이따금씩 철학가나 神을 믿는 자에게 나의 운명 点을 보면 엉터리는 아니고 조금은 인정되는 부분도 있다.

특히 신들린 무당 예언의 집 자칭 철학인 등 인간의 사주팔자와 관계되는 즉 운명이라는 것이 있으며 예언자들이 말하는 것이 어느정도 인정된다면 그것은 까만 거짓말만은 아닌 성싶다.

그러나 인간들은 타고난 운명이 있는 것도 같다. 운칠삼기로 즉 운이 뒤따라야 하며 운이 70% 기술이 30%라는 말이 있듯이 운은 과연 있는 것인가. 그렇다면 신은 존재하는 것일까?

아무리 생각해도 정답은 없다. 그 누구도 죽었다가 다시 살아온 사람이 없기 때문이다. 죽으면 다시 돌아올 수 없다는 것은 다 아는 사실이다. 그러므로 살아있을 때 선하게 살아가려고 하기에 성인들의 가르침이 있다. 우리는 선하게 살아야 한다.

옛말에 이런 말이 있다.

가난한 농부가 담배도 끊고 술도 마시지 않고 열심히 돈을 모아 송아지를 사서 키워보려고 송아지 한 마리를 샀는데 송아지가 3일만에 죽었다는 이야기. 지독하게 돈 복이 없는 사람 그러니까 모든 것은 억지로 안 된다는 말이다. 다시 말하면 대부유천이요 소부유근이란 뜻, 큰 부자는 하늘에서 내리고 작은 부자는 근면에서 온다는 말, 왜 나는 큰 부자가 되지 않았을까? 그것은 이미 태어날 때 작은 부자로 또는 가난뱅이로 태어났기 때문일까?

세상의 인간은 고르지 않다. 그러나 고르지 않아야 형성이 된다. 똑바로 사는 사람만 있으면 되겠는가, 거지도 있어야 한다. 도움을 주려고 해도 받을 사람이 없으면 도울 수가 없듯이 오히려 도움을 주는 사람이 더욱더 고마워해야 한다.

인생의 행복과 불행, 죽은 후의 사후세상, 인체의 신비에 대하여 다 같이 더욱더 연구하고 생각해 보아야 하며 인간이 혼이 있다고 하면 다른 동물들도 과연 혼이 있을까?

양육강식, 먹이사슬, 종족보존을 위한 번식, 이런 것들이 신비스럽기만 하다. 그래도 인간은 참되게 살아야하며 또한 어느 종교 하나는 믿고 선량하게 살다가 죽는 것이 좋을 섯 같다.

## ❒ 내리사랑

모든 부모들은 자식들이 희망이고 집안에 기둥이라고 생각한다. 그러나 자식들이 성장하여 가정을 이루고 내 자식이 또 자식을 갖게 되면 자기를 낳아주고 길러준 부모를 소홀하지 않게 하기 위해 우리는 예로부터 '효'라는 말을 강조해 왔다.

그러나 지금 세대는 '孝'라는 말이 조금 어색할 정도이다. 우리나라도 이제는 호주제도도 없어졌다. 가족관계부만 있을 뿐. 이것 또한 조금 문제의 근원이 아닌가 싶다. 그래서 요즈음은 집에서 기르는 강아지는 예뻐하면서도 늙은 부모는 홀대하는 며느리가 있는가 하면 자식이 부모를 학대하는 일이 많다고들 한다.

그래도 그 부모는 그저 남한테 숨기면서 말없이 살아간다. 이세상 모든 동물들도 어린 새끼를 사랑하지만 그 새끼는 크면 둥지를 떠난다. 이와 마찬가지로 자식들이 성장하면 이러한 부모마음을 잘 모른다. 그러나 모른다 해서 늙은 부모는 서운하게 생각하지 말아한다.

우리네 부모들은 자식이 성장할 때까치 최소한 즉 성년 20세가 될 때까지는 부모의 보호 속에서 사랑받으면서 살아가야 한다. 그 후는 본인이 타고난 운명이라고 볼 수 있다.

명예도, 금전도, 출세도 성공도 본인의 의지와 노력에 의해 이루어지며 한편으로는 아무리 노력해도 안 되는 것은 안 된다. 자식이 성장하여 그 자식이 부모가 되고 또 그 자식이 자식을 갖게 되면 이제는 한 가정의 가장으로 자리잡게 되니 그 자식도 자식을 위해 살아가는 것이 바로 '내리사랑'이다. 즉 나를 낳아주고 키워준 부모보다 나의 자식을 더 사랑하고 아끼게 된다는 뜻이다.

옛날에는 부모는 엄격하고 근엄하고 가정교육을 시키는 상징적인 부모에서 현대의 부모의 역할은 자식을 친구처럼 대하고 같이 놀아주고 아빠가 딸의 머리 빗겨주고 사사로운 일을 다 보살펴주는 세심한 부모로써 이것이 이치이며 종족보존과 집안의 번창의 길이므로 우리네 늙은 부모들은 나에게 자식들이 조금 소홀하게 하여도 절대로 서운해 하여서는 안 되며 우리 노인 부모들은 이런 세대를 잘 이해하고 넓은 마음으로 살아가야 하겠다.

## ☐ 저수지 물은 논으로 가야한다

흐르는 물줄기를 막아서는 안 된다. 저수지에 물을 가두어만 놓고 그 위에 배 띄우고 물고기나 잡고 일부 몇몇 사람들만 흥청망청으로 즐겨서야 되겠는가?

수로를 통해 논으로 보내 농사를 지어 서민들과 국민 모두가 풍요롭게 다 잘 살아야 한다. 몇몇 그룹 총수들의 해외 경제도피의 횡포와 갖은자들의 지하경제를 과감히 색출하여 서민경제를 살려내야만 하다.

실업율이 7%가 넘어서는 안된다. 젊은청년 일자리와 노인들의 일자리를 창출하여 반드시 이 정부에서는 실업을 3%대로 성장하여 살기좋은 시대를 만들어내야 한다. 그러기 위해서는 지도자와 경제인들이 힘을 합하여 사회에 환원하여야 한다. 그룹 총수들은 누구를 바탕으로 돈을 벌었는가를 생각하여야 한다. 물론 고생은 했지만 바탕이 있었기에 오늘의 대부가 되지 않았는가 말이다.

인간은 남을 조금은 위할 줄 알아야 한다. 나만 잘난 체 하고 내가 다한 것처럼 하면서 자존심만 내세우면 안된다.

또한 너무 바른소리를 많이 해도 안 되며 얕은 상식으로 말하면 더욱더 안 되며 이럴 경우에는 '무식이 유식하다'는 소리를 듣기 마련이고 너무 고집을 부리지 말고 남의 의견도 적당히 존중해주어야 한다.

## ☐ 돈과 재산의 욕구

　돈이 없어 못 쓰면 빈곤한 사람이다. 그러나 돈이 있는데도 안 쓰는 사람은 아주 가난한 사람이다. 이 세상 모든 인간들에게는 돈의 욕심이 너무 많다. 그러므로 죽는다. 물론 돈을 싫어하는 사람은 하나도 없다.

　한 나라의 책임자도 돈 때문에 처형된 일도 있다. 물론 외국대통령의 경우이지만 우리나라도 전직대통령들이 감옥도 가고 자살도 한 일이 있지 않은가? 모두가 다 돈 때문이다. 돈이란 그 길이와 정신을 전혀 알 수 없다.

　돈 많은 사람일수록 항상 불안한 상태에서 살아간다고 한다. 열심히 벌었으면 꼭 쓸 때 써야한다. 돈을 쓸 줄 모르는 사람은 비겁하고 추하다가 죽어간다. 나이 들어 늙을수록 사람대접을 받으려면 지갑은 열고 입은 닫아야 한다고 했다.

　돈이란 출구가 보이지 않는 터널 속을 계속 가고 있는 것이다. 전 세계에서 최고부자는 우리나라 돈으로 530조원을 갖고 있다고 한다. 우리나라 부자도 개인 재산이 13조원 8조원 5조원 등등 몇 천억원을 갖고 있는 사람들도 많다. 그러나 지금 가장 슬픈 것은 중고생들의 설문조사에 의하면 가정의 행복보다 경제가 최우선이라는 것이 많았다 한다.

　사람의 욕심은 한계가 없다. 특히 재물은 더욱 그러하다. 항상 부족하여 사람의 욕구를 다 채워줄 수 없는 것으로써 돈 앞에는 진실도 없다. 1억을 갖은 자는 2억을 갖고 싶어하고 100억을 갖은 자는 200억을 갖고 싶어한다. 그러기에 백성은 굶주리고 헐벗고 하여도 자기만은 호화스러운 생활을 하려하던 독재자의 권력형 지도자들이 세계에는 얼마나 많은가. 호화스러운 별장, 젊은 여인들과 매일 파티를 즐기는 기쁨도 있다하니 이것은 백성들의 피를 빨아 먹는 짓이 아니고 그 무엇이겠는가?

우리는 언제는 모두 잘사는 복지국가가 되어 평화스러운 날, 산과 들에는 아름다운 꽃과 벌 나비 날고 송아지 울음소리 들으면서 새들이 지저귀는 따뜻한 종달새의 봄은 오려나?

## ☐ 돈 많은 사람도

돈은 아무리 많아도 많다고 하지 않는다. 그것은 끝이 없는 평행선을 가고 있기 때문이다. 억만장자라 함은 1조원 이상을 갖은 사람을 말한다고 한다. 나는 이런 억만장자 상사 아래서 근무해 본 적이 있다.

그는 대전 아니 중부권에서는 최대의 납세자라고 하며 재산이 3조원이 넘는다고 소문이 났으나 정확한 재산은 아무도 모를 것이다. 그는 항상 이런 말을 자주 했다.

나는 돈버는 즐거움으로 산다. 세상에 있는 돈은 다 내 것처럼 환히 보인다. 돈 못 버는 사람들은 이상하다고 생각한다. 보이는 것이 다 돈벌이가 된다. 돈이 내 눈앞에 뒹굴어 다닌다라고 말한다.

내가 그에게 본받을 점이 있다는 것은 절대로 식사자리나 술자리에서 길지 않다. 항상 값싼 음식을 즐긴다. 그러나 그는 75세 때 본인의 운전기사에게 목 졸려 살해당했다.

이제는 힘(力)이 없다.

나, 이제는 모든 것에 대하여 의욕도 없고 힘이 없어 일하기도 싫어진다. 그래서 세월만 그저 흘러갈 뿐이다. 특히 몸 자체도 고장이 나 먹고 싶은 것 마음대로 못 먹고 그렇게도 좋아했던 술 한 잔도 못 마시게 되니 이제 나는 몸도 마음도 내 것이 아니다. 이런 말이 문득 떠오른다.

첫째, 담배는 끊으면 1망이요
둘째, 술을 끊으면 2망이요
셋째, 여자를 끊으면 3망이요
넷째, 식사를 끊으면 4망(사망)이다

그렇다면 나는 몇 번째까지 와 있는가? 60세까지만 해도 모든 것에 대하여 그렇게도 할 일이 많았는데 열정으로 살아가고 싶었는데 이제 나의 人生도 세월따라 어디로 가는 것일까? 이 세월 앞에는 그 누구도 이기지 못하고 그저 가는가보다.

## ☐ 멋진 인생, 멋진 남자

미쳐버린 인생의 삶, 그 시간의 행복은 멋진 남자로 멋지게 사는 것. 이것도 사실상 티고니야 하며 운명이다.

모두 다 그렇게 할 수는 없고 해서도 안된다.

나는 이 세상에서 제1 멋진인생을 살다가 간 사람은 내가 '미륵'이라고 자칭하면서 후고구려왕을 지낸 '궁예'와 다음은 이씨 조선 시대의 '양령대군'이요, 그 다음은 현대의(2014년) 유병언이라고 생각한다.

2014년 청해진해운의 '세월호' 참상으로 세상을 떠들썩하게 했던 실소유자 유병언, 수개월의 도피생활 시 항상 현금 20억을 갖고 다녔다는데 초라하게 어느 매실나무 밭에서 최후의 처절한 죽음 당시 그 20억은 어디로 갔는지 몸에는 10원 한 장 없이 가는 인생인 것을….

인간 모두는 죽을 때는 돈은 가져가지 않는가보다.

□ 제2의 인생 이제는… 나는… 이렇게…

**유성노인복지관 재능 나눔 지원**

유성구노인복지관은 지난달 23일 오후 3시 복지관에서 65세 노인 어르신 50명을 대상으로 노은재능나눔 활동지원 사업인 '황혼을 즐겁게'라는 프로그램 직무교육을 갖고 본격적인 활동에 들어갔다.

향후 3개월 동안 다양한 재능 나눔 활동과 남녀노소 구분없이 '프로보노'(라틴어로 '공익을 위하여'라는 의미) 활동을 펼칠 계획이다. '공익을 위한 황혼의 즐거운 나눔'을 기대해본다.

이수영 시민기자

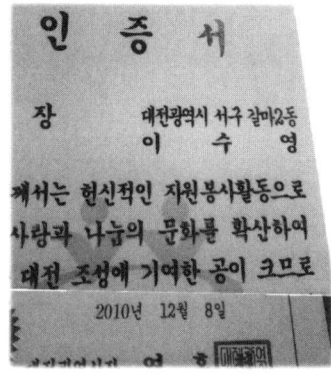 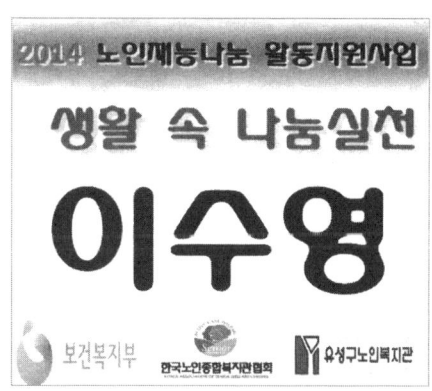

○ 금빛봉사단 참여
○ 국립중앙과학관 관람객 안내
○ 한밭도서관 독서지도 열람안내
○ 한밭수목원 숲 해설 및 안내
○ 봉산초등학교 어린이지도
○ 노인권익위원활동(사랑의 열매, 유성구 노인복지관)
   노인보호, 노인학대 예방 등등
○ 노인재능나눔, 생활속의 자원봉사, 옴브즈맨, 취약아동돌봄
   (보건복지부, 유성구노인복지관)
○ 대전시 어르신 시험감독관 활동
○ 대전광역시 행정동우회 린이 독서지도
○ 문화원연합회 사무처장, 대전문화유적지 해설 및 관광안내
○ 각종 체육대회, 장애인체육대회 등 경기장 종합 안내
○ 2012 대전세계 조리사대회 외국인 안내
○ 대전가정법원 위탁보호위원 소년감호지도보호활동
○ 대성여고 배움터 지킴이 학생상담 지도
○ 대전광역시 서구청 자원봉사 금장 인증서

## 나의 두 아들에게

 반듯하고 청렴한 공직인이 되어라! 물론 부모로부터 재산을 물려받지 못해 살아가기가 어려울 수도 있다. 그리하면 공직인으로서 검은 돈에 유혹을 받을 수도 있다. 특히 경찰은 더 그렇겠지. 그러나 그 유혹을 과감히 뿌리칠 줄 알아야 한다.
 나는 부모가 자식을 사랑하는 마음 표현 중 70평생 동안 늘 가슴 깊이 간직하고 잊지 못하는 말은 어느 봄날 80세가 된 아버지와 60세가 된 아들이 함께 이웃마을을 가기 위해 징검다리를 건너가는데 80세

된 아버지가 먼저 건너가시면서 하시는 말씀이 "아가, 넘어지지 않게 지팡이 잘 짚고 천천히 건너와라" 하였다는 그 말 한 마디 더 이상 무슨 말로 자식사랑에 대한 표현에 대할 말이 있겠는가.

부모가 자식을 사랑하는 마음은 누구나 모두 끝이 없다. 그래서 이런 말이 있는가 보다. '부모 버리는 자식은 있어도 자식 버리는 부모는 없다고' 그러나 요즈음은 자식을 버리는 못된 젊은 부모도 있기는 하지만, 자식은 또 자식을 낳아 책임을 져야하고 내리사랑으로 이어져야 한다.

나는 여기서 큰아들과 둘째아들에게 행정공직인과 경찰공직인으로써 예의바르고 청렴하게 살아가면서 승진보다는 명예를 더 중요시하고 나보다 못한 민초들을 항상 생각하고 주민의 편에 서서 공정하게 일해주기를 당부한다.

둘째 아들 주훈이는 초임때 아버지가 달아준 총경 계급장을 목표 삼아 마음과 행동은 경찰 같지 않으면서도 정의와 임무는 경찰다운 사법 경찰관이 되어야 한다.

아직까지도 우리나라는 일본 강점기 때의 악랄한 '순사'라는 의식이 남아 있어 경찰과 기자의 이미지는 사회에서 그리 썩 좋은 인상으로 보지 않고 불가원(不可遠) 불가근(不可近)이라는 좋지 않은 표현까지 사용하여 왔다. 이 말은 멀리도 가까이도 하지 말라는 뜻이며 그러나 이제는 이런 표현이 사라져 가고 있다.

그러므로 주민과는 늘 함께하는 경찰관이 되어야 한다. 특히 범죄 수사시에는 억울함이 없도록 공정하고 확실하게 처리하여야 하며 약자 편에서 일을 처리하여야 한다. 이제 오직 나의 소망이 있다면 두 아들이 동화 속의 의좋은 형제처럼 살아가길 바랄 뿐이다.

먼 훗날 내 두 아들들이 내가 바라던 목표가 도달했을 때는 나는 아마도 이 세상에는 없겠지마는 이 아버지에 바람은 큰 아들은 행정공무원으로써의 '부이사관 이정훈, 총경 이주훈'으로 명패가 남아있을 것을 기대하여 본다.

나는 둘째 아들 주훈에게 첫 발령을 받던 날 총경계급장을 2개 전해주면서 1개는 집의 책상에 놓고 늘 바라보면서 살고 1개는 호주머니에 넣고 다니면서 어려울 때 꺼내보면서 다니라고 했다.

## 예쁘고 사랑스러운 손자 손녀들아!

할아버지는 나이 20살 때부터(1960년) 충청남도 천원군청(지금의 천안시) 공보실에서 임시직 공무원으로 시작하여 예산군 오가면사무소(서기보9급)와 다시 대전시청에서 5급(사무관)까지 평생 동안 지방직공무원으로 봉직해 오다가 2005년 6월말 대전시청 사업소인 한밭도서관을 끝으로 정년퇴임을 하였다.

이 할아버지는 충청남도, 서천군 비인면 칠지리 30번지에서 가난한 촌부의 아들로 태어나 유산 한푼 없이 너무나도 깨끗하게 살아왔기에 내 평생 지금 살고 있는 집 한 채 밖에는 벌어놓은 것이 없어 금전적으로는 여유가 없는 할아버지로 남게 되었다.

이 할아버지는 원래 금전운을 타고나지 않은가보다. 그러나 열심히 건강하게 살아왔고 적어도 돈과 모든 것으로부터 남한테 욕 안 먹고 추한 짓을 하지 않았다고 자부한다. 그러나 출세를 하기 위해서는 남보다 갖은 노력을 다하였으나 끝내는 이루지는 못하고 이제 할아버지는 나이 70고개를 넘어가고 있다. 언젠가는 너희들 곁을 영원히 떠나가겠지.

사랑하는 나의 손자, 손녀들아!

지금 현재나 먼 훗날 어른이 되어도 이 할아버지처럼 열심히 착실하게 살면서 너무 돈돈돈 하여 돈의 노예가 되지 말고 그저 목표를 향하여 천천히 정상적으로 가거라. '정상은 오르기도 힘들지만 머물기가 더 힘든 곳이다.'

사랑하는 나의 손자 손녀들아!

그저 타고난 운명대로 욕심을 부리지 말고 착실과 진실 속에서 항상 부족한 가운데 살아가면서 너무 힘들면 쉬었다 가기도 해라. 좌회전을 할 수도 있고 우회전을 할 수도 있단다. 그러나 바르게 살아가거라. 이 할아버지는 당부하고 또 한 번 부탁한다.

## 존경하는 부모님께 드리는 글

　존경하는 아버지 어머님의 결혼 40주년과 함께 오늘 칠순을 맞으신 부모님께 진심으로 축하드립니다. 오늘 아버지께서는 한평생을 모아온 글을 한권의 책으로 엮어 출판하시게 됨을 더욱더 기쁘게 생각합니다.
　저희 형제는 가난한 하급공무원의 아들로 태어나 이렇듯 성장시켜 주신 데 대하여 존경과 다시 한 번 엎드려 감사를 드립니다. 특히 아버지께서는 평소 말씀하신 공직인으로서의 청렴과 성실로 모범을 보

이셨으니, 저희 두 아들은 높은 뜻을 가슴에 새기며, 착하고 정직하게 잘 살아가겠습니다.

또한 아버지의 가장 큰 바람처럼, 저는 부이사관까지의 승진을 목표로 열심히 노력하겠습니다. 동생도 총경의 계급장을 어깨에 달도록 노력할 것입니다.

그러나 그 희망이 이루어지지 않는다 해도 저희 형제는 진실과 성실로 국가와 사회, 시민에게 헌신하는 마음으로 살아가겠습니다. 비록 부족하게 살더라도 부정 없이 깨끗하게 양심에 따라 살아갈 것을 부모님께 맹세합니다.

행정가와 경찰관으로서 나보다 못한 어려운 이웃과 약자를 늘 생각하면서 살아가겠습니다. 지켜보아 주시고 오래오래 건강하시게 사시면서 앞으로도 좋은 글 많이 남겨 주십시오.

아들 정훈, 주훈 올림

■ 이정훈 : 대전 중구 태생 / 충남대 경영학과 졸업/ 육군 중위 전역/ 충대 행정대학원 석사과정 재학/ 대전시 유성구청 재직

■ 이주훈 : 대전 중구 태생/ 한남대 법과 졸업/ 육군 대위 예편/ 서울대학원 석사 과정/ 서울 경찰청 재직

## 사랑하는 할아버지, 할머니!

사랑하는 할아버지, 할머니!
안녕하세요. 할아버지, 할머니
저희들은 예주와 도윤이에요
할아버지 칠순을 축하드려요!
할아버지, 할머니 자주 찾아 뵙지
못해 죄송해요. 앞으로는 자주 찾아
뵐게요. 항상 건강하시고 아프지
마세요. 저희들이 커서 훌륭한 사람이 될때
까지 지켜봐 주세요!

할아버지, 할머니 존경하고 사랑해요.
2015. 5. 15.
이예주 · 도윤 올림

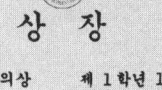

## 존경하는 아버님, 祝賀드립니다

이 은 정(맏며느리)

아버님, 어머님께서 결혼하신 지 40주년을 맞아 두 분의 칠순과 함께 아버님 수필집을 발간하시게 된 것을 자랑스러운 마음으로 축하드립니다.

30세에 결혼하셔서 그동안 형제를 낳아 이렇듯 잘 길러 성장하여 복된 가정을 꾸미고 있으니 참으로 저는 영광스럽기 그지없습니다. 이는 하늘이 내려준 은총이고 조상님의 보살핌이 크다고 생각합니다.

아버님, 어머님 결혼 40여 성상 그 동안 많고 많은 시련들을 겪어오셨지만 좋은 추억으로 생각하시고 어려웠던 일, 힘들었던 일 이제 모두 잊으시고 앞으로는 건강하신 가운데 두 분께 즐거운 일만 있으시길 간절히 기도드립니다.

또한 그렇게 되시리라 믿습니다.

이제 저희들은 아버님 어머님 자손으로 큰아들과 큰며느리인 저희한테 손자 손녀 4식구와 함께 잘 살겠습니다.

둘째 아들한테도 손자 손녀 많이 태어나 자손들의 재롱을 일삼으시며 더욱 건강하시고 즐거운 일과 평온함이 늘 함께하시길 빌며, 오늘 이 자리를 거듭거듭 축하드립니다.

2015. 3 큰며느리 올림

■ 이은정 : 대전 출생/ 단국대 서양학과 졸업/ 충남대 미술교육대학원 석사학위/ 미술학원장

## 죽음에 이르는 길…

나도 이제는 얼마 안가서 영원히 갈 것이다! 아니 가야한다!
그 누구나 다 가는 길로 말이다.
여름날 그 무성했던 나무는 찬바람이 불기 시작하면 잎을 버리고 찬겨울을 준비한다.
나도 이제는 욕심도 애착도 사랑도 남겨놓고 영원히 이 세상을 떠나가는 날을 생각하며 천천히 지금부터 준비하여야 한다.
죽음이란 조금 먼저 가고 늦게 가는 교차의 희비 속에 누구나 모두 다 이 세상을 떠나가는 것임에 틀림이 없다. 그러므로 떠나는 것을 미련두지 마라. 슬퍼하지 마라. 그저 조용히 가면 되는 것을….
이 세상에서 이루지 못한 일이 있다면 저 세상에 가서 이루어지겠지 하는 마음으로 떠나가 보면 알게 되겠지. 내가 가면 또 한 생명이 세상에 태어나는 것을….

## 늘 즐겁고 복 받으십시오

우리네 70 이상 노인들은 이제부터는 행복하고 즐겁게 보내다 가기를 소망한다. 그러기 위해서는 오늘은 복권 당첨, 내일은 로또 당첨이 되었으면 하는 허상의 꿈을 꾼다. 요즈음 노인들에게 물어보면 건강보다도 경제가 최우선이라고 한다. 사람을 만나려면 돈이 필요하다. 이제부터는 이것이 행복이고 즐거움이다.

말로만 하는 현 정치권의 경제 살리기는 언제나 이루어질 것인가? 일할 수 있는 노인들에게는 일자리가 있어야 한다. 청년실업자와 노인경제를 어떻게 해결할 것인가? 오늘도 한숨으로 걱정할 뿐이다.

월 20만원 자리도 경쟁률이 높다. 일을 하고 싶은 사람이 신청해도 마음대로 못하는 세상이다. 5만원권 지폐는 지하금고와 마늘밭에 숨었나? 숨은 돈이 30조원이나 된다고 한다. 부익부 빈익빈의 격차는 점점 길어만 가는 현실 속에서 중산층도 서민층으로 탈바꿈의 가속화가 이루어지고 있다.

　상대성 빈곤감으로 12억원 이상 가진 사람도 극단에 이르기도 한다. 욕심없이 살자고 말로는 떠들지만, 앞날이 불안하니 지갑을 열지 않는다. 이러니 경제는 중지 상태가 되고, 가계 부채만 1인당 2천만원 이상이라 한다. 올해 2015년에도 청년취업 시장은 캄캄하고, '핵심 생산인구'는 점점 줄어만 가니 어려운 경제 상황이다. 경제가 무엇인지, 차라리 모르고 살아가는 사람들이 편안한 시대이다. 경제를 살리겠다고 외치는 사람들도 어찌 보면 경제를 모르는 사람 같다.

　나도 1억 이상 은행빚을 안고 살아가고 있다. 그래도 이자가 저렴하여 다행이다. 갚고는 살지만 쉽게 벗어날 수 없다. 일 안 하고 무상만 좋은 것은 아닌 성싶다. 일할 수 있으면 일을 해야 한다. 움직여야 한다. 그래야 경제가 살아난다. '소는 움직여야 똥을 싸고, 사람은 움직여야 돈을 쓴다.'고 한다. 현대를 100세 장수시대라고 하지만 이를 마냥 좋아할 것만은 아니다. 미래를 생각하며 현실을 직시하자.

　강물은 흘러야 한다. 우리가 살아가는 작금의 세상은 정말 어렵다. 꽃이 피고 새가 노래하는 따뜻한 봄날은 언제 오려나? 에라 모르겠다. 나도 천원짜리 연금복권과 로또복권이나 한 장 사러 가야겠다.

## 더도 말고 한가위만 같아라!

그렇게도 무더웠던 지난 여름날
폭우와 장맛비로
언제 가을이 오려나 했더니만
어느새 기다리던 가을의 문턱인 秋夕節
가깝게 있을땐 대수롭지 않게 생각되는데
멀리 멀리 타국땅에 떠나 있으니  그리움이 느껴지는 것은
情이 있어 그런가보다.

올 秋夕에는 가족이 모여앉아서 송편을 빚으면서
지난 일을 얘기하고 웃음꽃으로
올 추석만은 근심걱정 던져버리고
즐거운 마음으로 가족의 환한 얼굴
마주보면서 秋夕을 맞으시구려!

— 타국에 있는 형제, 자매를 생각하며 —

## 서천의 향기

이 문 승 (시인)

멀리 푸르렀던 하늘에서도
구름이 일어 비가 오고

사람 없는 빈 산에도
물은 흐르고 꽃은 피누나

봄에 산과 들에 핀 꽃들이
누가 보내지 않아도 스스로 봄은 가고

사람이 늙음을 원하지 않아도
절로 늙어지나니

해마다 보는 꽃은 똑같은데
해마다 만나는 사람은 똑같지 않구나!

■ 저자의 작은아버지(1932년생) 아산문인협회 고문, 민통자문위원, 통일교육 전문위원 충남협의회장/ 녹조근정훈장/ 원광대 법학과 졸업 아산부군수 정년퇴임

## 춘장대의 낭만

이문승 (시인)

서해의 비인만 아득한 수평선
예부터 이름난 동백의 꽃동산
달빛이 깨끗한 전설의 춘장대
세월의 그림자 노을에 붉게 타는가

두눈빛 마주한 연인들 머문곳
내밀한 언어에 사랑의 꽃향내
잔잔한 물결은 가슴에 안겨와
파도여 젊음의 낭면을 노래하여라

마량포 노을에 눈부신 꽃구름
고요의 바닷가 뒤엉킨 인파에
하늘의 끝향한 불타는 푸른꿈
풍광이 빛나는 춘장대 오. 내사랑

## 형님의 눈물

이문승 (시인)

일본의 북해도 아오모리에서
강제징용 탄광생활 청춘시절 보내면서
그렇게도 그리워했던 조국의 고향…
광복의 귀국선 뱃꼬리에서 묵상하니
보낸세월 아롱아롱 앞날은 막막한데
석탄차로 새벽에 내린 서천의 고향역
등불들고 마중나온 할머니와 큰어머니
손잡고 흘리는 저 눈물은
물건너 이국땅 저 멀리서 만고풍상 이겨낸
지난일인가
빈손의 앞날을 생각함인가…

## 존경하고 사랑하는 형님 칠순에…

이 배 영 (기술보증기금 가산 부지점장)

흐르는 세월속에 벌써 고희를 맞으신 형님의 내외분께 진심으로 축하드리면서 아울러 지금까지 살아오신 인생사를 기록으로 남기고저 한권의 책으로 출간하게 됨을 저 개인은 물론 우리 연안이氏 가문의 영광과 함께 형님의 지나온 발자취가 길이 후손에 남아 반드시 거울이 될 것입니다.

어려운 '삶' 속에서도 오뚜기처럼 살아오신 형님이시기에 이제부터는 분명 좋은 여생을 보내시리라 믿으면서 주님의 법을 사랑하는 형님이 되시어 생을 마치는 그날까지 장애물이 하나도 없이 평온한 가운데 살아가시길 기도드립니다.

거듭거듭 다시 한 번 진심으로 축하드립니다.

## 참된 영혼은 땀과 눈물과 따스한 피를 지녔습니다
― 존경하는 고모부님 칠순에 부쳐

이 문 자 (시인)

끼니 간데없는 산골마을
충남 서천군 비인면 칠지리 30번지
팔남매 중 장남으로 태어나
허리끈 동여매고 사람답게 살라고
부모님께서 물려주신 거라곤 가난 뿐이었습니다.
그 가난함을 소중한 유산으로 여기시고
배곯는 일을 밥 먹듯이 하면서
온갖 무거운 짐을 등에 메고 걸어온길
되돌아보면
유년시절은 참으로 혹독하였노라 말씀하셨습니다
찔레꽃 하얀 언덕, 찬란하여 눈시울 붉다셨습니다.

백절불굴의 의지로 북풍지대를 넘고 넘어
공무원의 길에 들어서시며
저의 막내고모와 천생연분으로 결혼을 하셨습니다
아웅다웅한 날도 있었지만
심성 곱고 알뜰살뜰한 고모님의 내조로 협화음을 이루어

화목한 가정을 세우셨습니다
어언 칠십여 성상!
아스라한 은핫무리 폭죽으로 번집니다

희비의 엇갈림과 격랑의 세파를 넘어
견디어야만 했던 삶의 희로애락
그 생생한 기억의 편린을 오래오래 삭혀오신
이수영님(저의 고모부님) 칠순을 기념하여
자서전 출판을 진심으로 축하드립니다.
누구보다 벅찬 감정들을 절제하기가 어려우셨을 줄 압니다
항상 자신에게 철저하시고 약속을 잘 지키는 사람으로
근검과 절약을 몸소 실천하셨습니다
무뚝뚝한 듯 보이지만 속정 깊으신 고모부이십니다
공무원으로서 청렴의 길을 걸어오셨으며
때로는 정결하지 못한 세태를 날카롭게 비판하면서
각종 언론매체에 많은 칼럼도 쓰셨고
쓴소리도 서슴치 않으셨습니다

대쪽처럼 곧으시고
수양버들처럼 유연하시고
들꽃처럼 흔들릴 줄 아는
고모부님을 사뭇 존경하고 우러릅니다
슬하에 형제를 두시고 잘 훈육하시어 맏아들 정훈은
아버님께서 걸어오신 길을 따라

행정직 공무원으로 소임을 다하고 있으며
막내 주훈은 예리하고 명철함으로
경찰공무원으로서 솔선수범하고 있으니
좋은 배우자 만나는 일을 재촉해야겠습니다

사람마다 추구하는 행복 조건이야 끝없는 노릇이지만
보편적 삶으로 바라볼 때
그만하면 안정된 살이가 아닐까 생각합니다
헴릿이 호레이쇼에게 보낸 편지중에 이런 귀절이 있습니다
"아무리 보아도 그대는 온갖 고뇌를 다 겪는데도다, 마치 아무런 괴로움도 없는 사람같기 때문에"
그렇듯이 누구나 겉으로 보기엔 평화로워 보이지만
고통과 근심과 육신의 아픔을 지니고 사는 것 아니겠습니까

오랜세월
이심방 이심실에 갇혀 마그마처럼 들끓던 말들을
세상에 한껏 풀어놓으셨으니
초연하게 가뿐하게
호연지기(浩然之氣)를 펼치십시오
다시, 시작입니다
걸어오신 길에 격려와 힘찬 응원의 박수 보냅니다.

인생은 칠십부터~
여생의 한 폭을 명도 높은 색상으로 채색하시길 진심으로 기원합니다.

## 나는 일생을 무엇을 하면서 살았나!

**大田廣域市**
公報官室 弘報센터
지방5급 : 사무관
李 洙 榮
大田廣域市 中區 大興2洞 499-1
電話 : (042) 2 5 0 - 2 0 3 5
FAX : (042) 2 5 6 - 5 3 8 9
呼出 : 015 - 4 1 5 - 2 0 3 1

(株)다 노 C&M
DANOH Management&Consulting Co.,Ltd
건물관리전문
理事 李 洙 榮
빌딩,시설
청소,방역
경비,경호
CCTV/SECURITY
대전광역시 서구 둔산동 1115 대한제분B/D 5F
TEL:(042)471-9051~3/FAX:9053
H.P:011-422-2032
E-mail:sooyoung@hanmail.net

대전광역시문화체육국한밭도서관

李 洙 榮

大田廣域市 中區 文化洞 145-3
Tel : (042) 580-4327~8
Fax : (042) 5 8 0 - 4 2 0 4
H.P : 0 1 1 - 4 2 2 - 2 0 3 2
E-mail : sooyoung1271@hanmail.net

韓國藝總 大田廣域市支會

弘報室長 李 洙 榮

대전광역시 중구 문화동 1~131
Tel. 253-9654 / Fax. 254-3285
H.P. 011-422-2032
E-mail. tjarti@chollian.net

**大田廣域市**
市內버스共同管理委員會
大田廣域市버스運送事業組合
專務理事 李 洙 榮
大田廣域市 西區 萬馬洞 339-3
Tel:527-5231~4 / Fax.527-5235
H P:011-422-2032
E-mail:sooyoung1271@hanmail.net

금빛평생교육봉사단원증
성 명 :
생년월일 :
기 간 :

금빛평생교육봉사단원임을 확인함.
200 .
대전지역평생교육정보센터장

全國文化院聯合會大田廣域市支會

事務處長 李 洙 榮
대전광역시 대덕구 중리동 252-8
전 화 : (042) 637-7517
FAX : (042) 637-7508
H.P : 011-422-2032
E-mail : sooyoung1271@hanmail.net

대전지역평생교육정보센터
금빛평생교육봉사단

이 수 영

희망활동분야 : 시조/농악/전통문화
011-422-2032
대전대학교 인적자원개발원 : 042-280-2190

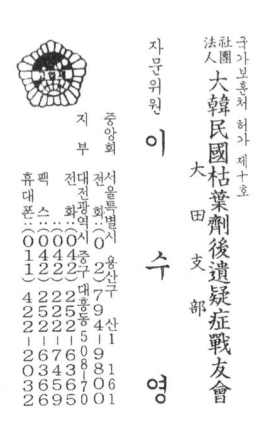

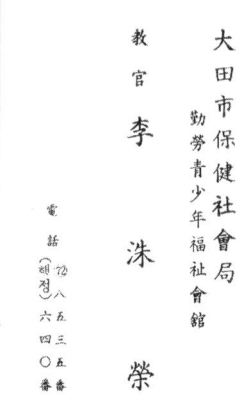

써치원
첨단 무인 기계경비시스템

(주)써치원
대전광역시 서구 용문동 242-23
TEL : (042) 526-0911~2
FAX : (042) 526-0937
H.P : **011-422-2032**

理事
李 洙 榮

大民協力社
【情을 드립니다】

代表 李 洙 榮

연락처 : 011-422-2032

Building Maintenance Total Service

(주)대종綜合管理
【넥서스밸리】

관리과장 이 수 영

대전광역시 서구 둔산동 1369,1370번지
TEL : (042) **485-0553,6553**
FAX : (042) **485-6553**
H/P : **011-422-2032**

빌딩종합관리·시설관리업
위생관리업·준공청소
주차·경비업

유성구노인복지관
대전광역시 노인시험감독관

Doctoro City ilver

감독관 이 수 영

H. P 010-5422-2032

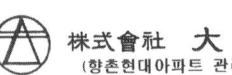
株式會社 大 興
(향촌현대아파트 관리사무소)

管理課長 李 洙 榮

본 사:대전광역시 중구 대사동 248-287번지 세원B/D 6층
전화:(042)254-2011-4, FAX:(042)254-2015
사무실:대전광역시 서구 둔산동 970번지
전화 : (042) **485-4233-4**
H. P : **011-422-2032**

大聖女子情報科學高等學校
배움터지킴이 자원봉사자

李 洙 榮

300-091 大田廣域市 東區 大聖2길 20
TEL : (042) **670-2087**
H.P : **010-5422-2032**
E-mail : ysy1408915@hanmail.net

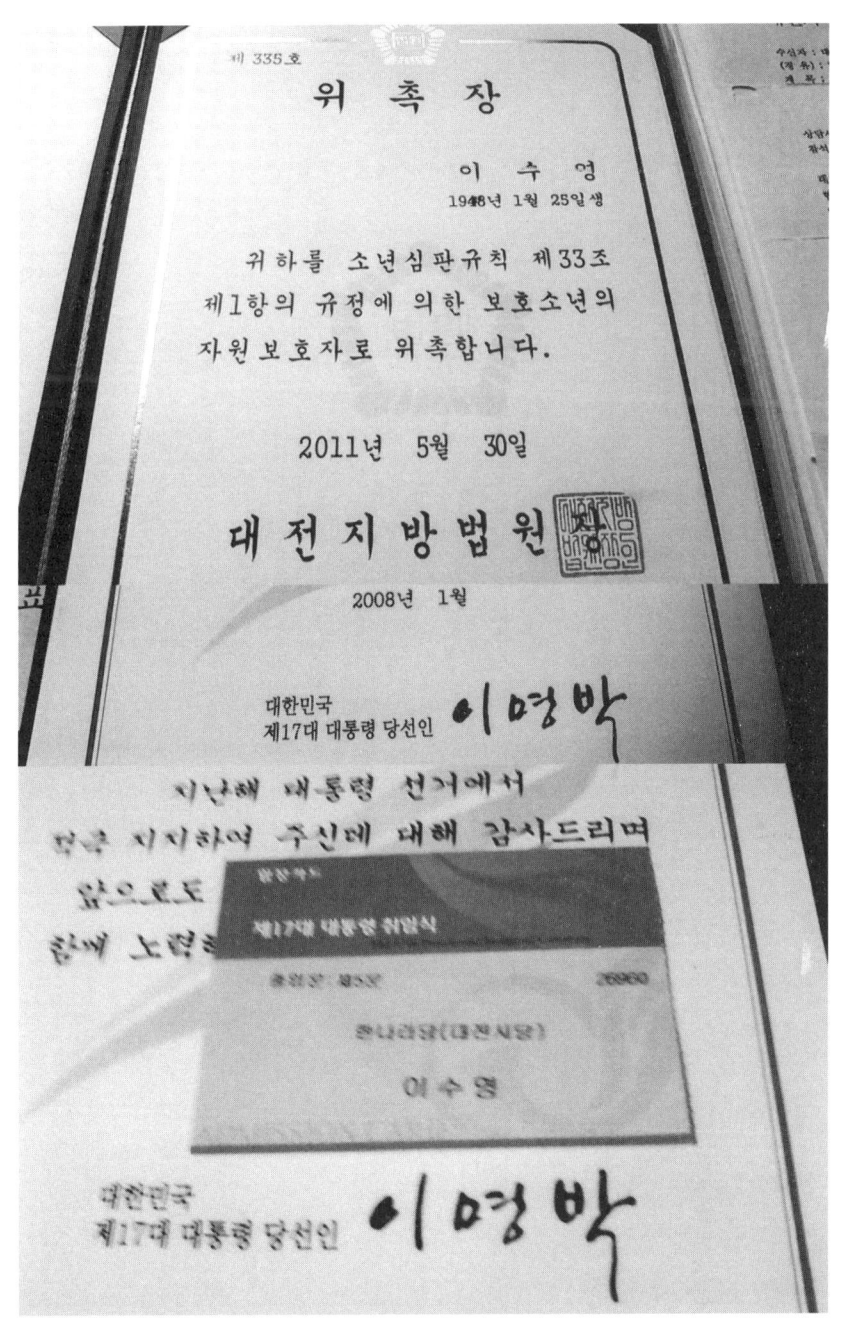

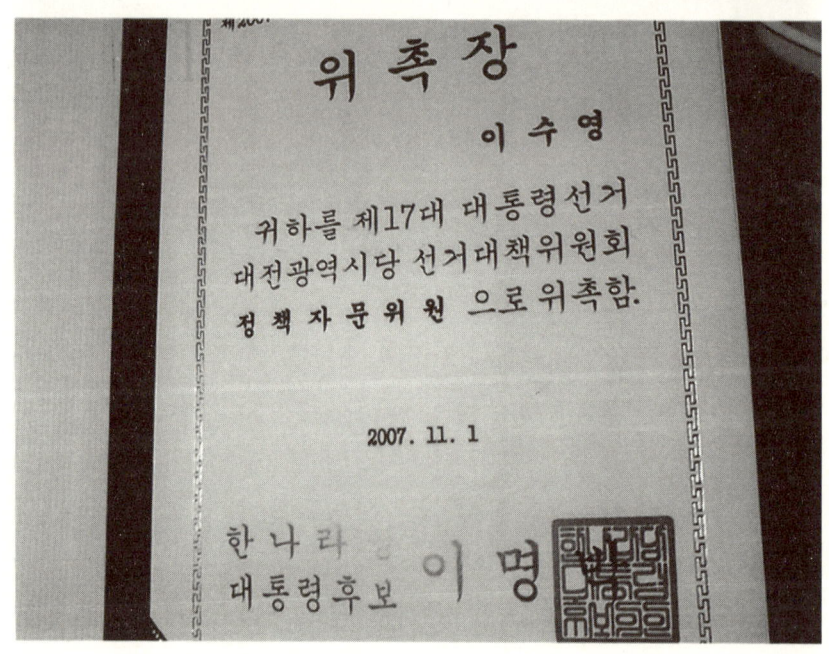

## 형님의 자서전 출간과 고희를 축하드립니다

**기영**
인천, 사업가 CEO
전. 농협 상무

**원영**
서울, 생명나무교회
유치원 교사

**도영**
서울 성동구청 과장

**오영**
서울고등법원 판사
울산지법 부장판사

**근영**
충남  예산(하늘정원 대표)
윤영, 복영, 인영

**배영**
기술보증기금   가산
부지점장

**하영**
천안중교 교원

**차영**
보육교사
초등학교 운영회장

**구영**
서울, 생명나무교회
담임목사

## 이모부님 축하드립니다

**인종곤**
전. 대전시 동구 총무
국장, 서울, 사업가
종택, 종실, 희숙

**인희숙**
보험상담사 삼성화재
R.C

**허민욱**
대전동구청 총무계장
지방행정사무관

**허주욱**
자영업, CEO대표

**허경애**
인천, 화원 운영, 꽃
꽂이 강사

## 고모부님 축하드립니다

**이문자**
시인, 저서『남쪽 숲
에 푸른 이끼가 돋고
』등 다수

**이강수**
서울, 사업가CEO
황수, 관수, 동수

**이황수**
가야엔지니어링 대표

**이관수**
자영업, CEO
북대전JC 회장(전)

이동수
사업가, 대표

 **외삼촌 축하드립니다**

김형윤
세계장애인문화복지
진흥회 대전광역시
지부장, 합기도 관장

김진원
CEO, 자영업 대표

지석현
충북대 행정실 계장

**큰아버지 축하드립니다**
관훈, 치훈, 은혜, 지혜

**선생님 축하드립니다**

박진영
대전
대덕대학교 1학년

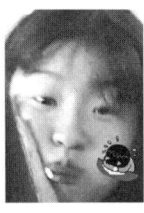
엄다희
강릉
영동대학교 1학년

## 날개 꺾인 별공새
**이수영 자전 에세이**

발 행 일 | 2015년 3월 25일
지 은 이 | 이수영
발 행 인 | 李憲錫
발 행 처 | 오늘의문학사
출판등록 | 제55호(1993년 6월 23일)

주    소 | 대전광역시 동구 대전로 867번길 52(삼성동 한밭오피스텔 401호)
전화번호 | (042)624-2980
팩시밀리 | (042)628-2983
홈페이지 | http://www.lito77.co.kr(홈페이지)
전자우편 | hs2980@hanmail.net

공 급 처 | 한국출판협동조합
주문전화 | (070)7119-1752
팩시밀리 | (031)944-8234~6

ISBN 978-89-5669-665-2
값 20,000원

ⓒ 이수영.2015

\* 이 책은 (주)교보문고에서 E-Book(전자책)으로 제작·판매합니다.
\* 잘못 제작된 책은 바꾸어 드립니다.